CARAMBAIA

... ilimitada

J. M. Coetzee

Ensaios recentes
Textos sobre literatura
2006-2017

Tradução
SERGIO FLAKSMAN

7   Apresentação, por Márcio Ferrari
15 Nota sobre a edição

■ ■ ■

19 Daniel Defoe, *Roxana*
31 Nathaniel Hawthorne, *A letra escarlate*
45 Ford Madox Ford, *O bom soldado*
57 A peste segundo Philip Roth
73 Johann Wolfgang von Goethe,
    Os sofrimentos do jovem Werther
87 As traduções de Hölderlin
115 Heinrich von Kleist: dois contos
127 Robert Walser, *O ajudante*
137 Gustave Flaubert, *Madame Bovary*
147 Irène Némirovsky, escritora judia
167 Juan Ramón Jiménez, *Platero e eu*

171 Antonio Di Benedetto, *Zama*
191 Liev Tolstói, *A morte de Ivan Ilitch*
199 Sobre Zbigniew Herbert
211 O jovem Samuel Beckett
231 Samuel Beckett, *Watt*
239 Samuel Beckett, *Molloy*
249 Oito maneiras de ver Samuel Beckett
267 Patrick White, a obra tardia
285 Patrick White, *A mandala sólida*
295 A poesia de Les Murray
315 Lendo Gerald Murnane
331 O diário de Hendrik Witbooi

■ ■   ■

343 Sobre os ensaios
345 Índice remissivo de autores e obras

Apresentação
MÁRCIO FERRARI

Em relação à reunião anterior de artigos de J. M. Coetzee — *Mecanismos internos: textos sobre literatura (2000-2005)* —, este volume de ensaios recentes tem em comum a origem dos textos, a volta a alguns escritores e alguns dos temas recorrentes do autor. Sobre a origem, foram publicados na forma de resenhas para a *New York Review of Books* ou como introdução a reedições das obras dos escritores analisados. Os nomes que Coetzee retoma são Robert Walser, Samuel Beckett e Philip Roth. E entre as questões que mais atraem Coetzee estão a identidade do narrador, a condição de estrangeiro, a liberdade de criação e as limitações do realismo e do racionalismo. Um aspecto pessoal do autor sul-africano é a presença dos escritores que ele estudou ainda na casa dos 20 anos: Ford Madox Ford foi o tema de sua dissertação de mestrado no Reino Unido; e Beckett, o objeto da tese de doutorado nos Estados Unidos.

Por outro lado, é possível observar dessemelhanças em relação aos ensaios do tomo anterior, como menções frequentes a Deus (ou, mais precisamente, à ideia de Deus), a presença da filosofia clássica (anterior ao século XX) e a utilização intensa de correspondências para comentar a obra dos escritores. As leituras comparativas e biográficas superam em muito as análises estruturais.

Em alguns casos as informações externas à letra são essenciais para compreender o espírito, como na relação entre a instabilidade psíquica e os poemas da última fase de Friedrich Hölderlin.

Também chama atenção o fato de que a Austrália, para onde Coetzee se mudou em 2002 depois de ter deixado a África do Sul natal, aparece fortemente nos últimos ensaios do volume. Ao abordar a obra de dois escritores australianos, Patrick White e Les Murray, Coetzee envereda pela história e os costumes de seu país de adoção, às vezes de modo bastante crítico. Murray, um dos menos conhecidos dos escritores analisados, destaca-se também por uma irônica particularidade: num volume cujas páginas se dedicam em grande parte ao modernismo literário, é um poeta defensor da volta ao passado e de um renascimento nativista. Ironicamente, trata-se do mais jovem de toda a seleção.

Se é possível falar em método, Coetzee lança mão de diálogos entre obras do mesmo autor ou deste com outros escritores, em aproximações que se revelam nada arbitrárias. Assim, o romance *Nêmesis* (2010), de Philip Roth, suscita uma comparação temática precisa com obras de escritores de outras gerações: *A peste* (1948), de Albert Camus, e *Diário do ano da peste*, de Daniel Defoe (1722). Nos três, Coetzee detecta o uso do "cenário de uma epidemia para falar da determinação dos seres humanos e da durabilidade de suas instituições sob o assalto de uma força invisível, inescrutável e mortífera". Na análise de *A letra escarlate*, de Nathaniel Hawthorne, um drama da província, Coetzee estabelece uma comparação com *Moby Dick*, de Herman Melville, um épico marítimo, com uma profundidade capaz de detectar o que o próprio Hawthorne não suspeitava sobre o romance que escreveu.

Sempre disposto a ampliar o contexto do autor e da obra para melhor iluminar a última, Coetzee pode nos dar panoramas ao mesmo tempo históricos e psicológicos, não esquecendo as reflexões dele mesmo. O texto sobre as traduções das obras de Hölderlin é ao mesmo tempo uma investigação sobre a apropriação do poeta por correntes ideológicas divergentes, entre elas o nazismo, e um retrato acurado da ascensão e declínio do Romantismo alemão, das raízes filosóficas em Jean-Jacques Rousseau até os vínculos entre duas gerações de poetas: J. W. Goethe é o decano e Hölderlin, um descendente rebelde. O nazismo, aliás, embora menos marcante aqui do que em *Mecanismos internos*, é o cenário fundamental do texto sobre a única mulher da lista, a russa Irène Némirovsky, exilada na França e morta num campo de concentração. Coetzee tenta, com sucesso, tirá-la do esquecimento, mas não deixa de notar as deficiências de alguns de seus romances, escritos, segundo ele, de maneira apressada.

Mesmo quando escreve prefácios a obras mais do que consagradas, Coetzee sabe encontrar algo de inédito ou pessoal, ou ambos. Ao comentar *Madame Bovary*, de Gustave Flaubert, ele arrisca uma opinião que destoa das análises tradicionais sobre o livro. "O verdadeiro alvo de seu desprezo [de Flaubert] não era a moral pública nem a religião, mas a *bêtise*, a estupidez, a adesão impensada e complacente à opinião bem-pensante", escreve Coetzee. "Flaubert trata essa estupidez como uma espécie de mal-estar espiritual." Ao discorrer sobre *Os sofrimentos do jovem Werther*, de Goethe, o ensaísta se detém na importância, para o personagem e para o escritor, de um poema de James Macpherson que revive uma ode ancestral escocesa escrita no século III em gaélico pelo mítico bardo Ossian, lida pelo personagem Werther no romance e vertida para o alemão por Goethe. E a análise de *A morte de Ivan Ilitch*, de Liev Tolstói, retoma uma crise de valores pela qual o autor passou e que o levou a renegar grande parte de sua obra, incluindo *Anna Kariênina*.

Samuel Beckett e seus romances — não as peças de teatro, referidas apenas de passagem — são tema de quatro ensaios deste volume, que seguem uma curiosa progressão. Antes deles, no entanto, o escritor irlandês é mencionado de forma interessante no texto sobre o romance *Zama*, do argentino Antonio Di Benedetto, único representante latino-americano da seleção, mas merecedor de um dos melhores ensaios do volume. Nele, um personagem de Di Benedetto é comparado aos de Beckett, "elaborando uma hipótese extravagante atrás da outra para explicar por que o mundo é como é". Coetzee, porém, nos ensaios sobre Beckett, desmonta em parte esse aspecto "extravagante" de sua obra.

O primeiro dos quatro textos trata do jovem Beckett, sua formação, seus sentimentos em relação ao patriotismo, as leituras ficcionais e filosóficas, as relações com James Joyce, a adesão à psicanálise e as atividades profissionais incomuns. E sobretudo sua admiração inesperada (usando o adjetivo de Coetzee) pelo moralista setecentista Samuel Johnson, de quem Coetzee lembra a frase "A mera existência é tão melhor que o nada que preferimos existir mesmo na dor". O segundo texto, sobre o livro *Watt*, explora a relação ambígua de Beckett com o racionalismo: "existe certa loucura no projeto cartesiano de metodizar as operações do intelecto humano; mas havia também certa loucura na forma assumida por sua sátira da razão metódica". O terceiro texto é sobre *Molloy*, uma de suas obras-primas, que "provoca e ao mesmo tempo repele a interpretação". Finalmente, o quarto ensaio é uma reflexão filosófica quase exaustiva sobre a obra de Beckett, na qual a voz de Coetzee sobressai tanto ou mais do que a do próprio autor analisado.

É assim que estes *Ensaios recentes* alternam trechos que provocam o ameno prazer da leitura – as narrações biográficas, as sinopses irrepreensíveis – com as mais desafiadoras reflexões sobre nosso tempo.

*

John Maxwell Coetzee – que substituiria o nome do meio por Michael em sua assinatura literária – nasceu em 1940 na Cidade do Cabo, África do Sul, em uma família descendente de bôeres, holandeses que chegaram ao país no século XVII e deram origem ao idioma dos brancos no país, o africâner. O regime de segregação racial foi tema de seus primeiros romances e está, de uma forma ou de outra, inscrito em toda a sua obra.

O pai de Coetzee (pronuncia-se *Kut-sê*) era funcionário público e a mãe, professora. Em casa era falado o inglês, mas usava-se o africâner externamente. Coetzee, que adotaria o inglês como língua literária, passou a maior parte da infância na Cidade do Cabo. Estudou numa escola católica e graduou-se em matemática e língua inglesa na Universidade da Cidade do Cabo. Curioso e cerebral, Coetzee não tinha propriamente planos de realização para o futuro, mas percebia que seu interesse principal estava nas possibilidades da razão humana diante dos desafios do cotidiano, sobretudo os éticos.

Depois de um período no Reino Unido, onde trabalhou como programador de computadores na IBM, Coetzee mudou-se para os Estados Unidos para dar aulas de literatura em universidades. Publicou em 1974 seu primeiro livro, *Terras de sombras*, composto de duas novelas, ambas sobre as engrenagens do colonialismo.

Em 1980 seu nome se projetou internacionalmente com o lançamento da distopia *À espera dos bárbaros*. *Vida e época de Michael K.*, uma alegoria do apartheid, veio em seguida (1983) e lhe deu o primeiro Booker Prize.

Foe (1986) marca a primeira vez, de várias, em que o autor adotou uma voz feminina como narradora, nesse caso para uma releitura de *Robinson Crusoé*, de Daniel Defoe. Em 1999, Coetzee publicou seu romance mais conhecido, *Desonra*, livro que lhe valeu o segundo Booker Prize, mas também uma avalanche de críticas. No enredo, a filha do narrador, branca, é estuprada por um grupo de negros. Aclamado no exterior, o livro foi mal recebido na África do Sul. O escritor foi acusado de não contribuir para a pacificação entre brancos e negros depois do fim do apartheid.

Coetzee recuperou parte do prestígio no próprio país quando, em 2003, ganhou o Nobel de Literatura. Ao justificar a distinção, a Academia Sueca elogiou "a composição habilidosa, os diálogos férteis e o brilho analítico" dos romances do escritor. E acrescentou: "Mas ao mesmo tempo ele é um cético escrupuloso, inclemente em suas críticas ao racionalismo cruel e à moralidade cosmética da civilização ocidental. É ao explorar a fraqueza e a derrota que Coetzee captura a centelha divina da humanidade". Depois da repercussão negativa de *Desonra* na África do Sul, Coetzee mudou-se para a Austrália, onde se naturalizou em 2006. No primeiro romance publicado depois da mudança, *Elizabeth Costello* (2003), a narradora-título é uma intelectual defensora dos direitos dos animais, como Coetzee. A essa altura a obra do autor evoluía para um questionamento sobre os conceitos de autoria e subjetividade, marcadamente em seus romances autobiográficos. Coetzee continua publicando e lecionando regularmente. Durante toda a vida literária, produziu também ensaios e livros de correspondência.

Vida e carreira de Coetzee são marcadas por deslocamentos, e não só no sentido geográfico. Sua definição dos parâmetros filosóficos da obra de Italo Svevo talvez possa ser aplicada aos próprios romances: "Nossa sensação de nunca estarmos à vontade no mundo, sugere ele, resulta de certo inacabamento da evolução humana. Para fugir a essa triste condição, há os que tentam adaptar-se a seu meio. Outros preferem o contrário. De fora, os inadaptados podem parecer formas rejeitadas pela natureza, mas, paradoxalmente, podem mostrar-se mais aptos que seus vizinhos bem adaptados para enfrentar o que o futuro imprevisível possa nos trazer".

Nota sobre a edição

Ao longo dos ensaios, J. M. Coetzee cita livros de autores de diferentes nacionalidades. Apresentamos os nomes das obras em seus idiomas originais, acompanhados de sua tradução literal em português ou com os títulos que receberam em edições brasileiras (nesse caso, em itálico).

Quando julgamos necessária a identificação da edição utilizada por Coetzee em sua análise, mantivemos o título em inglês, mesmo quando a obra original foi escrita em outra língua. Todas as citações feitas pelo autor foram traduzidas do inglês para o português.

Ao final do volume há um índice remissivo que relaciona os escritores e obras citadas nos ensaios a seguir. Os estudos críticos e biográficos referenciados nos textos, assim como o nome de seus autores e tradutores, não estão contemplados ali. Suas referências bibliográficas completas estão nas notas de rodapé inseridas ao longo dos ensaios.

No Índice, os títulos no idioma original, em itálico, referem-se aos livros que não têm edição correspondente no Brasil.

J. M. Coetzee

Ensaios recentes
Textos sobre literatura
2006-2017

Daniel Defoe, *Roxana*

Daniel Defoe nasceu em 1660 numa família de dissidentes (ou não conformistas) ingleses – ou seja, protestantes marginalizados de orientação calvinista. Sendo as universidades vedadas por lei tanto aos não conformistas como aos católicos romanos, estudou numa academia para dissidentes nos arredores de Londres. O que não foi ruim. As universidades inglesas se encontravam num mau momento de sua história, enquanto as academias como a que Defoe frequentou se mostravam abertas a novas correntes na filosofia e nas ciências naturais. Lecionavam não o currículo clássico de gramática e retórica, mas matérias de ordem prática como história e geografia, formando os alunos para escrever em seu inglês nativo.

Depois de formado, Defoe cogitou uma carreira no comércio; mas seu envolvimento incessante e às vezes obstinado com as questões nacionais, complicado por sua filiação à minoria dissidente, dificultou seu projeto de uma vida de negociante. Embora tenha tido a prudência de recuar da visão igualitária radical de seus primeiros anos, no geral suas posições continuaram progressistas, especialmente acerca das relações entre os sexos. Em sua atividade de jornalista e comentarista político, denunciava casamentos arranjados e fazia campanha em defesa da reforma das leis do casamento. Ser casado com alguém que não se ama, escreveu ele, era como uma variação da pena capital praticada na Roma antiga, em que o assassino era amarrado ao corpo da vítima e abandonado para morrer de lenta putrefação. Defendia a instrução das mulheres segundo um currículo moderno que pudesse equipá-las para cuidar de seus negócios. Seu próprio casamento foi notavelmente feliz.

Como escrevia livremente (promiscuamente, diziam seus críticos) sobre todos os assuntos possíveis, e com uma pressa (aparentemente) descuidada, Defoe acabou enquadrado numa posição peculiar na história da literatura: como um pioneiro inconsciente, e acidental, do romance realista. Eis o que escreveu a seu respeito o crítico francês Hippolyte Taine, em 1863:

> Sua imaginação é mais de um comerciante que de um artista, repleta, quase abarrotada, de fatos. Ele os apresenta da maneira como lhe ocorrem, sem arranjo ou estilo, como se conversasse, sem tentar obter algum efeito ou compor uma frase bem-acabada, empregando termos técnicos e maneiras de expressão vulgares, repetindo-se sempre que julga necessário, dizendo a mesma coisa duas ou três vezes.

Para Taine, Defoe parece limitar-se a expor o que lhe vem à mente, sem a intervenção da arte. Como o palavrório resultante se assemelha muito ao palavrório da vida cotidiana, nós o consideramos, num sentido vago, "real" ou "verdadeiro".

> É nisso [evitar a aparência de ficção] que reside o seu talento. Desse modo, suas imperfeições acabam a serviço de seu interesse. Seus lapsos, suas repetições, sua prolixidade contribuem para essa ilusão: não podemos afirmar

que tal ou qual detalhe, tão irrisório, tão tedioso, possa ter sido inventado – qualquer inventor o teria deixado de fora, ele é por demais insípido para ter sido usado intencionalmente. A arte faz escolhas, adorna, captura nosso interesse; não pode ter sido a arte que empilhou esse carregamento de pormenores maçantes e vulgares; portanto, deve ser tudo verdade.[1]

O veredicto de Taine sobre Defoe é impiedoso, mas sua essência persiste até hoje. Como escritor, Defoe não sabia o que estava fazendo, e portanto não podia ter ideia da importância do que fazia. Ao contrário, obedecendo à intuição que, em retrospecto, aceitamos que possa ter brotado de um grande talento inato, ele produziu, sob uma série de falsas aparências, uma representação da mentalidade de seu tempo ou, melhor, da mentalidade de um importante ator social: o homem (ou mulher) da ascendente classe média protestante, dado a inquirir e adquirir.

Uma das características de Defoe que irritavam as pessoas à sua volta era a confiança que tinha em si mesmo. Não havia nada que julgasse além da sua competência. Numa era a que não faltavam homens de alto intelecto (foi contemporâneo de Isaac Newton), Defoe era um exemplo supremo de outro tipo de inteligência: a inteligência prática, que procurava saber ou descobrir a maneira de fazer as coisas. Segue-se uma lista parcial das coisas que fez em seus 70 anos de vida.

Conduziu, em vários momentos e com graus variados de sucesso, operações mercantis envolvendo vinhos e bebidas destiladas; cavalos de montaria; tecidos de

---

1 Hippolyte Taine, *Histoire de la littérature anglaise*. Paris, 1863, vol. 3. [TODAS AS NOTAS SÃO DO AUTOR, EXCETO QUANDO SINALIZADAS DE MODO DIFERENTE.]

linho; artigos de lã e malha; sementes comerciais; tabaco e madeira; queijo, mel e frutos do mar. Investiu na pesca comercial e geriu uma fábrica de tijolos e telhas. Investiu muito em dois projetos fracassados: a criação de gatos-almiscarados para fábricas de perfume e a construção de sinos de mergulho para caça a tesouros perdidos no fundo do mar. Foi duas vezes à falência e preso por dívidas.

Numa carreira jornalística paralela, foi editor de uma revista de opinião, a *Review*, que saía três vezes por semana entre os anos de 1704 e 1713. Especializada em negócios estrangeiros e em previsões econômicas, a *Review* não tinha rival na sua época em matéria de acuidade e inteligência dos artigos, quase todos escritos pelo próprio Defoe. Republicada em 1938 para deleite de estudiosos, a coleção completa da revista preenche 22 alentados volumes.

Em 1703, Defoe foi julgado e condenado pelo que hoje se definiria como discurso de ódio, com base num panfleto que escreveu e no qual, fazendo-se passar por um pregador fanático da Igreja Anglicana, afirmava que a melhor maneira de lidar com os incômodos dissidentes era crucificá-los. Passou cinco meses na prisão, seguidos da exposição pública no pelourinho.

Foi empregado por governos sucessivos como o que hoje se definiria como um agente de inteligência, mas em seu tempo era chamado de espião. A fim de cumprir seus deveres, atravessou o país de fora a fora sondando a opinião popular e relatando os resultados para seus chefes em Londres. Usou sua experiência para criar uma rede nacional de informantes controlada a partir de Whitehall, a sede do governo inglês.

Seu conhecimento qualificado dos assuntos nacionais proporcionou-lhe a base para uma obra em três volumes, que publicou depois de ter deixado o serviço do governo e começado a ganhar a vida como escritor profissional (profissão que, se não inventou, teve nele um de seus pioneiros). *A Tour through the Whole Island of Great Britain* [Uma viagem por toda a ilha da Grã-Bretanha] é ao mesmo tempo um guia de viagem, uma análise do estado da sociedade britânica e uma avaliação das perspectivas do reino, o apanhado mais profundo do seu tempo.

Depois disso, a partir de 1719, quando já se aproximava dos 60 anos, Defoe escreveu e publicou em rápida sucessão uma série de livros que se passavam por relatos autênticos da vida de aventureiros e criminosos, narrados pelos próprios – livros que tiveram grande peso na definição do formato e do estilo do romance moderno. A primeira dessas obras de ficção, *A vida e as estranhas e surpreendentes aventuras de Robinson Crusoé, de York, marujo: escrita por ele mesmo*, cativou a imaginação do público e se converteu em grande sucesso comercial.

A última da sequência de obras de ficção em formato de livro escrita por Defoe foi *Roxana: The Fortunate Mistress* [Roxana: A amante de sorte], publicado em 1724. *Roxana* traz todas as marcas de uma composição apressada. É repetitivo (poderia tranquilamente sofrer um corte de um terço); parece não ter passado por nenhuma revisão (traz duas versões da chegada da heroína a Harweich depois da viagem tempestuosa que a trouxe do continente europeu); e os trechos em que a protagonista manifesta seu remorso por uma vida de pecado soam de forma suspeita como inserções posteriores destinadas aos olhos de algum censor.

Roxana (um pseudônimo: o texto dá a entender que há um nome "verdadeiro" que não nos é revelado) é uma mulher linda e inteligente que se vale da sua beleza (aparentemente intocável pela passagem do tempo – não usa cosméticos, mas mesmo assim, aos 50 anos, os homens ainda a acham irresistível) para alcançar o que deseja com maior fervor: a independência material. No curso de uma agitada vida erótica, atravessa dois casamentos e um quase casamento, além de dois casos amorosos importantes, um na França e outro na Inglaterra. Do caso inglês ela não fala, dando a entender que o amante em questão pode ter sido o monarca reinante. (Este, obviamente, é um truque de escritor: se a história fosse inventada, somos levados a pensar, o autor não teria baixado um véu sobre episódio tão picante: portanto, a história não pode ser inventada e só pode ser "verdadeira".)

Além do primeiro marido, com quem ela se casa cedo e que a abandona sem dinheiro e com cinco filhos para alimentar, os outros homens da vida de Roxana estão profundamente ligados a ela, até mesmo em relações de dominação. Para provar sua devoção, seu aristocrático amante francês rompe seus outros casos; todos os amantes de Roxana a cobrem de dinheiro e joias.

Dada a maneira como o comportamento sexual de Roxana é crucial para a ação do livro, espanta quão pouco ele nos revela sobre a psicologia erótica da personagem. Ela dá importância ao prazer sexual ou limita-se a usar o sexo como um meio para os seus fins? Ela não se pronuncia sobre a questão. Devemos presumir que tem poucas sensações sexuais ou que lhe falta o tipo de narcisismo que a capacitaria a ver-se como objeto do desejo do outro? Ou seu silêncio significa apenas que é pudica demais para tratar do assunto?

O que o silêncio de Roxana certamente não indica é que Defoe, seu criador, seja reservado ou puritano demais para falar dos mecanismos do desejo sexual. Basta pensar no prolongado jogo erótico que descreve entre Roxana, seu segundo (pseudo) marido e a criada Amy, jogo em que as duas mulheres se excitam mutuamente e uma espicaça a outra até que a cópula ocorra.

Esse episódio dá início a uma análise da psicologia da sedução — mais especificamente, a psicologia de ver-se como objeto de sedução — que surge em vários pontos do livro. A palavra-chave, aqui, é "irresistível". Depois da primeira vez que sucumbe a seu amante francês, Roxana aplaca seu desconforto dizendo a si mesma que a sedução foi "irresistível", e que um Deus justo não haveria de castigá-la pelo "que não foi possível evitar". No caso do rei, ela volta a alegar que não foi responsável: ele a tinha assediado de "maneira tão irresistível que [...] não tive como me opor".[2]

Assim como ocorre num dos livros anteriores de Defoe, *Aventuras e desventuras da famosa Moll Flanders* (1722), *Roxana* tem pelo menos a aparência de uma confissão, uma narração contrita de um passado malbaratado. Assim, não surpreende que Roxana apresente seus vários casos mais como lapsos da boa moral do que como triunfos pessoais. Sua defesa é que, embora não quisesse sucumbir, não teve alternativa porque seu sedutor era irresistível; além disso, ninguém pode ser culpado por ceder a uma força que não há modo de rechaçar.

Mas a verdade é que a sedução sexual é sempre resistível: e o fato de ser resistível é precisamente o que a distingue do estupro. A pessoa pode ser forçada a fazer o que não quer, mas não ser persuadida a fazê-lo — não se realmente não quiser ceder. É esta, em essência, a resposta que Aristóteles propõe para a questão de saber por que às vezes agimos contra os nossos melhores interesses:

---

2 Daniel Defoe, *Roxana: The Fortunate Mistress*. Londres: Penguin, 1982. [Ed. brasileira (esgotada): *Os segredos de lady Roxana*. Rio de Janeiro: Ediouro, 1968.]

quando o fazemos, diz ele, é porque não sabemos o que é bom para nós a ponto de ficarmos impregnados por esse conhecimento. (E é por essa razão, diz Aristóteles, que a mera adesão a um código moral não qualifica ninguém como uma pessoa virtuosa.)[3]

Roxana não alega crer profunda e sinceramente na virtude, cuja perda vez por outra lamenta. Ao contrário, basta-lhe permanecer num estado dividido e ambivalente, em que quer resistir à sedução, mas também em que sua resistência seja vencida. Tem plena consciência dessa divisão ou ambivalência em si mesma e a explora para esquivar-se da culpa. É por isso que ela diz a Amy, sobre um de seus pretendentes: "Acho que irei ceder a ele, se ele me importunar [...] mas ficarei grata se ele preferir não fazer nada e me deixar em paz". Implicitamente, reconhece que julga ser seduzida mais interessante (mais atraente, mais emocionante, mais erótico, mais sedutor como perspectiva) do que se entregar diretamente e sem nenhuma ambiguidade; que o prelúdio ao ato sexual pode ser mais desejável, mais eroticamente compensador, que o ato em si. A sedução, a ideia da sedução, as manobras da sedução revelam-se profundamente sedutoras, até mesmo irresistíveis.

O pecado e suas tortuosas maquinações são uma das marcas da psicologia moral protestante, um dos muitos campos de que Defoe tinha conhecimento direto. Não há dúvida de que conhecesse bem a desculpa que as pessoas mais dão quando caem em pecado: a cegueira provocada pela paixão (uma paixão "irresistível"), além do alcance da razão, pois tem base em nossa natureza animal. Defoe também tinha consciência da falha desse argumento: como nem sempre cedemos às nossas paixões, deve haver

---

3 Aristóteles, *Ética a Nicômaco*, parte 3.

alguma voz interna que dita quando ceder ou não ceder, quais seduções devemos achar irresistíveis e a quais devemos resistir. Essa voz pertence a nós mesmos, e não à nossa condição animal.

É fácil demais desqualificar o recurso de Roxana à psicologia como forma de desculpar seus lapsos de virtude ("alguma coisa em mim me forçou a agir dessa maneira"). Menos fácil de descartar é o argumento econômico que utiliza em sua defesa, que a mulher abandonada e deixada na miséria pelo marido precisa encontrar um protetor ou então prostituir-se; que a Inglaterra do seu tempo não lhe dava outras opções.

Não há dúvida de que Roxana exagera em defesa própria. É possível imaginar uma história alternativa em que uma jovem com seus dotes teria a sorte de ser admitida na casa de algum negociante rico, convidada a servir de tutora em francês para as crianças da família. No entanto, por meio da história que na verdade inventa, Defoe preocupa-se em defender um abrandamento das leis do divórcio — que não permitiam um novo casamento da mulher abandonada — e, em termos mais gerais, a igualdade legal entre os dois cônjuges num casamento. Empenha-se também em recomendar uma forma de educação para as moças que lhes dê meios de ganhar a vida por conta própria. As duas causas são defendidas com grande vigor. E se manifestam mais claramente no ataque ardoroso que Roxana faz à instituição do casamento quando o gentil mercador holandês com quem já dormiu tem a temeridade de pedir-lhe a mão. Casando-se com ele, ela responde, irá perder sua liberdade, sua posição social e sua autonomia e transformar-se numa criada pelo resto de sua vida. "Embora eu pudesse abrir mão da minha virtude [...] ainda assim não abriria mão do meu dinheiro."

O dinheiro desempenha um papel-chave em todas as obras ficcionais de Defoe, e em nenhuma delas mais do que em *Roxana*. O que Roxana mais admira num homem é uma boa cabeça para o dinheiro; o que espera de um marido é que ele lhe inspire confiança nas questões financeiras. O respeito por essas qualidades quintessencialmente burguesas pode parecer estranho numa mulher cujo maior sonho é ser uma grande cortesã. Mas a aparência atraente de Roxana encobre uma acumuladora cautelosa e até sovina. Gasta seu dinheiro à larga, mas cada desembolso é um investimento calculado para render um lucro futuro. Quanto ao resto, os muitos "presentes" que recebe dos homens são trancados numa arca de ferro. Seus amantes não têm ideia da escala de sua fortuna cada vez maior. Eis o maior segredo de Roxana.

Deslocando-se de país em país como as circunstâncias a obrigam a fazer, Roxana precisa encontrar algum modo de transportar as suas posses. Viajar com grandes quantidades de joias e pratarias é arriscado demais; mas ela, por ser mulher, não tem a competência nem os contatos necessários para converter seus tesouros em meios mais seguros e fáceis de transferir. O que recomenda o mercador holandês, e que acaba por qualificá-lo como um bom parceiro para o casamento, é a destreza com que manipula os instrumentos financeiros da nova era mercantil. Depois de instalar-se em Londres, Roxana toma aulas de administração financeira, cumprindo a transição econômica crucial entre acumular um tesouro e investir no crescimento de seu capital.

Embora *Roxana* seja prejudicado pela extensão e o excesso de repetições, no quinto final do livro sua dramaticidade, até então um tanto frouxa, ganha vida. Por obra de uma coincidência improvável, a filha mais velha do primeiro casamento de Roxana localiza a mãe que a tinha abandonado anos antes. Sua súbita irrupção em cena, um verdadeiro retorno do recalcado, lança Roxana num dilema terrível. A filha descobrira seu passado secreto de cortesã. Se isso chegasse ao conhecimento público, seu feliz casamento com o holandês naufragaria. Pior ainda: a jovem exigia que Roxana a reconhecesse como filha, admitisse o mal que lhe causou, pagasse uma indenização e se transformasse na mãe que nunca quisera ser. São demandas a que Roxana recusa curvar-se: não aceita arruinar sua vida em benefício de uma estranha claramente desequilibrada. Trata-se também de uma cobrança que Roxana *não pode* pagar: como começamos a compreender, seu perfil emocional é marcado por uma frieza de fundo que uma vida inteira de cálculo egoísta só fez tornar mais intensa, uma insensibilidade que a torna incapaz de entregar-se.

O romance se encerra num caos moral e formal: o narrador que vinha se dedicando a uma crônica tão cuidadosa e abrangente dos fatos da vida da protagonista começa a perder o controle, tanto sobre a vida dela como sobre a própria narrativa. A fiel companheira de Roxana, Amy, por tanto tempo tão próxima que parecia uma outra encarnação da própria protagonista, propõe-se a assassinar a jovem; Roxana quer ou não quer (não temos certeza, pois começamos a duvidar de sua honestidade) aceitar a ideia de Amy; e o assassinato, ao que tudo indica, é consumado – não sabemos como, onde nem quando, porque Roxana não quer saber.

Defoe não tinha modelos para o tipo de ficção mais longa que produziu: além de inventar a história à medida que avançava, ia criando também a forma. Não há maneira de provar, mas temos todos os motivos para crer que escrevia muito depressa e com poucas revisões. Seria um engano dizer que as últimas sessenta ou setenta páginas de *Roxana* foram escritas num estado de possessão — Defoe era lúcido demais, inteligente demais e profissional demais para isso. Mas sem dúvida escrevia além de suas capacidades, além do que ele ou seus contemporâneos achavam possível realizar.

(2014)

Nathaniel Hawthorne, *A letra escarlate*

Em 1694, os magistrados da cidade de Salem, no estado americano de Massachusetts, aprovaram uma lei que transformava o adultério em crime cuja punição era a seguinte: os dois condenados deviam passar uma hora expostos num patíbulo com laços em torno de pescoço, sendo em seguida severamente açoitados; depois disso, pelo resto de sua vida, precisavam usar, recortada em tecido de cor claramente visível e costurada em suas roupas, uma letra maiúscula A de 2 polegadas (pouco mais de 5 centímetros) de altura.

Nathaniel Hawthorne deparou com esse fato singular enquanto explorava os anais dos primeiros tempos da colonização da Nova Inglaterra. A ideia de contar a história de uma condenada a ostentar o emblema do seu crime como se marcada a ferro quente, levando adiante sua vida diária sob o constante olhar de censura da comunidade, despertou-lhe um interesse singular. Embora sua história familiar o qualificasse claramente como oriundo da Nova Inglaterra (havia um Hawthorne entre os primeiros colonizadores de Massachusetts), o autor tinha motivos para se ver como um traidor de suas tradições, despercebido porque, à diferença de sua heroína, não portava marca alguma que o distinguisse.

Como atestam seus cadernos de anotações, Hawthorne tinha pouca simpatia pelo policiamento moral. Na escala do pecado, as transgressões sexuais lhe pareciam suplantadas de longe pela frieza desalmada do temperamento puritano do tipo ocorrido na Nova Inglaterra, especialmente quando se manifestava pela intrusão na privacidade alheia em nome da preocupação pastoral.

A trama de *A letra escarlate* foi imaginada por Hawthorne para reunir dois temas que o interessavam: o destino de alguém que diz a verdade e é condenado ao ostracismo; e a intrusão do espírito científico, com sua elisão sistemática dos impulsos empáticos do coração, na discussão da psicologia humana. A primeira dessas preocupações era relevante para a ideia que fazia de si mesmo como crítico da sociedade americana; a segunda, para a sua carreira de escritor.

Hawthorne já tinha mais de 40 anos quando embarcou na composição de *A letra escarlate*. Até então, sua produção literária tinha sido escassa: além de histórias infantis, apenas dois volumes de contos. Para o público literário, era conhecido, em suas próprias palavras impregnadas de ironia, como "homem moderado, tímido, gentil, melancólico, extremamente sensível e não muito convincente", praticante de uma literatura rasa que parecia ter adotado "Hawthorne" como pseudônimo devido à sua sonoridade refinada.[1] *A letra escarlate* começou a ser escrito como mais um conto, mas à medida que o autor trabalhava em sua narrativa, num estado de total absorção, o texto foi aumentando. Completado em apenas sete meses, foi publicado em 1850. Mas a erupção de energia criativa de Hawthorne não estava esgotada: nos

---

1 Nathaniel Hawthorne, Prefácio à edição de 1851 de *Twice-Told Tales*.

dois anos seguintes, escreveria ainda *A casa das sete torres* e *The Blithedale Romance*.

O editor de Hawthorne achou *A letra escarlate* um tanto curto para um livro. Por insistência dele, Hawthorne acrescentou um prefácio um tanto desconexo intitulado "A alfândega", sob o pretexto de contar como, no decorrer de seu trabalho como funcionário da alfândega em Salem, havia descoberto, entre objetos acumulados num canto empoeirado da repartição, um pacote contendo um pedaço de tecido de qualidade, embora roído pelas traças, na forma da letra A, bordado com linha dourada. Dessa maneira, "A alfândega" dramatiza o momento em que o germe do romance lhe teria ocorrido. E também explicita, de maneira mais nítida que o romance propriamente dito, a finalidade (ou uma das finalidades) por trás de sua composição:

> A figura desse primeiro ancestral [ou seja, o primeiro dos Hawthorne americanos], a quem a tradição familiar atribui uma grandeza vaga e nebulosa, esteve presente na minha imaginação de menino desde as minhas primeiras memórias. Ela ainda me fascina e induz certa sensação de familiaridade com o passado bem diversa da que posso reivindicar quanto à fase atual da cidade. A impressão é que devo minha qualidade de residente deste lugar mais a esse ancestral severo, barbado, envolto em peles de zibelina e coroado de campanários – que aqui chegou tão cedo, com sua Bíblia e sua espada, e percorria as ruas recém-inauguradas com porte tão altivo, tornando-se figura de tal grandeza, para a guerra e a paz – devo mais a ele a condição de residente que a mim mesmo, pois meu nome é raramente ouvido e meu rosto mal se conhece. Ele foi soldado, legislador, juiz; era fiel à sua Igreja; tinha todos os traços dos puritanos,

tanto os bons como os maus. Foi também um perseguidor implacável; como podem atestar os quacres, que o recordam em suas histórias [...]

Seu filho também herdou o espírito de perseguidor e destacou-se a tal ponto no martírio das bruxas [ou seja, os processos por bruxaria de 1692] que se pode dizer com justiça que ficou manchado pelo seu sangue. A mancha foi tão profunda, na verdade, que seus velhos ossos ressecados, no cemitério da Charter Street, ainda devem ostentá-la, se ainda não estiverem totalmente reduzidos a pó.

Não sei se esses meus ancestrais resolveram mais tarde se arrepender e pedir perdão aos céus por suas crueldades; ou se pagam caro por elas num outro estado de existência. Seja como for, eu, o escritor atual, como representante deles, envergonho-me aqui em seu nome e rogo que qualquer maldição em que tenham incorrido – como ouvi dizer, e cuja possível ocorrência é atestada pela condição lastimável e nada próspera de sua estirpe [ou seja, a família Hawthorne] – possa ser removida agora e daqui por diante.[2]

Um escritor nem sempre é capaz de revelar a motivação mais profunda por trás de sua obra. Mas Hawthorne claramente acreditava, ou queria que seus leitores acreditassem, que escrever *A letra escarlate* havia sido um ato de expiação, visando reconhecer a culpa ancestral e distanciar-se de seus antepassados puritanos.

Embora muitas vozes tenham-se erguido contra o livro (um comentarista escreveu na *Church Review* de

---

2 Nathaniel Hawthorne, "The Custom-House", *The Scarlet Letter*. Nova York: W. W. Norton, 1978. [Ed. brasileira: "A alfândega", *A letra escarlate*. São Paulo: Companhia das Letras, 2011.]

janeiro de 1851 que a obra relatava "o repulsivo caso de amor ilícito entre um pastor puritano e uma frágil criatura a seus cuidados"), o romance *A letra escarlate* foi em pouco tempo reconhecido como um marco da jovem literatura dos Estados Unidos.[3] Três décadas depois de seu lançamento, Henry James pôde celebrá-lo como um livro digno de ser exposto com orgulho aos olhos europeus, "apurado [... e ainda assim] absolutamente americano".[4]

O personagem que encarna, em *A letra escarlate*, a propensão impiedosa do temperamento puritano é Roger Chillingworth, capaz de congelar[5] tudo que toca. Ainda na Inglaterra, tinha desposado a jovem Hester Prynne, mas (insinua o autor com delicadeza) fora incapaz de cumprir sua obrigação conjugal. Anos mais tarde, Hester ainda estremecia quando se lembrava do toque do marido.

Chillingworth faz sua aparição na primeira cena do livro, observando Hester em cima do patíbulo, tendo nos braços a criança que comprovava seu adultério. Na mesma hora, ele adivinha que o pai é o pastor Arthur Dimmesdale. E se vinga conquistando sub-repticiamente a confiança de Dimmesdale, a pretexto da preocupação com a saúde deste, enquanto devora em segredo as suas forças.

Chillingworth ilustra um elemento do método de composição de Hawthorne que já foi rotulado de *alegórico*. Embora em sua formação Hawthorne tenha recorrido à leitura de romances góticos populares como *O monge*, de

---

[3] Resenha de Arthur Cleveland Coxe, reproduzida em *The Scarlet Letter*.
[4] Arthur Cleveland Coxe, resenha reproduzida em *The Scarlet Letter*.
[5] O autor faz um trocadilho com o nome Chillingworth e o verbo *chilling*, "congelar". [NOTA DO TRADUTOR]

Matthew Lewis, e *Melmoth the Wanderer* [Melmoth, o errante], de Charles Maturin, o personagem é apresentado como uma ilustração viva da indiferença pela integridade da alma, subjacente a uma ciência psicológica alheia ao amor.

Outro personagem mais complexo, e também "alegórico", é Pearl, a filha de Hester e Dimmesdale. Pearl cumpre muitos papéis na trama moral do livro. Precisa representar o ideal de autonomia pessoal a que aspira o casal de amantes (daí seus modos selvagens e sua indiferença à solidão). Precisa também encarnar a primazia que a verdade sempre deve ter, sejam quais forem as consequências (daí sua recusa em permitir que Hester se livre da letra escarlate e sua pressão sobre Dimmesdale para que confesse). Finalmente, precisa incorporar o espírito da letra escarlate (donde sua aparência fantástica). Como os dois primeiros papéis estão em conflito considerável, e como a letra escarlate (essa é a intenção mais profunda do livro) sempre representa mais do que julgamos saber, Pearl se torna especialmente difícil de compreender em sua totalidade: é só decompondo a personagem em papéis distintos que podemos entender a função que desempenha em cada momento do texto, para o que não contribui o sentimentalismo excessivo com que Hawthorne às vezes a apresenta.

Dimmesdale e Hester, os outros personagens principais do livro, não são construídos nada "alegoricamente", embora Dimmesdale tenha traços alegóricos que lhe foram enxertados, especialmente o gesto de encobrir o peito, que pode ou não ostentar a marca de alguma versão própria da letra escarlate.

O romance *A letra escarlate* não é uma alegoria – ou seja, não é uma narrativa cujos elementos seguem de perto os elementos de outra história que ocorre em algum domínio paralelo. Entretanto, precisa ser lido num espírito alegórico: sem a tradição judaico-cristã de leitura alegórica por trás de si, não passaria de uma pequena fábula bem pobre. É a letra escarlate propriamente dita, mais que as peripécias da vida de Hester, que nos sinaliza que nos encontramos num mundo alegórico. A letra escarlate é o sinal de que existe um significado: o que a letra pode representar — Adúltera, Anjo ou qualquer outra coisa, até mesmo Artista — é menos importante do que o fato de que representa alguma coisa externa a si mesma; e também o fato de suprema ironia — que serve de eixo a todo o livro — de que o significado da letra é variável, nem sempre necessariamente o almejado pelos que a criaram.

Hester adota um símbolo que lhe foi imposto como marca do pecado e do opróbrio e, por um esforço exclusivamente seu, atribui-lhe outro significado. Esse outro significado não é articulado para seus concidadãos nem para o leitor: pertence exclusivamente a Hester e não é necessariamente articulável. De maneira similar, não sabemos o que o projeto exaustivo de escrever o livro intitulado *A letra escarlate* — uma divisa em três palavras à qual a pessoa de Hawthorne ficaria a partir de então associada para sempre — terá significado para o próprio Hawthorne. Podemos supor, entretanto, que Hester esteja para a sociedade puritana de seus dias como Hawthorne para a Nova Inglaterra em que viveu.

Henry James — cujo livro de 1878 sobre Hawthorne tornou-se um clássico da crítica americana, até mesmo pelo tanto que revela das ambições literárias do próprio James àquela altura — não via com aprovação total *A letra escarlate* nem, na verdade, o tratamento geral que Hawthorne dava à literatura de ficção. No cerne da crítica de James, encontramos sua aversão à alegoria. "No meu entender", escreve ele, "a alegoria [...] é na verdade um dos exercícios mais ligeiros da imaginação. Nunca me pareceu [...] uma forma literária de primeira linha".[6]

Aqui James repercute Edgar Allan Poe, que, resenhando os contos de Hawthorne, lhes dedicara um menosprezo semelhante: "Em defesa da alegoria", escreve Poe, "mal se pode formular um argumento de respeito [...] Na melhor das circunstâncias, [a alegoria] irá sempre interferir com aquela unidade de efeito que, para o artista, vale mais que toda a alegoria do mundo".[7]

Hawthorne não denominou de *novel* nem *A letra escarlate* nem nenhuma outra de suas obras mais longas de ficção. O termo que preferia era *romance*[8], indicando que não procurava (nem tentava) captar a densidade da textura social ou a complexidade das relações que encontramos em escritores ingleses da mesma época, como Charles Dickens.

James discute longamente as dificuldades de Hawthorne e de qualquer aspirante a escritor contemporâneo deste – ou seja, das duas gerações anteriores à do próprio Henry James:

---

6   Henry James, *Hawthorne*. Nova York: Macmillan, 1967.
7   Edgar Allan Poe, resenha (1847) de *Twice-Told Tales* e *Mosses from an Old Manse*, reproduzida em: James McIntosh, *Nathaniel Hawthorne's Tales: Authoritative Texts, Background, Criticism*. Nova York: W. W. Norton, 1987.
8   Em inglês, enquanto *novel* tem o sentido original de "conto" ou "novela" e se refere à narrativa longa de ficção no sentido moderno, *romance* designa, num primeiro momento, os textos longos, geralmente em verso e depois em prosa, comuns especialmente nos séculos XVI e XVII, que narram fatos "distantes das cenas e incidentes da vida cotidiana", segundo o *Oxford English Dictionary*, originalmente façanhas de cavalaria, muitas vezes entremeados de longas digressões. Mais adiante, quase chega a convergir com *novel* – denotando antes, porém, obras de caráter predominantemente "romântico" ou extravagante. [N. T.]

É necessária tanta coisa, como Hawthorne há de ter sentido mais tarde em sua vida, ao conhecer a produção mais densa, mais quente e mais rica da Europa — é necessária uma tal acumulação da história e dos costumes, uma tal complexidade de modos e tipos, para formar o lastro de ideias de um romancista.

Nota-se aqui certa empatia com seu predecessor, mas também certa condescendência: a condescendência de um cosmopolita que se alinhava a Turguêniev e Flaubert para com um antepassado provinciano. Saber se essa condescendência é justa não parece mais tão fácil como deve ter sido naquela época. As obras romanescas [*romances*] que têm como cenário a fronteira do Oeste (Fenimore Cooper), a Nova Inglaterra puritana (Hawthorne) ou um navio em alto-mar (Herman Melville) já não nos parecem necessariamente inferiores aos romances modernos [*novels*] que Henry James vinha aprendendo a escrever.

No ano seguinte ao lançamento de *A letra escarlate*, Melville publicou *Moby Dick*, a obra mais grandiosa da ficção americana de seu tempo tanto em ambição como em escala, um livro que mergulha sem reservas numa alegoria pelo menos equivalente à de Hawthorne. Melville, quinze anos mais novo, era amigo e admirador de Hawthorne. No mesmo ano em que saiu *A letra escarlate*, Melville publicou o que se apresentava em princípio como uma resenha, mas na verdade era um ensaio sobre a mentalidade de Hawthorne, recorrendo a obscuros textos anteriores como *O véu negro do pastor*, *Wakefield* e *O jovem Goodman Brown*. O quanto era verdadeiro, o quanto se devia a um sentimento profundo, pergunta ele, o empenho de Hawthorne em falar do passado puritano? Esse passado o atrairia por sua peculiaridade, seu ineditismo como tema de ficção? Ou seria a escrivaninha do autor a arena em que se entregava secretamente ao combate com os demônios que herdara daquele tempo?

Embora já pairasse desde a década de 1840 a suspeita de que Hawthorne recorria ao passado puritano simplesmente por suas qualidades pitorescas, foi James quem formulou essa imputação com maior clareza:

> Nada é mais curioso e interessante que o caráter exclusivamente *importado* do sentido do pecado na mente de Hawthorne; ali, ele parece existir com uma finalidade apenas artística ou literária. O autor tinha um amplo conhecimento da consciência puritana; ela era o seu legado natural; encontrava-se reproduzida nele; examinando a própria alma, deparava com ela. Mas sua relação com essa consciência era apenas, pode-se dizer, intelectual; não era moral ou teológica. Ele a tratava e usava como um pigmento; ele a abordava, como dizem os metafísicos, de maneira objetiva. Não se mostrava transtornado, perturbado, assombrado por ela, à maneira de suas vítimas costumeiras e regulares [...] O que lhe agradava em [seus] temas era seu caráter pitoresco, a rica melancolia de seu colorido, seu *chiaroscuro*.

Melville também reflete sobre esta questão crucial, a da sinceridade moral de Hawthorne. Num primeiro momento, sua resposta é incerta:

> Apesar de toda a claridade de verão tardio do lado mais aparente da alma de Hawthorne, o outro lado — como a metade oculta de uma esfera física — apresenta-se envolto em escuridão, dez vezes escura [...] Se Hawthorne simplesmente lança mão dessa escuridão mística como um recurso para os efeitos magníficos que a faz produzir com suas luzes e suas sombras; ou se realmente reside em

seu espírito, talvez até sem que ele próprio saiba, um toque de sombra puritana – isso eu não sei dizer com clareza.

Mas então, em tom mais resoluto, ele prossegue:

Entretanto, é certo que esse grande poder da escuridão dentro de Hawthorne deriva sua força da maneira como apela para a ideia calvinista de Depravação Inata e Pecado Original de cuja presença, nesta ou naquela forma, nunca está de todo livre qualquer mente profundamente reflexiva [...] Nenhum outro escritor, talvez, terá acenado com essa ideia aterrorizante de maneira mais terrível que este mesmo inofensivo Hawthorne [...] O leitor pode ser enfeitiçado por sua claridade solar, transportado pelo brilho dourado dos céus que ele ergue sobre a sua cabeça; mais além, contudo, encontra-se o negror das trevas [...] Numa palavra, o mundo se engana quanto a este Nathaniel Hawthorne. Ele próprio deve ter sorrido com frequência ante esse equívoco absurdo a seu respeito. Ele é imensamente mais profundo do que alcançam as sondas do mero crítico. Pois não é o cérebro que pode analisar um homem como ele, e sim o coração.[9]

Melville está sem dúvida correto ao apontar o conflito que dá origem à trama de *A letra escarlate*: o embate entre a esperança de que seja possível, no Novo Mundo, uma vida livre, feliz e amorosa, desembaraçada do fardo das culpas do Velho Mundo; e a intuição oposta, de que podem existir dentro de nós forças intratáveis e irredutíveis que irão sempre frustrar essa esperança revolucionária. Esse conflito se manifesta nas vidas individuais e

---

9 Herman Melville, "Hawthorne and his Mosses" (1850), reproduzido em *Nathaniel Hawthorne's Tales*.

em comum de Hester e Dimmesdale. Dimmesdale é claramente a figura do artista cuja mágoa secreta é fonte de sua eloquência (sua arte), mas também de sua distância em relação a seus semelhantes. Embora venha a sucumbir por duas vezes ao poder de sedução de Hester (primeiro durante a sua ligação com ela, depois – por um breve momento – quando se deixa persuadir de que ele, ela e Pearl devem fugir para a Europa), ele está intimamente convencido de que não tem como escapar à sensação do pecado.

Hester tem um pensamento mais independente (em certo momento, é explicitamente comparada a Anne Hutchinson, que em 1638 foi excomungada e banida da colônia de Massachusetts por defender que as intuições da alma tinham precedência sobre o dogma). No fundo, Hester jamais aceita o veredicto da sociedade a seu respeito; todos os seus esforços se dedicam a derrubar esse veredicto, minando o significado atribuído à letra escarlate e conferindo a ela um sentido exclusivamente seu. Como afirma durante seu encontro secreto com Dimmesdale na floresta, o lugar onde presumivelmente fazem amor: "O que nós fizemos tinha uma consagração própria. Era assim que sentíamos!!". As intuições morais do indivíduo (ou do casal de amantes) suplantam a doutrina.

Hester é uma personagem muito atraente, não só na ousadia de seu pensamento como em sua aparência física. Sua natureza, que a certa altura é descrita como "rica, voluptuosa [...], oriental", manifesta-se nas tranças escuras e abundantes, que meneiam soltas na cena inicial do livro, quando ela confronta seus juízes, mas depois são escondidas debaixo de sua touca reservada, para aparecerem soltas só mais uma vez, na cena da floresta com Dimmesdale. Aqui, de maneira reveladora, é a menina Pearl que apela para que Hester torne a aprisionar seus cabelos, assim como lhe pede que volte a usar a letra escarlate e a exibir-se no patíbulo ao lado de Dimmesdale.

Hester não foge, mas termina seus dias na colônia, sempre ostentando a letra escarlate enquanto se esforça com empenho para mudar seu significado com atos de desprendimento e coragem. É difícil saber o quanto isso é uma vitória, pois embora consiga muito — seu exemplo deve certamente contrabalançar a frieza de alguns de seus vizinhos — também precisa renunciar a muita coisa, até mesmo a qualquer vida dos sentidos. É significativo que, ao chegar à idade adulta, sua filha deixe a colônia em busca de uma vida melhor, para nunca mais voltar.

(2013)

Ford Madox Ford, *O bom soldado*

Embora tenha morrido há quase oitenta anos, o lugar de Ford Madox Ford (1873-1939) no panteão dos romancistas britânicos ainda não está assegurado. A genealogia que Ford reivindica, com origem em Turguêniev, Flaubert e Maupassant e passando por Henry James e Joseph Conrad, situa o escritor à margem da corrente dominante no romance britânico, enquanto sua associação com a vanguarda literária anterior e imediatamente posterior à Primeira Guerra Mundial, especialmente com Ezra Pound, parece situá-lo no campo do modernismo cosmopolita. No entanto, suas obras-primas indiscutíveis, *O bom soldado* [1915] e a tetralogia *Parade's End* [O fim do desfile, 1924-1928], demonstram antes o trabalho de um artesão denodado que de um experimentalista e exprimem uma visão da sociedade que, em vez de revolucionária, é antes conservadora e até voltada para o passado.

Parte do motivo de Ford não ter um lugar consagrado na história literária é que não pertenceu nem à geração dos grandes modernistas — em língua inglesa, a geração de Pound, T. S. Eliot e James Joyce — nem à última geração dos vitorianos — a geração de Thomas Hardy —, mas nasceu entre as duas. Assim, embora simpatizasse com a impaciência que os jovens manifestavam em relação às convenções sociais e artísticas consagradas, era um pouco velho e cauteloso demais para entregar-se por completo a seu entusiasmo revolucionário.

Outro complicador era sua relação duvidosa com o seu país de origem. Ford Madox Ford nasceu em 1873 na Grã-Bretanha e recebeu o nome de Ford Madox Hueffer, filho de pai alemão e mãe inglesa; mudou seu nome depois da Primeira Guerra Mundial, quando a Inglaterra foi tomada pela hostilidade a tudo que lembrasse a Alemanha. Seu pai era um musicólogo respeitado, propagador da música de Wagner; sua mãe era filha de Ford Madox Brown, membro da escola de artistas plásticos de vanguarda que se intitulou Irmandade Pré-Rafaelita. Criança precoce e brilhante, Ford foi escolarizado parcialmente em casa e em parte numa escola que adotava as teorias educacionais mais avançadas da época. Nunca chegou a frequentar uma universidade.

Numa sociedade em que as divisões de classe eram um fato inarredável da vida, o jovem Ford não tinha uma identidade de classe fácil de reconhecer. Seu desconforto com a nação inglesa, o sistema de classes inglês e a Igreja nacional inglesa (nasceu católico), somado a um escândalo conjugal muito público em que se viu envolvido aos 30 e poucos anos — escândalo que o transformou numa espécie de pária na sociedade mais distinta e lhe valeu a perda de muitos amigos —, levou-o, depois de 1919, a bater em retirada da Inglaterra e da cidadania inglesa. Instalou-se na França, onde ganhou precariamente a vida como escritor e jornalista, com ocasionais turnês de palestras nos Estados Unidos. Morreu em 1939.

Ford foi um escritor prolífico. Quando decidiu escrever *O bom soldado*, aos 40 anos, já produzira dezenas de outros livros. Embora alguns deles — especialmente uma trilogia situada na época de Henrique VIII e vários relatos biográficos — tenham seus entusiastas, o fato é que o grosso da sua produção ficcional não resistiu ao passar do tempo. Ondas e mais ondas de estudiosos revisitaram sua obra, esperando descobrir obras-primas sem o devido reconhecimento, mas voltaram de mãos vazias. O que é surpreendente para um autor que reverenciava o empenho incansável de Flaubert na composição de *Madame Bovary* e sua busca persistente do *mot juste*, e que além disso tivera o privilégio de colaborar com Conrad e presenciar as agonias da dúvida que assaltavam Conrad em relação à própria escrita, bem como as profundas revisões a que submetia seus textos. Já Ford publicou um romance atrás do outro em que a construção é descuidada, o enredo, desinteressante, a caracterização, rasa, e a prosa, meramente aceitável.

Como isso pode ter acontecido? A razão, em parte, foi que Ford, vivendo numa pobreza crônica, muitas vezes precisava escrever às pressas para o mercado. Outra é que, encorajado na juventude a se ver como um gênio, ele tendia a acreditar no valor automático de tudo que lhe saía das mãos. Mas a razão mais profunda é que, até *O bom soldado*, Ford não chegara a sondar as fontes mais sombrias e mais pessoais de sua compulsão literária.

Escrito antes da Primeira Guerra, *O bom soldado* é um romance não sobre a guerra (apesar do título), mas sobre a instituição do casamento na Inglaterra da primeira década do século XX e a forma como as infidelidades eram administradas nessa instituição. De maneira mais ampla, é um romance sobre a classe pan-europeia das "pessoas de bem" e os códigos que regiam os modos dessa classe. (O autor não tinha como prever que a Europa que retratou estivesse a ponto de se extinguir numa tormenta de sangue.) O romance reúne uma crítica amarga dos sacrifícios, tanto pessoais como morais, requeridos pela manutenção dos padrões de uma "vida correta", temperada pela lembrança angustiante da crise conjugal vivida pelo próprio Ford. É um apanhado da civilização e de seu mal-estar, mais especificamente um discurso sobre o custo psíquico da vida conjugal nos dias em que o divórcio era pouco frequente.

Eis aqui o narrador do romance explicando as regras implícitas pelas quais eram reconhecidas as "pessoas de bem":

> A coisa mais estranha e singular é que toda essa coleção de regras se aplica a qualquer um – a todo e qualquer um que se possa encontrar nos hotéis, nos trens e num grau menor, talvez, a bordo dos vapores. Cruzamos com um homem ou uma mulher e, a partir de certos sons discretos e íntimos, dos movimentos mais ligeiros, podemos saber de imediato se estamos diante de uma pessoa de bem ou de uma pessoa inconveniente.[1]

Quem fala é John Dowell, americano da Nova Inglaterra, homem rico, mas de sangue-frio, que passou boa parte da vida adulta escoltando a mulher pelas elegantes estâncias de férias da classe alta europeia. Herdeiros de dinheiro "antigo", nascidos em famílias "antigas" de extensa genealogia, John e Florence Dowell qualificam-se como "pessoas de bem". No entanto, por serem cidadãos do Novo Mundo, estão até certo ponto isentos do esnobismo e das rivalidades da Europa, e nessa medida John Dowell pode ser um observador desapaixonado e objetivo das maneiras europeias.

---

[1] Ford Madox Ford, *The Good Soldier,* in: *The Bodley Head.* Londres: The Bodley Head, 1962, vol. 1. [Ed. brasileira: *O bom soldado.* São Paulo: Editora 34, 1997.]

Tanto *pessoas de bem* como, por outro lado, *pessoas inconvenientes* são claros eufemismos, parte do vocabulário deliberadamente eufemístico empregado pelas "pessoas de bem", que nem precisam declarar em voz alta aquilo com que estão tacitamente de acordo. Não precisam de palavras claras porque sabem interpretar os sons e gestos quase imperceptíveis por meio dos quais os desconhecidos ou sinalizam se são "de bem" ou traem sua condição de "inconvenientes".

Edward Ashburnham, o bom soldado, reformado do corpo de oficiais do Exército britânico no seu auge, por força de um problema cardíaco, é um mestre na prática desse código ou sistema quase religioso da desnecessidade das palavras e, no final, sua principal vítima. Por nove anos, do momento em que o vemos pela primeira vez no restaurante do Hotel Excelsior em Nauheim até pouco antes de sua morte, Ashburnham não emite uma única palavra audível que não seja convencional, ou uma platitude. Por quê? Porque ele e sua mulher, Leonora, aderem a um código que transforma qualquer demonstração pública de sentimento, qualquer manifestação direta do coração, num risco de desajuste. O código determina uma separação rigorosa entre o público e o privado. Em público, dita o código, os padrões civilizados precisam ser mantidos. Já o que ocorre em particular só diz respeito aos envolvidos, ou talvez aos envolvidos e a seu Deus.

Assim, o casamento dos Ashburnham, tão harmonioso em público que faz com que Dowell, amigo dos dois, os admire como um casal-modelo, acaba se revelando, entre quatro paredes, um purgatório de raiva, inveja, vergonha e sofrimento; enquanto o próprio casamento dos Dowell, seus imitadores distantes, baseia-se, de um lado, na prática da dissimulação e, de outro, na complacência mais ingênua.

Na juventude, Edward e Leonora foram reunidos no tipo de casamento arranjado que (somos induzidos a entender) não é incomum no seio da aristocracia dona de terras em que nasceram, uma classe para a qual as relações com seus cavalos e cães têm uma importância pelo menos igual à das relações com os outros humanos. Leonora, noiva potencial de Edward, é avaliada em termos apropriados às qualidades de um cavalo. Especificamente, Edward aprova seu "porte limpo". Para um criador, o animal "de porte limpo" é bem-proporcionado e tem bom *pedigree*. Em tempos antigos, chamavam-se de *limpas* as mulheres virtuosas.

Na Idade Média, um código erótico, o código cavalheiresco, surgiu entre a classe dos cavaleiros, a classe dos guerreiros a cavalo. Tinha um componente rigoroso e quase religioso, projetando no objeto de desejo do cavaleiro muitos dos atributos da Virgem Maria. É esse código, mais ou menos, que Edward Ashburnham segue em relação às mulheres. Assim, embora seja sistematicamente infiel à sua mulher, ainda assim a adora e jamais dirá nada que possa manchar o seu nome.

Edward se permite a infidelidade porque, entre as "pessoas de bem", esse é o comportamento normal dos homens. Ao mesmo tempo, adora sua mulher, porque isso também é normal. Quanto a seus verdadeiros sentimentos – o que ele, no fundo, sente pela mulher ou suas amantes –, ele próprio os ignora amplamente: aqui, o código não lhe vale de nada. Um dos temas subsidiários de *O bom soldado* é que, como não leem livros nem falam dos seus sentimentos, as "pessoas de bem" tendem a demonstrar ignorância quanto às emoções e ter uma vida emocional rudimentar. A biblioteca da propriedade rural de Ashburnham não tem nenhum livro, mas está repleta de objetos relacionados a cavalos de corrida. Desde que se reformou do Exército, se e quando tem tempo sobrando, Ashburnham às vezes folheia um romance popular. Como se poderia esperar, suas leituras só fazem reforçar suas noções românticas e totalmente convencionais sobre as relações entre os sexos.

O comentário mais direto do livro sobre o amor entre um homem e uma mulher é enunciado por Dowell:

> Do meu ponto de vista, no que diz respeito ao homem, um caso amoroso, o amor por uma determinada mulher — tem algo da natureza de um alargamento da experiência. A cada nova mulher pela qual um homem se sente atraído, parece ocorrer uma ampliação da sua perspectiva, ou, melhor dizendo, a aquisição de um novo território [...] Da questão do instinto sexual sei muito pouco, e não acho que ele tenha muito peso numa paixão realmente grande. Pode ser provocado por tais insignificâncias — um cordão de sapato desatado, uma troca de olhares de passagem — que penso que deve ser excluído dos cálculos. Não quero dizer que qualquer grande paixão possa existir sem um desejo de consumação [...] Mas a verdadeira intensidade do desejo, o verdadeiro ardor de uma paixão que persiste e consome a alma de um homem, é o desejo de identidade com a mulher que ama. Ele deseja ver com os mesmos olhos, tocar com o mesmo tato, ouvir com os mesmos ouvidos, perder sua identidade, ver-se envolvido, apoiado...
>
> Então, por algum tempo, se uma paixão assim chega a ser fruída, o homem alcança o que deseja [...] Mas essas coisas passam... É triste, mas é assim. As páginas do livro se tornam conhecidas; o belo recanto do caminho é percorrido vezes demais...
>
> Ainda assim [...] para todo homem chega finalmente o momento da vida em que a mulher que então inscreve

a marca na imaginação dele o deixa marcado para sempre. Ele não irá percorrer outros horizontes; nunca mais erguerá a bagagem aos ombros; irá retirar-se desses cenários. E irá retirar-se dos negócios.

O homem de que fala Dowell é Ashburnham, e a mulher que inscreveu sua marca na imaginação deste é sua jovem pupila, Nancy Rufford. É nesse ponto da história de seu casamento — no entender de Dowell — que Leonora se volta contra o marido. Até então, Leonora tolerava com amargura os casos amorosos do marido, chegando mesmo a cuidar de suas consequências desastrosas, convencida de que passariam. Agora, ela começa a defender com energia seus interesses; e então (no entendimento de Dowell) a história do casal Ashburnham deixa de ser apenas triste (*A mais triste das histórias* era o título que Ford queria para o seu romance, mas foi vetado por seu editor) e se torna trágica, culminando no suicídio de Edward.

O bom soldado é um exercício de virtuosismo em técnica narrativa. É narrado pelo mais iludido dos personagens de sua trama, aquele que, por uma variedade de motivos, é mantido na ignorância pelos demais. A única voz que o leitor escuta é a de John Dowell. As limitações do método de narração escolhido por Ford determinam que, quando Dowell reporta as falas dos outros atores, elas sejam apenas as palavras que lhe dizem ou que dizem ao alcance dos seus ouvidos, ou da forma como lhe são contadas, que ele próprio tem como relatar. Como ele só descobre a dissimulação que se desenrola à sua frente num ponto avançado da ação, boa parte de sua compreensão da história das relações entre os Dowell e os Ashburnham, ou entre Edward e Leonora Ashburnham e sua pupila, só pode ser retrospectiva, reconstituída e recomposta a partir de fragmentos da sua memória.

O bom soldado é objeto de uma justa admiração por sua construção engenhosa e o rigor com que um ponto de vista limitado — o de Dowell — se sustenta do começo ao fim. Mas a razão de Ford ter escolhido um homem iludido como narrador não se limita ao desejo de propor-se e resolver um problema técnico. Dowell é o único participante da trama que descobre alguma coisa: os outros só encenam seus papéis na vida. Dowell, assim, é o representante do leitor no romance, aquele a quem a "leitura" revela o que acontece à sua volta. O que Dowell aprende com o destino do bom soldado Edward Ashburnham é — presumimos — o que o leitor precisa descobrir.

Mas será mesmo?

No rol dos esposos enganados da literatura, um dos mais conhecidos é Charles Bovary. Debaixo do seu nariz, sua mulher, Emma, se envolve em dois casos amorosos longos e apaixonados e incorre em dívidas extravagantes. E tudo isso ele desconhece. Ainda assim, depois do suicídio da mulher e da própria ruína financeira, Charles se descobre mais apaixonado por ela do que nunca. Abandona seu antigo comportamento estável e começa a se vestir na moda, tentando tornar-se o tipo de homem que ela teria admirado. "Adota seu gosto, suas ideias; compra botas de verniz e passa a usar gravatas brancas. Encera o bigode e, tal como ela, assina notas promissórias. Ela o corrompe do além-túmulo."[2] Quando, muito mais tarde, ele descobre as infidelidades de Emma, sua reação é desejar ter sido um de seus amantes.

Encontramos ecos de *Madame Bovary* em *O bom soldado* e temos todos os motivos para julgar que sejam propositais. "Sim, é claro que sinto ciúmes", diz Dowell,

---

2 Gustave Flaubert, *Madame Bovary*. Nova York: W. W. Norton, 1965. [Ed. brasileira: *Madame Bovary*. São Paulo: Penguin, 2011.]

resumindo sua posição depois que a poeira assenta. "À minha maneira mais vaga, acho que percebo minha semelhança com Edward Ashburnham. Imagino que gostaria realmente de ser polígamo; com Nancy, com Leonora, com Maisie Maidan e possivelmente até mesmo com Florence... Ao mesmo tempo, posso lhes garantir que sou uma pessoa estritamente respeitável [...] Só imitei, de maneira atenuada, e em meus desejos inconscientes, Edward Ashburnham."

Se, depois de descrever em tamanho detalhe a história do casal Ashburnham, Dowell ainda deseja imitar a vida e os costumes do falecido Edward, assim como Charles tenta copiar o exemplo da falecida Emma, só podemos concluir que Dowell foi corrompido do além-túmulo. Mais precisamente, se Dowell é o representante do leitor, o leitor foi logrado, pois Dowell entendeu a história do bom soldado de maneira profundamente incorreta. Não só Dowell foi ofuscado de fora a fora (por sua mulher, por seus amigos "de bem") como ainda, em outro sentido, permanece cego mesmo depois que seus olhos se abrem.

Dowell entende Edward como uma figura de tragédia, mas Edward não é uma figura trágica. A marca do herói trágico é ser não só a vítima de forças que não controla, mas também capaz de compreender quais forças são essas. Edward não tem uma compreensão desse tipo, não porque seja um idiota, mas porque o código que rege a sua vida o impede de interrogar-se muito intensamente sobre qualquer questão. Edward não é apenas um bom e bravo soldado e o que sua classe definiria como "um bom sujeito", mas também um homem bom: gentil, generoso, consciencioso, que se importa com os necessitados e dá todos os sinais de tratar suas amantes como um cavalheiro. Quando lhe perguntam por que sempre se comportou bem, ele pode recorrer a uma das fórmulas inarticuladas do código – por exemplo: "Ah, a pessoa sempre procura fazer o que é decente". Certamente jamais diria: "Ah, a pessoa sempre tenta seguir o exemplo de Nosso Senhor".

Como Dowell percebe com toda a clareza, ou bem o destino de Edward Ashburnham tem um sentido ou tudo é um caos. Mas temos todos os motivos para encarar com ceticismo a lição a que Edward chega na passagem citada: que se permitir todas as paixões, mesmo a um alto custo, é melhor do que reprimi-las. Embora nunca empregue esta palavra, o que Dowell realmente admira em Ashburnham é seu estoicismo, especialmente o estoicismo com que (no relato de Dowell) ele resiste ao assalto conjunto de Leonora e Nancy em seus derradeiros meses de vida:

> Essas duas mulheres perseguiram o pobre-diabo e tiraram-lhe a pele como que a chicotadas. Posso dizer-lhes que sua mente sangrava quase visivelmente. Tenho a impressão de vê-lo de peito nu, com os antebraços cobrindo os olhos e a carne rasgada por seus ferimentos. E lhes garanto que não estou exagerando o que sinto. Era como se Leonora e Nancy se associassem para flagelar, em nome da humanidade, o corpo de um homem à disposição das duas. Eram como uma dupla de Sioux que tivessem capturado um apache e o tivessem amarrado bem a uma estaca. E lhes digo que não havia descanso para as torturas que lhe infligiam...
>
> E, o tempo todo, o infeliz sabia – graças a um curioso instinto frequente entre os seres humanos que vivem juntos – exatamente o que acontecia. E ele não dizia nada; não movia um dedo para se defender.

Claro que o que Edward adotou aqui como princípio é uma versão degradada do estoicismo, uma versão que exclui toda inteligência. Ainda assim, ele representa uma posição diante do mundo que o próprio Ford admirava, se formos olhar para além de *O bom soldado* e levar em conta o volumoso testemunho de *Parade's End*, cujo herói, Christopher Tietjens, vive, como Ashburnham, de acordo com o código de "fazer a coisa decente" sem questionar com muita profundidade os motivos para tanto.

A qualidade persistente de *O bom soldado* deriva, no fim das contas, da ambivalência dos sentimentos de seu autor em relação ao código que rege a vida de Ashburnham. Trata-se de um código cuja característica tautológica é bem fácil de expor: a pessoa faz a coisa certa porque alguém faz a coisa certa; a pessoa não fala dos seus sentimentos porque alguém não fala dos seus sentimentos. Embora termine na mais sombria das notas, *O bom soldado* não tem um tom trágico uniforme. Pelo contrário, ao exibir uma relação detalhada das hipocrisias da classe dominante britânica, tem momentos de sátira e comédia. Essa mistura de tons sugere que Ford tinha plena consciência de que, depois que se desemaranha o código que mantém a coesão da classe dominante, a fibra de todo o sistema social também se revela; e a ligação que o autor sente com a Inglaterra — não a Inglaterra do seu tempo, decerto, mas a Inglaterra da fantasia, a Inglaterra do século XVIII a que ele gostaria de ter pertencido — era forte demais para que ele encarasse esse projeto com um prazer claro e sem mistura.

(2015)

A peste segundo Philip Roth

Entre 1894 e 1952, os Estados Unidos sofreram uma série de surtos de poliomielite. O pior deles, em 1916, causou a perda de 6 mil vidas. Por mais quarenta anos, a pólio continuou a constituir uma ameaça substancial à saúde pública. A descoberta de uma vacina mudou tudo isso. Em 1944, a doença tinha sido erradicada nos Estados Unidos e no resto do hemisfério ocidental, e ainda sobrevive hoje apenas em alguns bolsões da África e da Ásia, fora do alcance de organismos de saúde pública.

A pólio é uma doença viral que assola a humanidade há milênios. Antes do século XX, era uma infecção endêmica da primeira infância, causando febre, dores de cabeça e náusea, não mais que isso. Apenas numa minoria dos casos assumia a forma avassaladora que atacava o sistema nervoso, levando à paralisia ou até à morte.

A mutação da pólio em doença grave pode ser atribuída ao avanço nos padrões de higiene. O vírus da pólio é transmitido pelas fezes humanas (multiplica-se no intestino delgado). Um regime em que as pessoas lavam as mãos, tomam banhos regulares e usam sempre roupa de baixo limpa inibe a transmissão. O problema é que os hábitos de limpeza eliminam a resistência ao vírus nas comunidades; e, quando crianças mais velhas e adultos desprovidos de resistência contraem por acaso a enfermidade, esta tende a assumir uma forma extrema. Assim, as mesmas medidas que contiveram doenças como o cólera, o tifo, a tuberculose e a difteria transformaram a poliomielite numa ameaça à vida.

O paradoxo da higiene rigorosa — que ao mesmo tempo que reduz os riscos para os indivíduos enfraquece sua resistência e torna a doença letal — não era amplamente compreendido na época em que grassava a pólio. Nas comunidades afetadas, os surtos da doença suscitavam irrupções paralelas e não menos mórbidas de ansiedade, desespero e raiva endereçada aos alvos errados.

A psicopatologia das populações sob o ataque de doenças cuja transmissão é mal compreendida foi explorada por Daniel Defoe em seu *Diário do ano da peste*, que alega ter sido composto por um sobrevivente da peste bubônica que dizimou Londres em 1665. Defoe registra todas as ações típicas das comunidades atingidas por alguma epidemia: a atenção supersticiosa a sinais e sintomas; a vulnerabilidade a boatos; a estigmatização e o isolamento (a quarentena) de famílias e grupos suspeitos; a transformação dos pobres e desabrigados em bodes expiatórios; o extermínio de classes inteiras de animais detestados de uma hora para outra (cães, gatos, porcos); a fragmentação da cidade em zonas saudáveis e doentes, com um policiamento agressivo dos limites entre as duas; a fuga dos centros assolados pela doença, sem atentar para o contágio que assim pode espalhar-se por um raio bem maior; e a desconfiança dominante de todos em relação a todos, resultando num colapso generalizado dos laços sociais.

Albert Camus conhecia o *Diário* de Defoe: em seu romance *A peste*, escrito nos anos da Segunda Guerra Mundial, cita o livro e, no geral, imita a postura do narrador de Defoe, que trata num tom trivial a calamidade que se desenrola à sua volta. Tratando nominalmente de um surto de peste bubônica numa cidade argelina, *A peste* pode ser lido também como se tratasse do que os franceses chamavam de "peste marrom", a ocupação alemã, e, de maneira mais geral, da facilidade com que uma comunidade pode ser infectada por uma ideologia que atua como algum bacilo. E conclui com uma advertência sóbria:

> O bacilo da peste nem morre nem desaparece por completo [...] pode permanecer latente por anos e anos nos móveis e nas arcas de roupa de cama [...] pode passar o tempo oculto em quartos, porões, baús e prateleiras de livros; e [...] talvez chegue o dia em que, para a destruição e o aprendizado dos homens, ela torne a despertar seus ratos e levar a morte a uma cidade despreocupada.[1]

Numa entrevista de 2008, Philip Roth menciona que vinha relendo *A peste*. Dois anos mais tarde, publicou *Nêmesis*, uma obra de ficção ambientada em Newark no verão de 1944, assolada pela pólio (19 mil casos em todo o país), entrando para uma linhagem de escritores que usaram o cenário de uma epidemia para falar da determinação dos seres humanos e da durabilidade de suas instituições sob o assalto de uma força invisível, inescrutável e mortífera. Nesse aspecto – como Defoe, Camus e Roth sabiam bem – a ocorrência de uma peste é apenas um estado exaltado da mortalidade humana.

Eugene "Bucky" Cantor é um professor de educação física que foi dispensado do serviço nas forças armadas. Tem vergonha de sua boa sorte e tenta compensá-la dedicando o máximo de cuidado e atenção às crianças para

---

[1] Albert Camus, *The Plague*. Londres: Penguin, 1948. [Ed. brasileira: *A peste*. Rio de Janeiro: Record, 2017.]

quem leciona. Em resposta, as crianças o adoram, especialmente os meninos.

Bucky tem 23 anos, é equilibrado, responsável e de uma honestidade escrupulosa. Embora não seja um intelectual, costuma pensar sobre as coisas. É judeu, mas pratica sua religião com indiferença.

A pólio irrompe em Newark e logo atinge o bairro judeu onde mora. Em meio ao pânico generalizado, Bucky mantém a calma. Convencido de que as crianças precisam de estabilidade num tempo de crise, organiza um programa de esportes para os meninos e continua a levá-lo adiante apesar das dúvidas da comunidade, mesmo quando alguns dos meninos começam a adoecer e a morrer. Para dar um exemplo de solidariedade em face da epidemia, troca ostensivos apertos de mão com o idiota local, que é enxotado pelos meninos que o consideram um transmissor da doença ("Olha o cheiro dele!... Está sujo de merda!... É ele que transmite a pólio!"). Em particular, Bucky se revolta contra a "crueldade lunática" de um Deus capaz de matar crianças inocentes.[2]

Bucky tem uma namorada, Marcia, também professora, que viajou para trabalhar numa colônia de férias das montanhas da Pensilvânia. Marcia pressiona Bucky para que ele deixe a cidade infestada e venha juntar-se a ela em seu refúgio. Ele resiste. Tanto na frente doméstica como no Pacífico, pensa ele, os tempos em que vivem são fora do comum e pedem sacrifícios fora do comum. Ainda assim, um dia seus princípios sofrem um colapso inexplicável. Sim, ele responde, irá ao encontro dela; abandonará seus meninos e irá cuidar de pôr-se a salvo.

---

[2] Philip Roth, *Nemesis*. Nova York: Houghton Mifflin, 2010. [Ed. brasileira: *Nêmesis*. São Paulo: Companhia das Letras, 2011.]

"Como pude fazer o que acabo de fazer?", ele se pergunta no momento em que desliga o telefone. Para isso, ele não tem resposta.

Nêmesis é um romance construído com destreza, cheio de suspense, com uma engenhosa reviravolta perto do final. A revelação é que o próprio Bucky Cantor é quem carrega o vírus da pólio. Mais especificamente, ele é uma dessas criaturas estatisticamente raras, um portador saudável da infecção; qualquer homem cuja mão ele aperte pode estar condenado. Além disso, quando Bucky foge da cidade assolada pela epidemia, estará estendendo seu alcance a um refúgio idílico onde uma parte dos inocentes se julga a salvo.

O resto da história de Bucky é contado em pouco tempo. Logo depois de sua chegada, a pólio irrompe na colônia de férias. O próprio Bucky é examinado, e a terrível verdade se revela. Ele sucumbe à doença. Depois do tratamento, sai aleijado do hospital. Marcia ainda quer casar-se com ele, mas ele recusa, preferindo um amargo isolamento. Marcia diz:

> "Você sempre se considera culpado quando *não é*. Ou o culpado é um Deus terrível ou é o terrível Bucky Cantor, quando na verdade a culpa não cabe a nenhum dos dois. Sua atitude em relação a Deus — é infantil, é simplesmente boba."
>
> "Escute aqui [diz Bucky], seu Deus não é do meu agrado, por isso não meta Deus nesta história. Ele foi muito mau comigo. E passa tempo demais matando crianças."
>
> "E isso também é uma bobagem! Só porque você pegou pólio, não adquiriu o direito de dizer coisas ridículas. Você não tem ideia do que é Deus! Ninguém tem, nem pode ter!"

Deus não é culpado porque Deus está acima de qualquer culpa, fora do alcance do mero julgamento humano. Marcia ecoa o Deus do Livro de Jó, e o sarcasmo que ali se manifesta em relação à inferioridade do intelecto humano ("Porventura alcançarás os caminhos de Deus?" Jó 11:7). Mas o romance de Roth evoca um contexto mais explicitamente grego do que bíblico. *Nêmesis* usa termos gregos para enquadrar a dúvida quanto à justiça cósmica; e o enredo gira em torno de um eixo de ironia dramática semelhante à do *Édipo rei* de Sófocles: um comandante da luta contra a peste é, sem saber, aquele que a transmite.

O que é exatamente Nêmesis (ou *nêmesis*, o substantivo abstrato)? *Nêmesis* (o substantivo) é a tradução exata da palavra latina *indignatio*, da qual vem *indignação*; *Indignação*, aliás, é título do livro que Roth publicou em 2008 (a trama se complica), um livro que, junto com *Homem comum* (2006), *A humilhação* (2009) e *Nêmesis*, pertence a um subgrupo de sua obra que Roth chama de "Nêmeses: romances curtos".

Indignatio e *nemesis* são palavras de significado complexo: designam tanto ações impróprias (injustas) quanto os sentimentos de (justa) revolta por essas ações. Por trás de *nemesis* (do verbo *nemo*, "distribuir") está a ideia da sorte, boa ou má, e de como lidamos com ela em nosso universo. Nêmesis (a deusa, a força cósmica) atua para que todos que prosperam mais do que convém sejam reduzidos à humildade. Assim, Édipo, que derrota a Esfinge e se torna um grande rei, deixa Tebas como um pedinte cego. Assim, Bucky Cantor, atleta admirado – as páginas mais líricas de *Nêmesis* celebram suas façanhas no lançamento de dardo –, termina aleijado e sentado a uma escrivaninha numa agência dos correios.

Como não praticou nenhum mal consciente, Édipo não é um criminoso. Ainda assim, seus atos – parricídio, incesto – o tornam impuro e poluem tudo o que ele toca. Precisa deixar a cidade. "Nenhum homem além de mim pode suportar minha triste queda", diz ele.³ Bucky também não comete crime algum. Ainda assim, mais literalmente do que Édipo, ele se torna impuro. Ele também precisa aceitar sua culpa e, à sua maneira, toma o caminho solitário do exílio.

No cerne da fábula de Édipo, e do mundo grego arcaico nela contido, encontra-se uma questão estranha à imaginação pós-trágica moderna: como opera a lógica da justiça quando vastas forças universais cruzam as trajetórias individuais de vidas humanas? Em especial, que lição se pode extrair da história de um homem que, sem saber, realiza a profecia de que mataria o pai e se casaria com a mãe, um homem que só passa a enxergar depois que vaza os próprios olhos?

Responder que matar inconscientemente ("por acidente") o próprio pai e depois, inconscientemente ("por acaso"), casar-se com a própria mãe é uma sequência de fatos estatisticamente tão rara para um homem – mais rara ainda do que ser portador de uma epidemia sem aparentemente contrair a doença – que não pode trazer nenhuma lição geral, ou – noutras palavras – que as leis do universo têm uma natureza probabilística, que não pode ser revogada pela aberração de um caso excepcional – responder dessa maneira pareceria a Sófocles um modo de evitar a questão. Um homem assim existiu: seu nome era Édipo. E foi essa a sua sorte. Como podemos entender o seu destino?

---

3 Sófocles, *Œdipus the King*, in: *Complete Greek Tragedies: Sophocles I*. Chicago: University of Chicago Press, 1954. [Ed. brasileira: *Édipo rei* (várias edições).]

Nêmesis não é abertamente citada por Sófocles, por razões que ele certamente havia de ter. Ainda assim, a *nemesis* está presente em toda a tragédia grega como uma força temível que preside todos os assuntos humanos, uma força que redistribui a sorte para baixo na direção da média, e nesse sentido é perversa ou mal-intencionada: o oposto da piedade, da generosidade ou do impulso de poupar os humanos. Houve um tempo em que toda Tebas invejava Édipo, diz o coro ao final da peça, e olhem para ele agora! A tradição grega é repleta de histórias que servem de alerta falando de mortais que provocam a inveja (*nemesis*) dos deuses, por serem belos, felizes ou afortunados demais, e só por isso são submetidos a provações. O coro, como uma encarnação da opinião dominante em Tebas, tende desde o início a apresentar nesses termos a história de Édipo.

Pode-se também ler a história de Bucky Cantor ao modo de um coro grego. Ele era feliz e saudável, tinha um trabalho do qual se orgulhava, era apaixonado por uma linda garota, foi isentado do serviço militar; quando a epidemia se abate sobre a cidade (a peste da pólio, a peste da paranoia), ele não se acovarda e decide combatê-la; diante disso, Nêmesis o escolhe como alvo; e olhem o que resulta dele! Moral: não se destaque na multidão.

A história do verão da pólio de Newark nos chega, inicialmente, por alguém (do sexo masculino) do bairro judeu de Newark que toma o cuidado de não declarar o próprio nome, usa "nós" em todas as situações em lugar de "eu" e é no geral tão imperceptível que a questão de quem é nem chega propriamente a se colocar. Ao cabo de vinte páginas, à medida que avançamos na história de Bucky, até os mais ínfimos vestígios de um narrador identificável desaparecem. A voz do narrador se torna tão familiarizada com o que se passa na mente de Bucky que podemos imaginá-la simplesmente como a voz do próprio eu de Bucky transposta para a terceira pessoa; ou, se não isso, a voz de algum narrador impessoal, incorpóreo, nem o inventor da história nem um de seus personagens. Embora esse ser volta e meia deixe escapar um *mot juste* — "Ele [se pôs a] chorar, desajeitadamente, *sem perícia*, da maneira como choram normalmente os homens que gostam de se imaginar capazes de enfrentar qualquer coisa" (o itálico é meu) — ele certamente não é o Philip Roth que conhecemos, nem no estilo, nem na força expressiva, nem no intelecto.

Só de passagem é abalada nossa convicção de que essa é a história de Bucky — tanto a história de Bucky como uma história que Bucky de alguma forma autoriza. "Sr. Cantor" parece um nome estranhamente formal para uma pessoa, entretanto é assim que Bucky mais aparece no livro. Ao cabo de cem páginas, no meio de uma lista de meninos contagiados pela pólio, ocorre a intrigante expressão "eu, Arnie Mesnikoff". Mas, tendo emergido por um momento, "eu, Arnie" torna a mergulhar e só retorna à superfície quarenta páginas antes do final, quando se apresenta para revelar que é nada menos que o autor — mais especificamente, o autor em segunda mão — da história que estamos lendo. Em 1971, explica ele, encontrou-se na rua com seu ex-professor Bucky Cantor, cumprimentou-o e mais adiante transformou-se em seu confidente, tão próximo que agora pode contar-nos a sua história. ("Agora" não tem uma data precisa, mas inferimos que Bucky já tenha morrido.)

Assim, o mecanismo narrativo que imaginamos — a máscara ou voz sem pensamento próprio e sem participação na história — é posto de lado e um estranho, Arnie Mesnikoff, revela ter estado presente o tempo todo como intérprete de pleno direito entre Bucky Cantor e nós, os leitores. *Nêmesis*, assim, dá continuidade à antiga tática de Roth de complicar a linha de transmissão pela qual a história chega ao leitor, questionando o quanto interfere nela o ponto de vista do mediador. A experiência de ler *Os fatos: a autobiografia de um romancista* (1988) ou *Operação Shylock* (1993), para mencionar apenas dois exemplos, é dominada por uma incerteza: até que ponto o narrador é crível? *Operação Shylock*, na verdade, é construído a partir do paradoxo do mentiroso cretense – um narrador que afirma que está mentindo.

Na produção ficcional mais recente de Roth, a questão de como a história chega até nós tem a mesma importância de sempre. Embora não se possa dizer que *Homem comum* ou *Indignação* sejam místicos em qualquer sentido, os dois romances são narrados, por assim dizer, do além-túmulo. *Indignação* chega a incluir meditações que evocam o Beckett de *O inominável* e *Como é*, sobre a existência *post mortem* e como será ver-se obrigado a passar a eternidade repassando vezes sem conta a história de nossa passagem pela terra.

A revelação de que Bucky nos aparece refratado por meio da mente de outro personagem fictício, alguém sobre cuja vida não ficamos sabendo de muita coisa além do fato de ter sido um menino calado e sensível que contraiu pólio em 1944 e, mais tarde, tornou-se um arquiteto especializado em reformas para atender às necessidades especiais de inválidos, leva-nos a reconsiderar toda a história que estamos lendo. Como parece improvável que Bucky tenha confidenciado ao homem mais jovem os detalhes de seus amores com Marcia, será que essa parte foi inventada por Arnie? E, se tiver sido, não poderia haver outras partes da história de Bucky que ele tenha deixado de fora, interpretado mal ou simplesmente não tenha sido competente para descrever?

(Arnie deixa claro que a jovem Marcia tinha "seios diminutos, implantados no alto do tórax, com mamilos que eram macios, claros e nada protuberantes". O que uma palavra como "implantados" revela sobre a noção que Arnie tem do corpo das mulheres ou, mais a propósito, da noção que Arnie tem da noção de Bucky?)

A atitude de Arnie em relação ao Bucky posterior à pólio é no mínimo ambivalente. Até certo ponto, consegue respeitar a devoção obstinada de Bucky à obrigação autoimposta de punir-se. Mas no geral ele acha pessoas como Bucky equivocadas e excessivas. Nossa vida é regida pelo acaso, acredita ele; quando Bucky se queixa de Deus, na verdade se queixa do acaso, o que é uma burrice. Uma epidemia de pólio é "arbitrária, fortuita, absurda e trágica"; não tem nenhuma "causa profunda". Ao atribuir uma intenção hostil a um evento natural, Bucky demonstra "nada mais que uma húbris estúpida, não a húbris da vontade ou do desejo, mas a húbris de uma interpretação religiosa iludida e infantil". Se ele, Arnie, foi capaz de conciliar-se com o que lhe ocorreu, Bucky poderia ter feito o mesmo. A calamidade do verão de 1944 "não precisava ser também uma tragédia pessoal".

A vida de Bucky contada por Arnie culmina numa recapitulação de uma página em que a posição filosófica de Bucky é praticamente posta por terra. Bucky era um espírito desprovido de humor, a quem faltava o salvador senso da ironia, um homem com uma ideia exagerada do dever e um intelecto insuficiente. Por excesso de ruminação do mal que tinha causado, transforma um capricho do acaso num "grande crime". Incapaz por temperamento de conciliar-se com o sofrimento humano imerecido, assume a culpa por esse sofrimento e a usa para culpar-se interminavelmente.

Embora ele às vezes se mostre hesitante, é esse o veredicto essencial de Arnie sobre Bucky. Embora sinta empatia com o homem, demonstra uma total falta dela, beirando a incompreensão, por sua visão da vida. Espírito moderno, Arnie encontrou maneiras de manter-se à tona num mundo que vai além do bem e do mal; Bucky, a seu ver, devia ter feito a mesma coisa.

Ainda na década de 1940, Bucky contempla os efeitos da pólio em Newark (e no mundo), conclui que qualquer força que rege os acontecimentos só pode ser malévola e se compromete a resistir a essa força, mesmo que pela simples recusa em ceder a ela. É essa resistência de Bucky que Arnie aponta como uma "húbris estúpida". Na mesma página em que escreve sobre a húbris, Arnie usa a palavra "trágica" como se ela pertencesse ao mesmo campo semântico de "arbitrária", "fortuita" e "absurda".

Como Arnie não chega ao ponto de refletir sobre as concepções antiga (elevada) e moderna (degradada) do trágico — até onde sabemos, é possível desconfiar de que não seria capaz de julgar necessário definir esse contraste —, imaginemos que seja a ironia do próprio autor que insere esses termos gregos no discurso de Arnie, e não sem certa intenção. A qual, sigamos imaginando, pode ser dar armas ao desafortunado Bucky contra seu porta-voz e sugerir que existe outro modo de ler a resistência de Bucky além da maneira derrisória proposta por Arnie. Uma tal leitura — breve, para não construir toda uma montanha de interpretação a partir de uma ligeira sugestão do autor — poderia corrigir a maneira como Arnie caracteriza a epidemia de pólio — e, por extensão, outros atos destrutivos de Deus — como "arbitrários, fortuitos, absurdos e trágicos", dizendo que seriam "arbitrários, fortuitos e absurdos *mas ainda assim* trágicos".

Deus pode ser de fato incompreensível, como diz Marcia. Não obstante, alguém que tente descobrir os desígnios misteriosos de Deus pelo menos leva a sério a condição humana e o alcance do entendimento humano; já alguém que trate o mistério divino como só mais um nome para o acaso não partilha a mesma postura. O que Arnie não se dispõe a ver — ou pelo menos a respeitar — é, primeiro, a força do *Por quê?* de Bucky ("esse maníaco do por quê", como diz ele) e em seguida a natureza do *Não!* de Bucky, que, por mais estupidamente obstinado e autodestrutivo que possa ser, ainda assim mantém um ideal da dignidade humana vivo em face do destino, de Nêmesis, dos deuses, de Deus.

O corte mais impiedoso — e maldoso — de todos se revela quando Arnie desdenha da própria transgressão de Bucky, fonte de todos os seus infortúnios. Assim como Deus não pode ser um grande criminoso que arquiteta os males da humanidade (visto que Deus é só outro nome para o Acaso), portar o vírus da pólio não pode ser um grande crime, só uma questão de falta de sorte. O azar não deve provocar um remorso de proporções grandiosas e heroicas: melhor se refazer e levar a vida em frente. Embora queira ser visto como um grande criminoso, Bucky se revela apenas um imitador tardio dos candidatos a grandes criminosos do século XIX, desesperados por atenção e dispostos a tudo, até mesmo ao mais vil dos crimes, para serem vistos como tal (Dostoiévski em *Os demônios* disseca o tipo do grande criminoso na pessoa de Stavróguin).

Em *Nêmesis*, presenciamos inúmeros exemplos de um comportamento deplorável da parte de uma população assolada por uma epidemia e pelo pânico, sem excluir a busca de um bode expiatório étnico. A Newark de *Nêmesis* se revela um terreno não menos fértil para o antissemitismo que as cidades da fantasia distópica de Roth, *Complô contra a América* (2004), situada na mesma época. Entretanto, nessa narrativa do ano da peste de 1944, Roth se preocupa menos com o comportamento das comunidades em tempos de crise do que com as questões do destino e da liberdade.

O que parece caracterizar a tragédia do protagonista é que a lógica que leva à sua queda só é percebida por ele em retrospecto. Só depois de punidos pela Nêmesis é que conseguimos descobrir o que provocou a ação da deusa. Em cada um dos quatro romances de Roth em torno da nêmesis, ocorre algum escorregão ou baque de que o herói não consegue refazer-se. A deusa Nêmesis cumpre seu papel; a vida nunca mais será a mesma. Em *A humilhação*, um ator famoso perde, sem explicação, seu poder de manter a plateia eletrizada; e essa perda ocorre em conjunto com a desaparição de sua potência sexual. Em *Homem comum*, o protagonista prestes a iniciar uma confortável aposentadoria sente que as perspectivas de sua vida se extinguem enquanto, sem aviso, ele recai num pavor que o consome. Em *Indignação*, a decisão em princípio modesta do jovem herói – ter pelo menos uma relação sexual antes de morrer – leva por uma lógica inescrutável à sua expulsão da faculdade e à sua morte na Coreia, ainda virgem, no sentido clintoniano do termo. E cumpre-se a profecia de seu pai: "O menor passo em falso pode ter consequências trágicas".[4]

Em *Nêmesis*, a ação gira em torno de um passo em falso de aparência modesta que, em retrospecto, revela-se uma queda fatal: ocorre no momento em que Bucky cede aos

---

4 Philip Roth, *Indignation*. Nova York: Vintage, 2008. [Ed. brasileira: *Indignação*. São Paulo: Companhia das Letras, 2009.]

apelos da namorada e concorda em sair de Newark. A intuição lhe diz que está se traindo, agindo contra o próprio interesse. Ele se encontra à beira de algum tipo de abismo moral; ainda assim, não toma nenhuma medida para poupar-se da queda.

Bucky nos fornece assim um exemplo modelar da falha da vontade ou de fraqueza, que na qualidade de fenômeno moral/psicológico atrai a atenção dos filósofos desde Sócrates. Como é possível que possamos agir cônscios de que contrariamos nossos interesses? Seremos mesmo agentes racionais, como gostamos de nos considerar? Ou as decisões que tomamos serão ditadas por forças mais primitivas, que a consciência se limita a racionalizar? Aos olhos de Bucky, o momento em que toma sua decisão – o momento em que cai – permanece incompreensível. O Bucky por quem Arnie não sente nenhuma empatia é assombrado por uma suspeita: quando disse "Está bem, vou embora da cidade", a voz que falava não era a de um eu à luz do dia, mas de algum Outro que traz dentro de si.

Comparados a obras de alta ambição como *O teatro de Sabbath* (1995) ou *Pastoral americana* (1997), os quatro romances da série da nêmesis são acréscimos menores ao cânone de Roth. O próprio romance *Nêmesis* não tem uma concepção grandiosa a ponto de fazer mais que arranhar a superfície das grandes questões que propõe – nas capacidades inerentes dos personagens que apresenta, nas ações que os faz desempenhar. A despeito de sua extensão (280 páginas), acaba produzindo a impressão de uma novela.

E existe outro sentido em que esses quatro romances são menores. A atmosfera geral que neles reina é contida, melancólica, dominada pelo remorso: são obras que foram compostas em tom menor, por assim dizer. Podem ser lidas com admiração por sua inventiva, sua inteligência, sua seriedade; mas em nenhum ponto o leitor sente que a chama criativa arde mais intensa ou que o autor precisou esforçar-se para dar conta de sua proposta.

Se a intensidade do Roth anterior, do Roth "maior", se atenuou, ela foi substituída por alguma coisa nova?

Perto do final de sua vida na terra, "ele", o protagonista de *Homem comum*, visita o cemitério onde seus pais estão sepultados e enceta uma conversa com um coveiro, profissional que se orgulha solidamente de seu trabalho. E esse homem descreve para "ele", de forma nítida e concisa, como se cava uma boa sepultura. (Entre os prazeres subsidiários que Roth nos proporciona estão os pequenos ensaios que nos apresenta com perícia sobre como são feitas coisas variadas: como se produz uma boa luva, como se arruma a vitrine de um açougue.) E aquele é o homem, reflete "ele", que na hora devida irá cavar a *sua* sepultura, cuidar para que *seu* caixão fique bem assentado, e, depois da dispersão dos presentes ao funeral, cobri-*lo* de terra. E "ele" se despede do coveiro – o *seu* coveiro – num tom que surpreende pela suavidade: "Quero lhe agradecer [...] O senhor não tinha como tornar as coisas mais concretas. É muito instrutivo para uma pessoa mais velha".[5]

Esse modesto, mas esplendidamente composto, episódio de dez páginas é de fato muito instrutivo, e não só para pessoas mais velhas: como cavar uma sepultura, como escrever, como enfrentar a morte, tudo ao mesmo tempo.

(2010)

---

5 Philip Roth, *Everyman*. Nova York: Vintage, 2006. [Ed. brasileira: *Homem comum*. São Paulo: Companhia das Letras, 2007.]

Johann Wolfgang von Goethe,
Os sofrimentos do jovem Werther

Na primavera de 1771, Werther (cujo prenome não nos é revelado), um jovem de boa instrução e posses razoáveis, chega à pequena cidade alemã de Wahlheim. O motivo que o traz são negócios de família (uma herança), mas também distanciar-se de um amor infeliz. Para seu amigo Wilhelm, que fica em sua cidade de origem, escreve longas cartas em que fala das alegrias de viver junto à natureza, além de contar como conheceu uma beldade local, Charlotte (Lotte), com quem tem preferências literárias comuns.

Infelizmente para Werther, Lotte está prometida a Albert, um jovem burocrata promissor. Albert e Lotte tratam Werther da maneira mais amistosa, mas ele acha a frustração de seu amor inconfesso por Lotte cada vez mais difícil de suportar. Deixa Wahlheim para assumir um posto diplomático num principado distante. Lá, sofre uma ofensa humilhante quando, devido à sua origem de classe média, pedem-lhe que se retire de uma recepção ao corpo diplomático. Renuncia a seu posto e passa meses perambulando antes de seu malfadado retorno a Wahlheim.

Lotte e Albert estão casados; não há esperança para Werther. Ele para de escrever a Wilhelm, e surge em cena um editor cujo nome não é revelado e que organiza um relato dos últimos dias de Werther a partir de seus diários e escritos particulares. Depois de concluir, como fica claro, que não tem saída, Werther pede emprestadas as pistolas de duelo de Albert e, depois de um tempestuoso último encontro com Lotte, mata-se com um tiro.

Die Leiden des jungen Werthers, conhecido como *Os sofrimentos do jovem Werther* ou simplesmente *Werther*, foi publicado em 1774. Goethe enviou uma sinopse a um amigo:

> Apresento um jovem dotado de sentimentos puros e profundos e extrema perspicácia, que se perde em sonhos arrebatados e mergulha em especulações, até que finalmente, devastado por paixões infelizes que lhe sobrevêm em seguida, em particular um amor não correspondido, mete uma bala na cabeça.[1]

A sinopse é notável pela distância a partir da qual Goethe parece falar de um herói cuja história era, em muitos aspectos importantes, idêntica à sua. Ele também se perguntara, em tom sombrio, se não haveria uma compulsão autodestrutiva por trás de suas experiências de paixão por mulheres inatingíveis; ele também contemplara o suicídio, embora lhe faltasse a coragem para consumá-lo. A diferença crucial entre ele e Werther era que lhe era possível recorrer à arte para diagnosticar e purgar o desconforto que o assolava, enquanto Werther não tinha escolha além de sofrer. Como disse Thomas Mann, Werther é "o próprio jovem Goethe, só que desprovido do talento criativo".[2]

---

1 Johann Wolfgang von Goethe, *Goethes Werke*, org. Erich Trunz. Munique: Beck, 1951-1968, vol. 6.
2 Thomas Mann, "Goethes *Werther*", in: Hans Peter Herrmann (org.), *Goethes "Werther": Kritik und Forschung*. Darmstadt: Wissenschaftliche Buchgesellschaft, 1994.

Duas fontes de energia contribuem para a composição de *Werther*: o impulso confessional, que confere ao livro seu trágico poder de emocionar, e a política. Passional e idealista, Werther representa o melhor de uma nova geração de alemães sensíveis aos estímulos da história, ansiosos pela renovação de uma ordem social letárgica. Seu suicídio pode ser precipitado por um amor infeliz, mas sua causa mais profunda reside no quanto a sociedade alemã se mostrava incapaz de proporcionar, a jovens como ele, algo além do que Goethe mais tarde definiria como "uma vida civil tediosa e desinteressante".[3]

Os sofrimentos do jovem Werther foi lido com sofreguidão; seu jovem autor tornou-se uma celebridade. Seguiu-se uma enxurrada de edições e traduções desautorizadas (nos dias de Goethe, era pouca a proteção dos autores contra a pirataria). Os mexericos da imprensa logo revelaram quem eram "na verdade" os personagens do livro: Lotte era Charlotte Kestner, *née* Buff, filha de um magistrado na cidade de Wetzlar; Albert era Johann Kestner; e Werther, claro, era o próprio Goethe.

Kestner manifestou um justo incômodo com o que via como uma traição da amizade entre ele e o escritor. Goethe alegou, envergonhado, que seu livro era um "amálgama inocente de verdade e mentiras"; mas Kestner continuou a protestar que sua mulher nunca tivera aquela suposta proximidade com o visitante e que ele não era uma pessoa tão fria quanto a descrita por Goethe.[4]

Se o autor agora se via às voltas com rumores escandalosos e era impossível desfazer a confusão entre a arte e a

---

3 Johann Wolfgang von Goethe, *Dichtung und Wahrheit: The Autobiography of Johann Wolfgang von Goethe*. Londres: Sidgwick & Jackson, 1971, vol. 2.
4 Johann Wolfgang von Goethe, *Goethes Werke*, vol. 6.

vida, a culpa era exclusivamente sua. Tivera a intenção de manter uma distância irônica entre ele, como autor, e Werther como personagem; para a maioria dos leitores, porém, a ironia era sutil demais. Livro que alega reunir os escritos deixados por um morto, falta a *Werther* uma voz autoral que nos conduza. É natural que seus leitores se tenham identificado com o ponto de vista do próprio Werther, o único narrador do texto até a aparição tardia de seu "editor" (não constam do livro as respostas de Wilhelm às cartas de Werther). Os excessos da linguagem de Werther, as discrepâncias entre sua visão idealizada de Lotte e o comportamento tantas vezes leviano da personagem, só não eram ignorados pelos leitores mais atentos. *Werther* foi lido não só como um *roman à clef* sobre Goethe e o casal Kestner, mas como uma defesa do suicídio romântico.

Na quarta de suas *Elegias romanas* escritas em 1788-1789, numa versão preliminar depois modificada, Goethe dá graças por ter escapado desse questionamento infindável — Existiu mesmo uma pessoa como Werther? Era tudo verdade? Onde vivia Lotte? "Quantas vezes amaldiçoei essas páginas estúpidas/ que expuseram às massas meu sofrimento juvenil", escreveu ele. "Mesmo que Werther fosse meu irmão e eu o tivesse matado,/ não poderia ser pior do que isto: o assédio vingativo de seu infeliz fantasma."[5]

A imagem de Werther como um gêmeo ou irmão que morre ou é morto e volta para assombrá-lo torna a ocorrer num poema intitulado "A Werther", escrito quando Goethe estava perto da morte. Entre Goethe e a sua encarnação como Werther havia uma relação complexa, que se manteve oscilante por toda a vida do autor. Em

---

5 Johann Wolfgang von Goethe, *Erotic Poems*. Londres: Oxford University Press, 1988.

certas avaliações, Werther seria o eu que ele tivera de pôr de parte e abandonar para poder viver (Goethe falava do "estado patológico" que produzira o livro); em outras, Werther era o lado passional que Goethe sacrificou. O escritor sempre carregou consigo não só Werther como a história de Werther que revelara ao mundo, que clamava por ser reescrita ou narrada em mais detalhe. Muitas vezes falou de escrever outro *Werther* ou um relato anterior à narrativa de *Werther*; mas parece não ter conseguido encontrar um caminho de volta ao mundo de seu personagem. Mesmo as correções ao texto datadas de 1787, embora feitas com mao de mestre, foram produzidas de fora e não coadunam com sua inspiração original.[6]

A história de Werther e sua Lotte chega ao fim com a morte de Werther no dia de Natal de 1772. Mas a história de Goethe e Charlotte Buff, modelo de sua personagem, ainda se prolongaria por mais tempo. Em 1816, Charlotte, então uma viúva de 63 anos, visitou a cidade natal de Goethe, Weimar, e procurou o escritor. Depois do encontro, ela escreveu a seu filho: "Deparei com um velho que, se eu não soubesse que era Goethe, e mesmo sabendo, não me causou uma impressão muito favorável". Ao topar com essa observação amarga, Thomas Mann anotou: "Acredito que o episódio podia servir de base [...] a um romance".[7]

Em 1939, Mann publicou *Carlota em Weimar*, em que dramatiza o reencontro de 1816, reunindo o casal que,

6 Johann Wolfgang von Goethe, *Conversations with Eckermann*, 2 de janeiro de 1824.
7 Thomas Mann, "Goethe's 'Werther'". A carta de Charlotte Kestner é citada em: Thomas Mann, *Lotte in Weimar*, Londres: Secker & Warburg, 1947. [Ed. brasileira: *Carlota em Weimar*. Rio de Janeiro: Nova Fronteira, 1984.]

indissociável de seus avatares na imaginação de todo o país, pertencia agora ao domínio do mito. Goethe não podia ser mais grosseiro ("Por que essa velha não pôde me poupar disto?"). Relutante, recebe Charlotte e sua filha em sua mansão e depois dá mais atenção à filha do que a ela. Ao perceber que ela apresenta um tremor de origem nervosa, ele fecha os olhos de impaciência. Por sua vez, Charlotte se lembra do motivo que a levara a recusar o assédio de Goethe: porque ele lhe parecia "desumano, errático e deselegante".[8]

Nesse romance sobre o poder transfigurador da arte, Goethe enquanto artista – ou o arcabouço humano em que reside o artista – fica em segundo plano atrás de seu modelo, *Frau* Charlotte Kestner, que em Weimar pode finalmente revelar quem sempre foi: a namoradinha da Alemanha, a linda heroína de *Werther* com seus olhos escuros. Os rumores de sua presença causam sensação. Admiradores acampam na porta do seu hotel na esperança de vê-la de passagem. Ela se delicia com essa celebridade.

Tendo decidido se matar, Werther escreve um bilhete de despedida a ser entregue a Lotte após sua morte. Mas depois não consegue resistir a fazer-lhe uma última visita em pessoa.

Lotte não fica muito animada ao ver a perturbação do jovem. Sem saber como lidar com ele, vai buscar um manuscrito que ele lhe emprestara e pede que leia para ela. Werther então começa a ler em voz alta sua tradução das *Obras de Ossian*, escritas em prosa cadenciada por James Macpherson, jovem professor escocês, a partir de fragmentos de poesia épica supostamente cantados pelo bardo Ossian no século III da era comum

---

8   Thomas Mann, *Carlota em Weimar*.

e transmitidos oralmente de geração em geração pelos escoceses de língua gaélica.

A poesia provoca lágrimas em Lotte, bem como no próprio Werther. Suas mãos se tocam; eles se abraçam; ele tenta beijá-la. Ela se desvencilha do jovem. "Foi a última vez, Werther! Nunca mais irás me ver", ela exclama, e deixa a sala às pressas.[9]

A declamação de Ossian por Werther não é um detalhe de pouca importância: página após página, antigos bardos erguem a voz para lamentar os heróis perdidos. O gosto por Ossian é um traço da sensibilidade romântica inicial, alvo fácil de zombaria. O fato, porém, é que durante boa parte do século XIX esses poemas eram amplamente aceitos como uma grande epopeia da civilização do norte da Europa. "O Homero do norte", assim Madame de Staël definia Ossian.[10]

A revalorização da poesia épica de Ossian na Escócia inspirou a redescoberta – ou a invenção – de outros poemas épicos fundamentais para várias nações: *Beowulf* na Inglaterra, o *Kalevala* na Finlândia, a *Canção dos Nibelungos* em terras alemãs, a *Canção de Rolando* na França, a *Canção da campanha de Igor* na Rússia.

Macpherson não era um grande poeta (salvo para William Hazlitt, que o equiparou a Dante e Shakespeare), nem mesmo um poeta aplicado: depois de ter concluído seu projeto em torno de Ossian, Macpherson trocou as Terras Altas da Escócia por Londres, onde foi muito festejado, e depois zarpou com destino a Pensacola, colônia

---

9 Johann Wolfgang von Goethe, *The Sorrows of Young Werther*. Oxford: Oxford University Press, 2012. [Ed. brasileira: *Os sofrimentos do jovem Werther*. São Paulo: Estação Liberdade, 1999.]
10 Ehrhard Bahr, "Unerschlossene Intertextualität: Macphersons 'Ossian' und Goethes 'Werther'", *Goethe-Jahrbuch* 124 (2007).

britânica recém-fundada no oeste da Flórida, onde passou dois anos como assistente do governador local. De volta à Inglaterra, entrou para a política; morreu rico.

Macpherson não inspira confiança como historiador dos tempos antigos: boa parte de sua Escócia arcaica foi plagiada dos textos de Tácito sobre os gauleses e os germanos. Seus guerreiros bárbaros se comportam como cavalheiros civilizados do século XVIII, conciliando o orgulho pelas façanhas guerreiras com o tratamento magnânimo dos inimigos derrotados. Ainda assim, foi um genial inovador. O sucesso frenético de seu Ossian marcou o surgimento de novos dogmas nacionalistas pelos quais cada povo europeu reivindicava não só sua independência política como uma língua e uma literatura nacionais, além de um passado singular.

O leitor mais perspicaz de Macpherson foi Walter Scott. Os poemas de Ossian nunca foram o que diziam ser, a saber, as palavras de um bardo cego do século III, disse Scott, mas ainda assim a Escócia devia se orgulhar de ter produzido, nos tempos modernos, "um bardo capaz [...] de imprimir um novo tom à poesia por toda a Europa".[11]

A realização mais notável de Macpherson foi detectar, antes de qualquer outro, que o público estava maduro não só para histórias de entrechoques de espadas e mulheres sagazes, mas também — o que é mais interessante — para uma nova linguagem poética que convencesse como representativa de bardos e heróis num passado britânico arcaico ou mesmo mítico. Deixava-se de lado o ideal, defendido por John Dryden, de fazer um autor antigo "falar o inglês que ele próprio falaria se nascesse na Inglaterra

---

11 Citado em: Dafydd Moore, "The Reception of *The Poems of Ossian* in England and Scotland", in: Howard Gaskill et al. (orgs.), *The Reception of Ossian in Europe*. Londres: Continuum, 2004.

da época atual", ou seja, de traduzir os clássicos para um inglês moderadamente moderno.¹² Pelo contrário, o inglês de Macpherson traz ecos, às vezes majestosos, mas quase sempre meramente simulados, de um original bárbaro em língua estrangeira que podemos ler graças a um valoroso trabalho de tradução.

Na Grã-Bretanha, o sucesso dos poemas de Ossian foi afetado pela controvérsia em torno de sua autenticidade. Haveria de fato escoceses capazes de recordar e recitar aqueles cantos ancestrais ou teriam sido inventados por Macpherson? O próprio Macpherson não ajudava muito quando parecia hesitar em expor seus originais em gaélico.

Na Europa, a questão da autenticidade não teve a mesma importância. Traduzido para o alemão em 1767, Ossian produziu um grande impacto, inspirando uma enxurrada de imitações bárdicas. O jovem Goethe ficou tão contagiado que aprendeu sozinho a língua gaélica com a intenção de traduzir diretamente para o alemão os trechos em gaélico escocês das *Obras de Ossian*. Schiller, no começo de sua obra, exibe uma fartura de ecos de Ossian; Hölderlin recitava páginas de Ossian de cor.

Ossian é o tipo de poesia certo para provocar o enlevo de um jovem como Werther; mas seria um excesso de sutileza afirmar que a citação de Ossian em *Werther* tem o desígnio de refletir o espírito de Werther, e não de seu autor. Goethe dizia ter escrito a versão inicial de *Werther* em quatro semanas, tomado por um transe sonambúlico. Não temos motivo para duvidar. Mas essa façanha só lhe foi possível pela absorção, no corpo do texto, de todo

---

12 John Dryden, "On Translation", in: Rainer Schulte e John Biguenet (orgs.), *Theories of Translation*. Chicago: University of Chicago Press, 1992.

um agregado de materiais preexistentes: diários, cartas e suas traduções de Ossian. No plano estético, reproduzir um fragmento descomunal de Ossian num romance tão curto é um equívoco. O adiamento de toda ação enquanto Werther recita a sua ária é um preço alto a pagar pelo efeito que a própria ária produz: a elevação da temperatura emocional, levando Werther e Lotte às lágrimas.

Mais adiante, Goethe descartaria seu gosto por Ossian. Se o público confundia o entusiasmo de Werther por Ossian com uma predileção própria, disse ele, o público se equivocava: Werther admirava Homero enquanto estava são e Ossian enquanto enlouquecia.[13]

Em meados do século XVIII, a Alemanha ainda era uma federação desconexa de Estados de tamanhos variados, todos sob o governo nominal de um imperador. Politicamente, era dividida e dilacerada por lutas internas. Culturalmente, não tinha uma direção comum. A literatura das cortes era importada da França.

Em torno de 1770, formou-se um movimento de jovens intelectuais com o nome de Sturm und Drang[14], rebelando-se contra a asfixia das convenções sociais e também contra os modelos literários franceses. Para a sua geração, disse Goethe, "o modo de vida francês [era] limitado e suave demais; a poesia, fria; a crítica, destrutiva; e a filosofia, abstrusa, mas insatisfatória". A literatura inglesa, com sua "aplicada melancolia", era mais do seu agrado. Adoravam Shakespeare (especialmente *Hamlet*) e Ossian. O credo literário desse grupo se baseava nas *Conjecturas sobre a composição original*, de

---

13 Henry Crabb Robinson, *Diary, Reminiscences, and Correspondance*, vol. 2. Boston: Fields, Osgood, & Co., 1870.
14 Literalmente, "tempestade e turbulência". [N. T.]

Edward Young, para quem o grande espírito, o gênio, usa seus poderes semidivinos de criação para transformar a experiência em arte.[15]

O Sturm und Drang prenunciava o Romantismo posterior ao valorizar a originalidade em vez da imitação, o moderno em vez do clássico, a intuição em vez das regras, a inspiração em vez do estudo, sem contar seu entusiasmo pelo panteísmo filosófico, o culto à genialidade e um retorno à Idade Média. Goethe nunca foi mais que um membro secundário desse grupo; Werther, o personagem, é mais representativo da tendência.

O Sturm und Drang não durou muito: faltava-lhe uma base social mais ampla. No entanto, apesar de todos os meandros e reviravoltas de sua carreira posterior, Goethe aderiu à aspiração básica do movimento: construir uma nova literatura alemã que subvertesse as normas ossificadas de conduta e pensamento. Ao mesmo tempo que descrevia a anatomia do Sturm und Drang na pessoa de Werther, ele apresentava, em *Werther*, uma contribuição seminal para a nova literatura alemã.

A maior influência filosófica do jovem Goethe foi Johannes Herder, em cuja antologia de poesia folclórica o jovem autor publicou suas versões de Ossian. Para Herder, o espírito de uma língua é o espírito de seu povo. Nessa medida, qualquer renovação da literatura nacional precisava de um retorno às fontes nativas. Aqui, mais uma vez, era a Grã-Bretanha que mostrava o caminho a seguir, com o Ossian de Macpherson e, em 1765, a coletânea de baladas folclóricas do bispo Thomas Percy, *Relíquias da antiga poesia inglesa*.

Na Alemanha da juventude de Goethe, ainda havia algumas reservas quanto ao romance como forma séria de

---

15 Johann Wolfgang von Goethe, *Dichtung und Wahrheit*.

literatura. Mas Goethe percebeu desde cedo as potencialidades do romance de múltiplas perspectivas aperfeiçoado por Richardson e por Rousseau; enquanto de Sterne absorveu a técnica de iluminar o íntimo recorrendo a fragmentos de memória involuntária. As primeiras páginas de *Werther* trazem todos os sinais do estilo narrativo mercurial de Sterne.

Rousseau, especialmente o de *Júlia ou a nova Heloísa*, foi a única exceção às restrições do Sturm und Drang à literatura francesa da época. Lido de maneira simplista como uma defesa dos direitos da sensibilidade humana em oposição às convenções, e de maneira geral como a defesa da primazia do sentimento sobre a razão, o romance de Rousseau fez sucesso entre o público alemão, ao qual trazia *Thränenfreude*, o prazer ou a alegria das lágrimas. Para Goethe, demonstrou como uma narrativa podia evoluir com base na autorrevelação gradual de um personagem.

Os sofrimentos do jovem Werther atraiu muitos tradutores (para o inglês) dignos de nota. Como no caso de qualquer obra do passado, o tradutor de Goethe precisa enfrentar a questão da relação entre a linguagem da tradução e a do original. No caso, uma tradução inglesa do século XXI deve soar como um romance inglês do século XXI ou como um romance inglês da época do original?

A primeira tradução de *Werther* — a versão de 1774 — para o inglês data de 1779. Sua autoria é geralmente atribuída a Daniel Malthus, pai do economista Thomas Malthus, embora haja motivos para duvidar dessa atribuição. Pelos padrões de hoje, o *Werther* de Malthus é um trabalho inaceitável: não só foi traduzido em segunda mão, por intermédio de uma *Passions du jeune Werther* em francês, como alguns de seus trechos foram omitidos, talvez porque Malthus tenha achado que ofenderiam seu público. Ainda assim, a versão de Malthus nos proporciona uma visão da maneira como *Werther* foi lido na Inglaterra ainda na época de Goethe. E cito um exemplo revelador.

Em sua primeira carta, Werther menciona a amizade anterior com uma mulher e — nas palavras de uma tradução inglesa mais recente — faz uma pergunta retórica: "Eu poderia ter evitado que [...] uma paixão verdadeira tomasse forma no coração da pobre Leonore?". Malthus, em 1779, traduziu as palavras de Goethe como: "Poderia eu ser condenado pela ternura que tomou conta de seu coração?".[16]

Encontramo-nos na esfera da ternura apaixonada, e a palavra em questão é *eine Leidenschaft*. *Leidenschaft* é, em todos os sentidos da palavra, "paixão"; mas o que é a "paixão"? Por que Malthus transforma "paixão" em "ternura" (ou por que seu intermediário francês terá preferido *tendresse*)? Só podemos imaginar que, para Malthus, o sentimento obscuro que toma de assalto o coração da jovem em questão, sobre quem sabemos tão pouco (ela só é mencionada nesse ponto do livro), é mais provavelmente (ou mais adequadamente) um sentimento dócil que um impulso ardente, mais provavelmente (ou adequadamente) um sentimento constante do que errático, e portanto mais bem descrito como "ternura" [*tenderness*].

Num primeiro impulso, podemos declarar que a tradução de *Leidenschaft* por Malthus é equivocada; no entanto, sua escolha de *tenderness* só pode ser deliberada. Talvez seja mais justo dizer que ele toma aqui uma iniciativa de tradução cultural, tradução informada pela

---

16 Johann Wolfgang von Goethe, *The Sorrows of Young Werther*, trad. David Constantine, op. cit.; *The Sorrows of Werther*, trad. Daniel Malthus. Londres: J. Dodsley, 1787.

impregnação profunda das normas culturais da sua sociedade, entre elas as normas que regem os sentimentos (o que cada um sente no íntimo em dadas circunstâncias) e as normas do discurso educado (o que cada um diz ou deixa de dizer em dadas circunstâncias).

Eis, então, a que a questão se reduz: num caso em que nós, observando os sinais de uma ternura apaixonada, vemos o predomínio da paixão, um inglês bem formado da década de 1770 enxergava a ternura. Uma tradução de *Werther* fiel à nossa compreensão de Goethe no século XXI, mas na qual um leitor da década de 1770 pudesse sentir-se à vontade, é um ideal inatingível.

(2012)

As traduções de Hölderlin

Nas profundezas da Segunda Guerra Mundial, numa Londres castigada pelas bombas alemãs, um jovem chamado Michael Hamburger, que fugira com a família de sua Alemanha natal para escapar dos nazistas, anotou um lamento na voz do poeta Friedrich Hölderlin:

> Diotima está morta, e calada
> A ave canora da ilha.
> O templo que ergui das ruínas
> De novo caído.
> Onde está a chama que aticei...?
> Onde estão os heróis
> E meu canto pulsante?
> Nada agita as águas dos lagos do tempo.[1]

Nas salas de aula da Alemanha, as crianças também declamavam Hölderlin:

> Oh, que eu possa subir nas fileiras,
> para não morrer um dia a morte comum!
> Não quero morrer em vão, o que

---

1 Michael Hamburger, *Collected Poems 1941-1983*. Manchester: Carcanet, 1984.

Quero é tombar no altar do sacrifício
Pela Mãe-Pátria, derramar o sangue do coração
Pela Mãe-Pátria.²

Quem foi Hölderlin, que podia ser usado como porta-voz tanto de um passado perdido como de um futuro nacional-socialista?

Friedrich Hölderlin nasceu em 1770 no pequeno ducado independente de Württemberg, no sudoeste da atual Alemanha. O pai – que morreu quando o menino tinha 2 anos – era funcionário eclesiástico; a mãe, filha de um clérigo, quis que ele entrasse para a igreja. Estudou em escolas religiosas e depois no afamado seminário teológico de Tübingen.

Württemberg diferia dos demais pequenos Estados que faziam parte da Confederação Alemã ao final do século XVIII: enquanto a maioria era governada por príncipes de poder absoluto, em Württemberg os poderes do duque eram constitucionalmente contrabalançados por uma assembleia de famílias sem nobreza, a Ehrbarkeit, à qual pertenciam os Hölderlin. Era a Ehrbarkeit que comandava a vida cultural e intelectual do ducado.

Os jovens aprovados no rigoroso exame de admissão ao seminário tinham direito a instrução gratuita, com a condição de servirem mais tarde nas paróquias de Württemberg. Hölderlin foi um seminarista relutante: em vão, tentava convencer a mãe a deixá-lo trocar o seminário por estudos de Direito. Era a mãe quem controlava a herança nada desprezível que lhe coubera: até a morte da mãe, em 1828, Hölderlin continuou a depender da magra mesada que ela lhe concedia.

2 Friedrich Hölderlin, *Gedichte*. Frankfurt: Deutscher Klassiker Verlag, 1992.

Embora o seminário proporcionasse uma instrução de primeira em letras clássicas, teologia e religião, pregava também uma obediência à Igreja e ao Estado que os estudantes achavam penosa. Hölderlin passou no seminário cinco anos agitados (1788-1793), sonhando com uma carreira alternativa nas letras. Seu estímulo intelectual não vinha dos professores — cujo comportamento obsequioso diante da autoridade ele desprezava —, mas de colegas de estudo, entre os quais se encontravam G. F. W. Hegel e Friedrich Schelling. O próprio Hölderlin se destacava: "Era como Apolo caminhando pelos corredores", lembrou um colega de turma.[3]

No seminário, Hölderlin escrevia poemas arrebatados e um tanto estridentes de propensão panteísta, celebrando o universo como uma totalidade viva impregnada de divindade. O modelo imediato dessas composições era Friedrich Schiller, mas seu arcabouço filosófico era fundamentalmente neoplatônico. Hölderlin adotou como divisa a expressão grega *hen kai pan*, algo como "um e tudo" ou "o um é o todo": a vida constitui uma unidade harmônica, nossa finalidade deve ser mesclar-nos à Totalidade.

Nesse momento, explodiu a bomba da Revolução Francesa. Nos dois centros de ensino do ducado, a universidade e o seminário, sociedades revolucionárias foram criadas, os jornais franceses eram esmiuçados e entoavam-se cantos revolucionários. Os estudantes apoiaram com entusiasmo a Declaração dos Direitos do Homem e, em 1792, quando as autocracias europeias se lançaram ao ataque contra a França, era o Exército francês que eles aclamavam. O duque de Württemberg

---

3 Esta e a próxima citação são de: David Constantine, *Hölderlin*. Oxford: Clarendon Press, 1988.

condenou aquela aclamação "da anarquia e do regicídio". O que os jovens radicais filosóficos de fato desejavam era a transformação de Württemberg, ou de toda a Suábia, numa república sob a proteção das armas francesas; mas perderam o ímpeto quando o Terror ganhou força na França.

Não há como duvidar das inclinações revolucionárias de Hölderlin – "Reze pelos franceses, campeões dos direitos humanos", recomendava ele à irmã mais nova[4] –, mas seus poemas não contêm nenhuma menção direta à política. Até certo ponto, isso ocorria porque lhe faltavam modelos para uma poesia política; mas também devido à tradição, forte entre a classe intelectual alemã, de não se envolver em questões políticas.

O escritor que reunia o maior cortejo de seguidores entre os jovens idealistas era Schiller, e a posição política de Schiller, a partir de 1793, foi que a consciência das pessoas precisava evoluir antes que pudesse efetivar-se uma verdadeira mudança política. Em suas *Cartas sobre a formação estética da humanidade*, de 1794-1795, Schiller defendia que a melhor maneira de esclarecer e liberar o espírito humano era a participação na atividade estética. E a prova estava na antiga Atenas, uma sociedade democrática que prezava a vida do espírito.

Hölderlin achava justa a ascendência atribuída ao artista por Schiller, mas ficou decepcionado com a posição antirrevolucionária do poeta. No mesmo grau, mostrou-se insatisfeito com a separação entre a política e a ética defendida pelo ceticismo de Immanuel Kant: a reforma política podia ser desejável, disse Kant, mas só a serviço da meta mais importante da promoção

---

4 Citado em: Friedrich Hölderlin, *Selected Poems*. Londres: Hogarth Press, 1944.

do desenvolvimento moral dos indivíduos. Por algum tempo, foi em Johann Fichte que Hölderlin encontrou um guia com quem tinha mais afinidade; mas no final nem Fichte manifestava confiança suficiente numa utopia futura.

A questão era a liberdade humana e no que consistia a liberdade. O idealismo de Hölderlin, Hegel e Schelling, na fase revolucionária por que passaram, baseava-se na convicção de que as ideias podiam mudar o mundo, de que a liberdade interior imaginada por Kant, Schiller e Fichte poderia espalhar-se, de que era possível o ressurgimento de uma sociedade livre nos moldes de Atenas. Enquanto Schiller, nas pegadas de Johann Winckelmann, representava uma segunda geração do filo-helenismo germânico, Hölderlin, Hegel e Schelling formaram uma terceira onda: jovens que buscavam na Grécia um modelo a ser emulado e mesmo ultrapassado, não só na arte e na filosofia como também no exercício da democracia.

Papel similar desempenhou a Revolução Francesa em seus dias de glória. A revolução, dizia Hölderlin, sugeria um modo de criar uma ponte entre ideia e prática, a esfera divina e o mundo. *Hen kai pan*: era possível reaver a coesão do que no passado tinha sido íntegro e bom, antes que se fizesse em pedaços. Em nossa busca dos vestígios da unidade perdida em meio ao caos das aparências, o que nos guia é o sentido estético; compete à filosofia e à poesia a obra de recombinar os fragmentos.

Ainda assim, a traição da revolução a seus próprios valores e sua derrota final deixaram marcas tanto em Hölderlin como em muitos outros jovens europeus de sua geração, igualmente decepcionados. "Seria uma lista terrível de ler", escreveu seu jovem contemporâneo Achim von Arnim em 1815, ano em que as autocracias da

Europa reafirmaram seu domínio, "a de todas as belas almas germânicas que se renderam à loucura, ao suicídio ou a carreiras que detestavam".[5]

Depois de ter-se formado no seminário com o grau de mestre, ou *magister*, e resistir à pressão da mãe para servir em alguma paróquia, Hölderlin instalou-se modestamente em Jena, cidade marcada pelo apreço à literatura. Um trecho do romance em que vinha trabalhando, *Hyperion*, foi publicado numa revista editada por Schiller, com quem Hölderlin estabeleceu uma relação quase filial. Num primeiro momento, Schiller aceitou alegremente esse papel, dando conselhos que Hölderlin preferia ignorar sobre os versos que escrevia – especialmente evitar os temas filosóficos mais amplos. No fim das contas, o que Hölderlin realmente desejava era uma relação mais complexa, na verdade mais edipiana, que a consentida pelo amigo mais velho – "às vezes me vejo empenhado num embate secreto para proteger minha liberdade do seu gênio", admitiu Hölderlin numa carta a Schiller – que afinal interrompeu a correspondência entre os dois.[6]

Na falta de mais renda, Hölderlin aceitou o primeiro de uma série de empregos como tutor agregado à casa de famílias prósperas. Nenhum deles durou muito – Hölderlin não tinha muita afinidade com crianças –, mas o segundo, junto a uma família importante de Frankfurt, afetou sua vida de maneira decisiva. Apaixonou-se pela mulher de seu empregador, Susette Gontard, e ela por ele. Forçado a desistir do posto, continuou por algum

---

5 Citado em: Stephan Wackwitz, *Friedrich Hölderlin*. Stuttgart: Metzler, 1985.
6 Citado em: David Constantine, *Hölderlin*.

tempo a encontrar-se clandestinamente com Susette. Mas em 1802, aos 34 anos, ela contraiu tuberculose e morreu.

A relação amorosa entre um jovem intelectual ambicioso – mas sem tostão – e a esposa negligenciada de algum homem de negócios foi um dos temas frequentes na ficção romântica do século XIX. O primeiro biógrafo de Hölderlin, Wilhelm Waiblinger, fez o possível para assimilar ao gênero a história de Hölderlin e Susette: esta, "uma jovem mulher [...] de alma entusiástica e disposição vivaz e fogosa", viu-se "levada ao mais intenso ardor" por Hölderlin, com sua "presença galante e distinta, seus belos olhos, sua juventude, sua compreensão incomum e seu notável talento", para não falar de seu dom para a música e a conversação.[7] A realidade transcendia os clichês literários. As cartas de Susette a Hölderlin sobreviveram, além de algumas que o poeta escreveu a ela. À medida que avançamos em sua leitura, escreve David Constantine em sua biografia de 1988, "nossa simpatia tende aos poucos à tristeza e à indignação peculiares que nos ocorrem ao percebermos os primeiros sinais de estragos irremediáveis". "A relação inviável entre Hölderlin e Susette Gontard pode ser vista com justiça como uma tragédia."[8]

Em grande parte, foi Susette quem fez de Hölderlin um poeta. Foi ela que lhe restituiu a confiança abalada por Schiller. Levou-o a ler os poetas alemães do passado, especialmente Klopstock, e tomá-los por modelo. Acima de tudo, porém, Susette encarnava aos olhos de Hölderlin o encontro entre a beleza terrena e o puro espírito para o qual apontavam suas intuições panteístas e mais

---

7 Citado em: Friedrich Hölderlin, *Selected Poems*.
8 Citado em: David Constantine, *Hölderlin*.

místicas – *hen kai pan* –, união em que tinha perdido a fé depois de suas leituras de Kant e Fichte. Susette aparece nos dois volumes de *Hyperion* (1797, 1799) como Diotima, mulher linda e sábia que conduz os passos de Hyperion, um fileleno que deixa a insípida terra natal germânica – onde, assinala ele, os poetas vivem como estranhos na própria casa – para engajar-se na luta dos gregos contra os otomanos.[9]

Fichte ensina que a consciência não faz parte da natureza, que na verdade observa de fora. A Hölderlin parecia que a evolução da consciência só podia resultar numa sensação desalentadora de alienação. Diotima-Susette leva Hyperion-Hölderlin a compreender que a consciência pode ser um instrumento de crescimento espiritual, que é possível compartilhar, num plano plenamente consciente, a divindade do Todo. Mais especificamente, que a experiência da beleza conduz ao divino. Assim, ainda antes dos 30 anos, Hölderlin começa a desenvolver uma filosofia de índole platônica e orientação acentuadamente estética, acoplada a uma perspectiva da história em que o mundo moderno é avaliado o tempo todo tendo o antigo como medida.

Hölderlin compôs a Grécia de *Hyperion* a partir de guias de viagem, filiando-se assim à linhagem germânica de importantes filelenos que jamais estiveram na Grécia, linhagem em que também figuram Goethe e Winckelmann, autor de um pequeno volume, *Pensamentos sobre a imitação de obras gregas na pintura e na escultura* (1755), que deu origem a toda a voga do filelenismo. A partir de *Hyperion* e dos poemas do mesmo período, Hölderlin adota "a nobre simplicidade e a grandeza serena" da

---

9   Friedrich Hölderlin, *Hyperion and Selected Poems*. Nova York: Continuum, 1966.

Grécia de Winckelmann como cenário para o jogo de suas ideias. Se em tempos remotos os homens eram livres para tentar alcançar tanto a excelência pessoal como a vida do espírito, poderiam tornar a sê-lo em alguma Alemanha liberada do futuro.

Depois da família Gontard, Hölderlin ainda aceitou dois empregos de tutor e acabou demitido de ambos devido ao comportamento errático. Tentou em vão um posto de professor de grego na Universidade de Jena. Um amigo criou para ele o cargo de bibliotecário na corte de Hessen-Homburg, cujo salário financiava em segredo. Mas essa feliz solução para permitir que o filósofo-poeta se dedicasse ao que, numa carta para a mãe, definia como as "atividades mais elevadas e mais puras às quais Deus, em sua excelência, me destinou" teve um fim abrupto quando o amigo em questão foi preso, acusado de traição.[10] Por algum tempo, houve sinais de que o próprio Hölderlin poderia ser acusado como participante da mesma conspiração; mas um exame de saúde constatou sua insanidade (sua fala era "meio alemão, meio grego, meio latim", disse o médico), e permitiram que voltasse para a casa da mãe.[11]

É desses anos finais de sanidade precária que data boa parte da melhor produção de Hölderlin: os últimos hinos, as traduções de Sófocles e Píndaro, a versão final da peça *A morte de Empédocles*. A intenção inicial de Hölderlin era empregar seu tempo em Homburg para escrever uma explanação de sua filosofia da poesia, que até então só encontrara uma expressão fragmentária em cartas e ensaios; entretanto, talvez porque já sofresse

---

10 Friedrich Hölderlin, *Sämtliche Werke*, vol. 6/1. Stuttgart: Kohlhammer, 1954.
11 Citado em: David Constantine, *Hölderlin*.

alguma perda da capacidade de pensamento prolongado, esse trabalho nunca foi concluído.

Um dos biógrafos de Hölderlin afirma que o poeta apenas simulou estar louco para escapar da lei. Mas o peso dos indícios sugere outra explicação. Hölderlin tinha sido demitido dos últimos postos de tutor porque seus acessos de raiva o tornavam incapaz de lecionar para crianças. Sua atenção se dispersava; ele alternava entre explosões de atividade e períodos de recolhimento; alimentava suspeitas mórbidas.

Em 1806, ante uma deterioração ainda maior de seu estado, foi internado numa clínica de Tübingen, resistindo fisicamente ao transporte, mas sendo mais tarde liberado como inofensivo, ainda que incurável. Um marceneiro interessado por literatura levou-o para casa e o abrigou numa torre ligada à sua casa. A mãe de Hölderlin pagava seu sustento com parte da herança que cabia ao poeta, assistida por uma anuidade do governo. Hölderlin passava boa parte do tempo no jardim de seu hospedeiro, caminhando a sós de um lado para outro enquanto gesticulava e falava sozinho.

Recebia poucas visitas, geralmente acolhidas com uma formalidade cortês. Uma delas deixou registradas suas impressões. Ao poeta envelhecido, pediu alguns versos "como lembrança". "Quer versos sobre a Grécia, a primavera ou o espírito do nosso tempo?", pergunta-lhe o poeta. "O espírito do nosso tempo", responde o visitante. Hölderlin pega uma folha de papel dobrada e escreve seis versos burlescos, assinando "Com obediência, Sardanelli. 24 de maio de 1748 [*sic*]".[12] Usando o nome Sardanelli ou outros pseudônimos, Hölderlin

---

12   Citado em: David Constantine, *Hölderlin*.

continuaria a escrever versos de ocasião até a sua morte, em 1843, aos 73 anos.

O poeta da torre não foi esquecido pelo público leitor. Edições de seus poemas foram publicadas em 1826 e 1846. No decurso de sua vida, Hölderlin foi sentimentalizado pelos românticos como um espírito frágil levado à loucura por seus demônios. Mais tarde caiu no esquecimento, lembrado apenas como um excêntrico nostálgico da Grécia antiga. Nietzsche tinha uma avaliação mais profunda do poeta; mas foi apenas na primeira década do século XX, quando foi adotado e promovido pelo poeta Stefan George, que a estrela de Hölderlin tornou a se erguer. Com George tem início a leitura de Hölderlin como um poeta-profeta especificamente alemão que mais tarde viria a adquirir a imagem de uma alma atormentada. "O grande visionário de seu povo", assim ele foi definido por George em 1919: "A pedra fundamental do futuro germânico que se anunciava, um arauto do Novo Deus".[13]

No centenário da morte de Hölderlin, deu-se início ao projeto de publicar todos os seus escritos, tarefa a que vários estudiosos se dedicaram por quarenta anos. Para a chamada Edição de Stuttgart, os princípios da filologia clássica foram aplicados para separar os manuscritos remanescentes em dois blocos: um núcleo de textos e um corpo secundário de variantes. A distinção entre textos e variantes provocou tamanha controvérsia entre os estudiosos de Hölderlin que, em 1975, uma coletânea concorrente e ainda incompleta, a chamada Edição de Frankfurt, foi publicada com base no princípio de que não podia haver um texto central de Hölderlin – precisávamos

---

13 Citado em: Ulrich Häussermann, *Friedrich Hölderlin in Selbstzeugnissen und Bilddokumenten*. Hamburgo: Rowohlt, 1961.

aprender a ler seus manuscritos como palimpsestos de versões que se superpõem e dão origem a outras versões. Por um futuro previsível, então, a ideia de um texto definitivo de Hölderlin vive esse estado de suspensão.

Um motivo para o contraste entre as duas edições é que, num crucial caderno de 92 páginas, Hölderlin alternava entre versões manuscritas novas e antigas de alguns poemas, usando penas e tintas diferentes de maneira assistemática, sem datar nada, permitindo a coexistência lado a lado do que, à primeira vista, poderíamos chamar de diferentes versões do mesmo poema. Uma razão mais profunda é que, em seus últimos anos produtivos, Hölderlin parece ter abandonado a noção de versão definitiva, considerando que cada poema aparentemente acabado não passava de apenas mais um ponto de parada, a partir do qual podia empreender novas incursões pelo indizível. Daí seu hábito de reabrir um poema perfeitamente pronto, não para aperfeiçoá-lo, mas para reconstruí-lo do zero. Nesses casos, qual será o texto definitivo e qual a variante, especialmente quando a reconstrução é parcial, e não uma retomada? Devemos encarar essas revisões, ao que tudo indica, inacabadas como projetos abandonados ou será que Hölderlin abria caminho, às apalpadelas, para uma nova estética do fragmentário e uma nova epistemologia poética dos rasgos de compreensão ou de visão?

Na Alemanha, o centenário da morte de Hölderlin, em 1943, foi celebrado em escala grandiosa. Cerimônias ocorreram em todo o país; centenas de milhares de coletâneas de Hölderlin foram impressas e distribuídas entre os soldados alemães. À primeira vista, os motivos para a adoção desse filósofo-poeta, autor de elegias à Grécia antiga e inimigo da autocracia como mascote do Terceiro Reich não são nada óbvios. Inicialmente, a linha seguida pelos dirigentes da cultura nazista era ver em Hölderlin um profeta do recém-surgido gigante alemão. Depois que a maré da guerra virou em Stalingrado, essa linha foi corrigida: Hölderlin representava agora os valores europeus que a Alemanha defendia do avanço das hordas asiáticas e bolcheviques.

Tudo isso com base na interpretação enviesada de um punhado de poemas patrióticos, com o texto emendado aqui e ali. Ao sabor da conveniência, esquecia-se que Hölderlin tinha escrito sobre uma *Vaterland* que, quase sempre, referia-se mais à Suábia de seu tempo que à Alemanha do século XX, uma *Deutschland* mais ampla: em 1800, *Deutschland* tinha um sentido apenas cultural, e não político. Tudo indica que os nazistas não deram atenção à advertência do próprio autor, no poema "Voz do povo", contra a "misteriosa tentação do abismo" que podia dominar nações inteiras.[14]

A sorte de Hölderlin sob o domínio nazista está associada à leitura de sua obra pelo mais influente de seus intérpretes, Martin Heidegger. A maioria das reflexões de Heidegger sobre o lugar da Alemanha na história ocorre em seus comentários à obra de Hölderlin. Na década de 1930, Heidegger via Hölderlin como o profeta de uma nova aurora; quando o Reich entra em colapso, passa a vê-lo como o poeta da consolação nos tempos sombrios em que os deuses se retiram de cena. Embora, *grosso modo*, essa avaliação coincida com a versão nazista, ela não está à altura da seriedade das reflexões de Heidegger sobre cada verso de Hölderlin. Para Heidegger, no "tempo completamente devastado" do presente (o filósofo escrevia em 1946), em que por toda parte a relevância da poesia é

---

14 Friedrich Hölderlin, *Poems and Fragments*. Londres: Routledge, 1966.

posta em dúvida, é Hölderlin quem articula com maior clareza a vocação essencial do poeta, a saber, pronunciar as palavras que produzem a criação de um mundo novo.[15] Lemos os poemas sombrios de Hölderlin, diz Heidegger, nem tanto para compreendê-lo, mas para não perder o contato com ele até o advento de um futuro em que será finalmente compreensível. E cita Hölderlin: "O espírito indômito, como uma águia/ À frente das tempestades, voa profético/ No caminho de seus deuses que avançam".[16]

Na *intelligentsia* liberal da Alemanha de Hölderlin, reinava não só a admiração por Atenas, modelo de uma sociedade em que os homens se dedicavam à busca da verdade, da beleza e da justiça, mas também a visão idealizada de um passado em que a presença da divindade era uma força viva no mundo. "Onde os deuses eram mais como os humanos/ Os humanos eram mais como os deuses", escreveu Schiller em *Os deuses da Grécia* (1788). Essa imagem da Grécia se deve em grande parte à leitura da poesia grega e em menor medida aos textos de segunda mão sobre a escultura grega. Afirmava-se a existência de uma afinidade eletiva entre a Alemanha e a Grécia, entre a língua alemã e a língua grega. Desenvolveu-se uma nova teoria da literatura, baseada mais em Platão que em Aristóteles, e na qual já se prefiguravam elementos-chave da estética modernista: a autonomia do objeto artístico, a forma orgânica, a imaginação como um poder demiúrgico.

---

15 Martin Heidegger, *Poetry, Language, Thoughts*. Nova York: Harper & Row, 1971.
16 Martin Heidegger, *Existence and Being*. Londres: Vision, 1949. [Ed. brasileira: *Ser e tempo*. São Paulo: Vozes, 2015.] Os versos são do poema "Rousseau" (Friedrich Hölderlin, *Poems and Fragments*).

A partir de uma visão idealizada da Grécia, desenvolve-se um movimento cuja agenda, na fórmula de Kant, devia permitir que "os germes implantados pela natureza" na humanidade tivessem pleno desenvolvimento, de maneira que "o destino do homem possa cumprir-se aqui na terra".[17] A partir das reformas do sistema educacional prussiano empreendidas por Wilhelm von Humboldt, reformas que fizeram do estudo da língua e da literatura gregas o cerne do currículo escolar, o humanismo filelênico dominou em pouco tempo a instrução da classe média alemã.

O projeto de remodelar a Alemanha nas linhas de Atenas foi, em certa medida, fruto da mente de jovens com pouco capital social além do conhecimento dos clássicos (Winckelmann era filho de um sapateiro; Schiller, filho de um soldado), mas movidos pela ambição de remover as cortes alemãs afrancesadas do controle da vida cultural alemã e conferir um novo significado nacionalista à identidade de seu povo. Uma geração mais tarde, porém, o verniz do idealismo revolucionário foi eliminado do sistema educacional, enquanto carreiristas e profissionais da área assumiam o comando do ensino. Embora ainda associado a um liberalismo altaneiro, mas de contornos vagos, o filelenismo da academia se integrou, antes da década de 1870, ao *establishment* conservador. Os novos radicais eram os arqueólogos e os críticos textuais, entre os quais figurava Nietzsche, para quem a visão neo-humanista da Grécia – a "nobre simplicidade e a grandeza serena" de Winckelmann, a "pureza, totalidade e harmonia" de Humboldt – preferia ignorar uma parte

---

17 Immanuel Kant, "Idea for a Universal History", *Political Writings*. Cambridge: Cambridge University Press, 1970.

significativa da realidade grega, a violência e a irracionalidade da religião grega, por exemplo.[18]

À primeira vista, Hölderlin pode parecer um neo-humanista típico de sua geração: um intelectual *déclassé* alienado da Igreja e do Estado, aspirando a uma utopia em que poetas e filósofos seriam tratados de maneira justa; mais especificamente, um poeta condenado, por sua constituição, à armadilha de uma posição retrógrada, deplorando o fim de uma era em que os deuses misturavam-se aos homens ("Meu amigo, chegamos tarde demais. Embora os deuses estejam vivos,/ É acima de nossas cabeças que eles vivem, nas alturas de um outro mundo./ [...] E pouco lhes importa, ao que parece, estarmos vivos ou não").[19]

Mas tal leitura subestima a complexidade da postura de Hölderlin em relação à Grécia. Para ele, os gregos não deviam ser copiados, mas confrontados: "Se não quisermos ser esmagados pelo que é aceito [...] parece haver pouca escolha além de firmarmos uma posição violenta e arrogante, como uma força viva, contra tudo que nos ensinam como fatos consumados".[20]

Alguns desdobramentos dessa atitude são examinados por Hölderlin numa carta de 1801. Os gregos consideravam natural, diz Hölderlin, tanto o "*pathos* sagrado" como o "fogo dos céus" apolíneo. Por outro lado, a "sobriedade" e a "clareza de representação" de Juno são intrínsecas ao pensamento ocidental. "Nada é mais difícil para nós do que aprender a fazer livre uso de nossos traços

---

18 Humboldt é citado em Joachim Wohlleben, "Germany 1750-1830", in: K. J. Dover (org.), *Perceptions of the Ancient Greeks*. Oxford: Blackwell, 1992.
19 Friedrich Hölderlin, *Poems and Fragments*.
20 Friedrich Hölderlin, *Sämtliche Werke*, vol. 4. Stuttgart: Kohlhammer, 1961.

nacionais [...] Pode parecer um paradoxo. Mas repito [...] no progresso [*Bildung*] da cultura, o que é intrinsecamente nacional sempre há de ser menos benéfico". O feito mais notável da arte grega era o domínio da sobriedade e da clareza. Devido à admiração pelos gregos, o poeta ocidental pode tentar recriar o *pathos* e o fogo gregos; mas sua tarefa mais profunda é dominar o que lhe ocorre naturalmente. Por isso, os gregos nos são "indispensáveis": estudamos os gregos não para imitá-los, mas para entender o quanto diferimos deles.[21]

Essa carta não só desmente a imagem de Hölderlin como um sonhador perdido no passado como ainda sublinha a originalidade e o rigor de suas reflexões sobre a arte. O que falta mais claramente ao poeta moderno, escreve ele, é a formação técnica (no seu caso, um prolongado estudo dos mestres gregos o tornou apto a domesticar os metros gregos com mais fluência que qualquer contemporâneo seu em toda a Europa). Chegamos à verdade poética não tentando exprimir nossos sentimentos pessoais, mas transferindo a nossa sensibilidade [*Gemüth*] e nossa experiência individual para uma "questão análoga de tipo diferente [*fremd*]".

> O sentimento de introversão mais intensa se torna tanto mais vulnerável a extinguir-se quanto menos estiver preparado a abdicar de suas conexões temporais e sensoriais concretas [*wahren*] [...] Precisamente por isso, o poeta trágico, por exprimir a intensidade interior mais profunda, abdica totalmente da própria pessoa, de sua subjetividade, bem como do objeto que tem à sua frente,

---

21 Friedrich Hölderlin, *Sämtliche Werke*, vol. 6/1.

e [em vez disso] transfere tudo para uma personalidade alheia [*fremde*], uma objetividade alheia.[22]

O grande tema da poesia de Hölderlin é a retirada de Deus ou dos deuses e o papel do poeta nos tempos trevosos ou devastados que sucedem a essa retirada. Como escreve ele — com uma insegurança palpável — num de seus hinos tardios, "O Reno":

> Como
> Os mais Abençoados em si mesmos nada sentem
> Um outro, se dizer tal coisa é
> Permitido, precisa, imagino,
> Sentir vicariamente em nome dos deuses,
> E dele eles precisam.[23]

Mas o que os deuses, à imensa distância em que se encontram, podem esperar que cada um de nós sinta? Não sabemos; o que nos resta é só traduzir em palavras nosso desejo mais profundo de que retornem e esperar que, porventura tocadas pelo fogo dos céus, essas nossas palavras possam encarnar em alguma medida o Verbo e, assim, converter esse desejo em epifania. (É em sua fé espasmódica num Verbo que venha a usar a ação humana para exprimir-se que Hölderlin mais se aproxima do idealismo histórico de seu amigo Hegel.)

Os gregos, observou Goethe, não se consumiam na aspiração ao infinito, mas sentiam-se em casa no mundo. A busca de uma integridade "clássica" perdida é a marca registrada dos românticos. O desejo romântico que

---

22 Friedrich Hölderlin, *Sämtliche Werke*, vol. 4.
23 Esta e a próxima citação são de: Friedrich Hölderlin, *Poems and Fragments* (Tradução de Michael Hamburger).

Hölderlin sente de reconquistar a união com o divino se deve não só ao seu neoplatonismo inicial como também às suas raízes cristãs. No abrangente esquema mitológico-histórico criado por ele, Cristo figura apenas como o último dos deuses a percorrer a terra antes do cair da noite; mas os hinos de sua obra tardia sugerem o início de uma reaproximação, a reconquista de uma intimidade com Cristo, se não com a religião cristã:

> E ainda assim, ainda assim,
> Vós, deuses antigos e todos
> Vós, valorosos filhos dos deuses,
> Um outro procuro pelo qual
> Dentre vossas fileiras sinto amor...
> Meu Amo e Senhor!
> Ó tu, meu mestre!
> Por que te mantiveste
> Longe de mim?

Até onde as explorações de Hölderlin o teriam conduzido caso sua luz não se tivesse apagado em seu 36º ano de vida, só se pode especular. Há um texto do outro mundo em que viveu, a torre, que pode sugerir o rumo do seu pensamento. Em 1823, seu amigo e biógrafo Waiblinger publicou um fragmento de prosa poética em 700 palavras que alega ter extraído dos papéis do poeta. Se aceitarmos sua autenticidade, o texto sugere que, em tempos de maior devastação do que Hölderlin jamais poderia ter antevisto, a esperança fundamental do poeta conserva todo o seu brilho — a fé de que nossas faculdades criativas, geradoras de sentido, garantiriam nossa sobrevida.

> Será Deus desconhecido?
> Estará manifesto no céu? Nisso eu tendo

A crer. Tal é a medida do homem.
Com merecimento, ainda que poeticamente,
O homem ocupa esta terra. Mas a sombra
Da noite estrelada não é mais pura, se posso assim dizer,
Do que o homem, à imagem suposta de Deus.[24]

Michael Hamburger (1924-2007) nasceu na Alemanha. Em 1933, a família Hamburger emigrou para a Grã-Bretanha, onde se integrou sem muita dificuldade à *intelligentsia* de alta classe média. Michael Hamburger foi um jovem precoce, conquistando aos 17 anos uma bolsa para estudar francês e alemão em Oxford. Seu primeiro livro de traduções, *Hölderlin: Poems and Fragments*, foi lançado por uma pequena editora em 1943.

Essas primeiras versões ele viria mais ou menos a rejeitar numa fase posterior. Em 1952, publicou uma coletânea nova e mais abrangente de traduções de Hölderlin, seguida em 1966 do que se apresentava como "seleção e versão definitivas". Em 1990, alguns poemas ainda seriam acrescentados, mas o corpo principal da edição ampliada de 2004 é o que data da década de 1960.

A essa altura, Hamburger era para todos os efeitos o decano dos tradutores para o inglês da moderna poesia alemã. Ainda assim, em suas memórias, admite certa exasperação por ser mais conhecido como tradutor. Na juventude, Hamburger cultivou ambições criativas evidentes, e por algum tempo poemas seus frequentaram as antologias da poesia britânica contemporânea. Lidos em conjunto, seus poemas reunidos contam a história de um escritor de algum talento que nunca chega propriamente a encontrar seu tema verdadeiro e que, em

---

24 Friedrich Hölderlin, "The Only One", in: *Poems and Fragments* (Tradução de Richard Sieburth).

algum ponto do início da meia-idade, desiste da busca e passa a contentar-se com versos de ocasião.

Há um trecho numa das cartas de Hölderlin citadas por Hamburger referindo-se claramente a si mesmo: "Pois isto é trágico entre nós: deixarmos o reino dos vivos calmamente, alojados numa caixa; não que ser devorados pelas chamas compense a chama que não conseguimos dominar".[25] Para Hamburger, a chama sagrada que não conseguiu dominar apaga-se ainda cedo; a vida de compensação como tradutor e estudioso ele encara como um triste sucedâneo. (Encontramos alguma ironia aqui no fato de o próprio Hölderlin ter atingido audaciosas alturas poéticas como tradutor.)

Numa série de prefácios e ensaios, Hamburger define seus objetivos como tradutor. O que fez de errado em 1943, diz ele, foi preferir o rigor literal à "magnífica singularidade" da escrita de Hölderlin: "Nenhuma tradução das odes e elegias de Hölderlin pode aproximar-se dos originais sem reproduzir seus metros ou no mínimo suas cadências, e sem transmitir algo de sua dinâmica peculiar, sua tranquilidade peculiar, produzida pela tensão entre uma forma rigorosa e um impulso que se esforça por contrariá-la". Esforçava-se, portanto, para encontrar "a melhor tradução possível de certo tipo", uma tradução na qual a equivalência de palavra a palavra fosse contrabalançada pela necessidade de reproduzir a música de Hölderlin. Nem cogitava do tipo de tradução livre praticada por Ezra Pound e em voga nos anos 1960 sob o nome de "imitação": "terapia ocupacional

---

25 Michael Hamburger, *String of Beginnings: Intermittent Memoirs 1924-1954*. Londres: Skoob Books, 1991.

para poetas parcial ou temporariamente incapacitados", definiu ele.[26]

Podemos ter uma ideia do que era o "melhor possível" para Hamburger em sua versão da ode "A coragem do poeta", composta em torno de 1800, substancialmente reescrita um ano ou dois mais tarde e depois ainda mais radicalmente retrabalhada, sob o título "Timidez". Hamburger opta pela primeira versão.

> Pois, como serenas margens próximas, ou na prateada
>   Torrente que ressoa ao longe, ou por sobre as
>   silenciosas e profundas
>   Águas viaja o frágil
>   Nadador, semelhante ao que amamos ser
>
> Onde à nossa volta respiram, pululam os viventes, nossos semelhantes,
>   Nós, os poetas; e felizes, cordiais com todos os homens,
>   Em todos confiando. E de que outro modo para
>   Cada um deles poderíamos cantar seu deus?
>
> Embora a onda às vezes, lisonjeira, arraste
>   Um desses homens audazes de onde ele avança, constante, confiante,
>   E a voz desse cantor
>   Agora se emudeça enquanto o salão fica azul;
>
> Feliz ele ali morre, e ainda sós seus bosques lamentam
>   O que mais amaram, e perderam, embora com
>   júbilo afogado;

---

26 Michael Hamburger, Prefácio (1966), in: Friedrich Hölderlin, *Poems and Fragments*.

Muitas vezes uma virgem receberá seu
Canto gentil nos ramos distantes.[27]

O metro é asclepiadeu, um padrão complexo de iambos e dáctilos quebrado por cesuras nos primeiros dois versos mais longos de cada quadra. Hamburger reproduz fielmente a versificação de Hölderlin, e, embora o leitor possa criticar certas escolhas de palavras – ("frágil" [*flimsy*] poderia ser trocado por "leve", por exemplo, e "escurece" seria melhor do que "fica azul" [*turns blue*]) –, o efeito musical que consegue produzir em inglês é arrebatador, captando com precisao o tom de esperança, provisório mas vibrante, usado por Hölderlin para enfrentar a derrota, tom que caracteriza tanto a maneira como concebe sua vocação quanto a sua visão da história.

"Se eu não [...] julgasse necessário reproduzir a métrica de Hölderlin [...] muitas das minhas traduções seriam mais fluentes e mais aceitáveis aos ouvidos dos ingleses", escreve Hamburger.[28] Ele é implacável com o que vê como a falta de espírito de aventura da prosódia

---

27 No original: *For, as quiet near shores, or in the silvery/ Flood resounding afar, or over silent deep/ Water travels the flimsy/ Swimmer, likewise we love to be.*
Where around us there breathe, teem those alive, our kin,/ We, their poets; and glad, friendly to every man,/ Trusting all. And how else for/ Each of them could we sing his god?
Though the wave will at times, flattering, drag below/ One such brave man where, true, trusting he makes his way, And the voice of that singer/ Now falls mute as the hall turns blue;
Glad he died there, and still lonely his groves lament/ Him whom most they had loved, lost, though with/ joy he drowned;/ Often a virgin will bear his/ Kindly song in the distant boughs.
28 Michael Hamburger, "Hölderlin ins Englische übersetzen", in: Christophe Fricker e Bruno Pieger (orgs.), *Friedrich Hölderlin zu seiner Dichtung*. Amsterdã: Castrum Peregrini, 2005.

inglesa – seu preconceito contra os metros clássicos e sua preferência irrefletida pelo iambo. Correndo o risco de mostrar-se "pedestre e pedante", Hamburger faz questão de reproduzir "mesmo as peculiaridades da dicção, da forma e do modo de pensar [de Hölderlin] que são estranhos tanto para mim como para as convenções inglesas, no tempo do poeta ou no nosso". Seu método funciona, acredita ele, na medida em que o leitor inglês se dispuser a ler suas traduções "como poemas necessariamente diferentes de qualquer outro escrito em sua língua [a língua do leitor] e em seu tempo".[29]

As peculiaridades de dicção e forma a que Hamburger se refere não se limitam ao uso dos metros gregos por Hölderlin, mas também incluem suas variações da dicção poética segundo um sistema de "modulação tonal" que desenvolveu a partir de sugestões de Schiller e cujos contornos tentou definir num ensaio crítico intitulado *Wechsel der Töne* [Mudança de tom]. Hamburger é um dos dois únicos tradutores de Hölderlin para o inglês que, até onde eu saiba, levaram a sério esse sistema, a ponto de incorporá-lo às próprias versões (o outro é Cyrus Hamlin).

O teste mais rigoroso se apresenta nos últimos poemas de Hölderlin, em que a música se torna mais impetuosa e a lógica poética – girando em torno de conjunções (*denn*, *aber*, *nemlich*) usadas mais como se fossem gregas do que alemãs – assume uma feição mais e mais enigmática, e nos quais os versos se entrelaçam ao que pode ser lido como memorandos do poeta para si mesmo ("Este rio parece/ correr para trás e/ Acho que deve vir do Oriente", escreve ele sobre o Danúbio. "Muito poderia/ Ser dito a

---

29 Michael Hamburger, Prefácio (1966), in: Friedrich Hölderlin, *Poems and Fragments*.

esse respeito"). Aqui, a determinação de Hamburger de evitar incluir no poema a construção de sua interpretação resulta às vezes numa literalidade inanimada. Basta comparar as duas traduções seguintes de um trecho do poema de Hölderlin sobre o Danúbio. A primeira é a de Hamburger, a segunda, de Richard Sieburth.

> Mas aqui desejamos construir.
> Porque os rios tornam arável
> A terra. Porque quando a erva cresce
> E nele no verão
> Os animais vêm beber,
> Lá também irá a espécie humana.
>
> Este, porém, chama-se Ister.
> Lindamente ele se espalha. A folhagem dos pilares arde,
> E se agita. Sem método eles se erguem
> Sustentando uns aos outros; mais acima,
> Uma segunda medida, emerge
> O teto das pedras.

*

> Instalemo-nos aqui.
> Pois os rios tornam a terra
> Arável. Se houver vegetação
> E animais vierem beber
> Nas margens, no verão,
> Para cá também virão os homens.
>
> E o chamam de Ister,
> Linda sua localização. Folhas nas colunas
> Ardem e estremecem. Destacam-se na mata,
> Umas acima das outras; e acima delas

Friedrich Hölderlin

Emerge uma segunda massa,
O teto de pedra.³⁰

As palavras "construir", "ervas", "espalhar-se" da versão de Hamburger são uma tradução fiel do vocabulário do original. "Lindamente ele se espalha" [*beautifully it dwells*] soa tão estranho em alemão como em inglês (e serão na verdade uma imitação do grego?). Sieburth, por sua vez, não vê mal algum em espremer as palavras até que caibam com mais conforto no inglês ou esclareçam a lógica do trecho. Assim, "ervas" se convertem em "folhagem" e "construir" se transforma em "instalar-se".

A diferença de abordagem entre os dois tradutores torna-se mais notória na imagem que encerra o trecho. Os últimos três versos se referem claramente a penhascos rochosos vistos acima do nível das árvores no fundo do vale. Sieburth sente-se à vontade para escrever "uma segunda massa/ O teto de pedra", muito embora a palavra usada por Hölderlin, *Maß* ("*Ein zweites Maß/ Von Felsen das Dach*"), signifique antes "medida" do que "massa". Hamburger, talvez por ver em *Maß* um termo tão crucial em Hölderlin (não só a medida do verso, mas para os gregos a medida de nós mesmos), retém por cautela o sentido de medida, plano, dimensão, produzindo assim uma versão menos brilhante.

É uma questão em aberto saber se o projeto de toda a vida de Hamburger teve um bom planejamento – o projeto de traduzir para o inglês um corpo de obra cuja base textual o passar dos anos só fez tornar cada vez mais instável, reproduzindo ao limite do possível seus padrões métricos e seus jogos com os vários níveis da linguagem. Hamburger não parece duvidar de si mesmo, embora

---

30 Friedrich Hölderlin, *Hymns and Fragments*.

os prefácios às suas sucessivas edições deixem entrever um tom cada vez mais defensivo. Há sinais de que ele não recebia bem as críticas: os erros identificados por Paul de Man em suas versões de "Pão e vinho" e "O Reno" nunca foram corrigidos. É possível que, levando em conta a apropriação nazista de Hölderlin, ele apresente uma tendência a tratar palavras como *Vaterland* e *Volk* com uma cautela maior que a necessária, traduzindo em certos pontos *Volk* como "estirpe" e *Vaterland* como "meu país" ou "nosso país".

Ainda assim, a proeza de Hamburger é considerável. A edição de 2004 de *Friedrich Hölderlin: Poems and Fragments* contém cerca de 170 poemas, alguns em versões alternativas, além de *A Morte de Empédocles* na segunda e na terceira versões, e mais os ditos fragmentos de Píndaro — noutras palavras, o grosso da poesia sobrevivente de Hölderlin, abrangendo todos os principais poemas escritos entre 1800 e 1806. *Empédocles* é especialmente bem traduzido; quanto aos poemas, embora as versões de Hamburger exibam o toque apenas intermitente do fogo divino, constituem um guia confiável para o alemão de Hölderlin, trazendo ecos de sua música singular.

(2006)

Heinrich von Kleist: dois contos

Em meados do século XVI, vivia à margem do Havel um mercador de cavalos de nome Michael Kohlhaas, filho de um professor primário, um dos homens mais justos e ao mesmo tempo mais terríveis do seu tempo... O mundo [...] teria todos os motivos para abençoar sua memória, se ele não tivesse praticado excessos em sua virtude. Mas seu sentido de justiça o transformou em bandoleiro e assassino.[1]

Assim começa o conto *Michael Kohlhaas*, de Heinrich von Kleist. Esboçado inicialmente em 1804, recebeu sua forma final em 1810; numa de suas muitas revisões, Kleist modifica as palavras que descrevem Kohlhaas de "extraordinário e temível" para "justo [correto nos negócios] e ao mesmo tempo terrível". E, de fato, a história gira em torno desse paradoxo. O senso inato que aponta a Kohlhaas o que é justo e o que é injusto *ao mesmo tempo* o fortalece contra a dúvida interna e o transforma, assim, num vingador implacável dos erros de que é vítima.

---

1 Heinrich von Kleist, *The Marquise von O – and Other Stories*. Londres: Penguin, 1977. [Ed. brasileira: *Michael Kohlhaas*. São Paulo: Grua, 2018.]

O conto começa com o acontecimento fatídico que transforma Kohlhaas, um homem pacífico, em insurgente. Um barão, Junker Wenzel von Tronka, instala um posto de pedágio desautorizado na estrada para a Saxônia e extorque do comerciante uma junta de cavalos. Os homens de Tronka, em seguida, forçam os cavalos a trabalhar quase até a morte; quando Kohlhaas tenta intervir, é surrado sem dó.

Em sua busca de compensação pelos cavalos perdidos, Kohlhaas segue escrupulosamente todos os caminhos da lei, até constatar que a administração da justiça é controlada por forças políticas além do alcance de sua influência. Kohlhaas não é um animal político; por pertencer à classe mercantil, não tem reconhecidos seus direitos contra os grandes proprietários de terras. Sente-se mais à vontade na esfera da justiça pura, em que pode guiar seus atos apenas pelo que lhe diz sua voz interior. E essa voz lhe diz para pegar em armas. Como explica para sua mulher, e mais tarde para o próprio Martinho Lutero, se ele não tem direitos legais, encontra-se para todos os efeitos fora da lei, à margem da sociedade e livre para declarar guerra contra ela.

Kohlhaas leva ao extremo a ideia protestante de que a consciência individual proporciona um acesso direto a Deus. Como Deus não está presente no universo ficcional de Kleist, só nos resta, no caso de Kohlhaas, acompanhar as várias formas de manifestação, na esfera humana, de um sentido de justiça acima de questionamentos. Kohlhaas reúne um bando de descontentes e, estabelecendo como causa a compensação pelas desfeitas que sofreu, aterroriza os campos da Saxônia, ateando fogo às cidades de Wittenberg e Dresden. Da sede do "governo provisório" que instala num castelo sitiado, começa a emitir decretos. Num primeiro momento, as autoridades tratam suas atividades como as infrações banais de um bandoleiro, mas, à medida que ele atrai mais e mais seguidores, reconhecem o perigo de um levante popular.

No final, uma justiça terrena eficaz se manifesta na pessoa do Eleitor de Brandemburgo, o qual decide que Kohlhaas deve ter seus cavalos restituídos na condição original e que o Junker que os tomou será punido. Mas sentencia também que, pela rebelião que comandou, Kohlhaas deverá pagar com a vida. É uma pena que Kohlhaas, sempre a serviço da justiça, aceite sem hesitar, estendendo o pescoço ao carrasco.

Michael Kohlhaas foi uma das oito obras de ficção que Kleist publicou ao longo da vida. Segundo ele, tratava-se de um *Erzählung*, um conto, mas hoje a classificaríamos de novela, ou seja, uma obra de extensão mediana com uma única linha de ação e um único personagem principal, concentrada num único tema. Não é difícil imaginar *Michael Kohlhaas* ampliado ao dobro de sua extensão atual, com um círculo de personagens de caracterização mais detalhada em torno do mercador de cavalos e mais espaço para o contexto social do qual emerge o protagonista, além dos pormenores de suas depredações – noutras palavras, imaginar *Michael Kohlhaas* como um romance, mais expansivo em seu estilo que a novela altamente condensada escrita por Kleist.

Mas a expansividade não é uma das virtudes de Kleist. Para a sua obra de ficção, desenvolveu uma prosa que lhe é única, sucinta e veloz. Nas palavras de Thomas Mann, sua prosa é "dura como o aço, ainda que impetuosa, totalmente afinada com o senso comum, mas, ao mesmo tempo, tortuosa, enviesada, carregada de sentido"[2]. O impulso

---

2 Thomas Mann, Prefácio a Heinrich von Kleist, *The Marquise of O – and Other Stories*. Londres: Faber and Faber, 1960.

da ação nunca arrefece; não há tempo para a descrição dos personagens (e por isso temos pouca ideia de sua aparência) ou dos cenários de suas narrativas; o foco está sempre no que *acontece*.

Esse modo condensado de narração se deve em parte à experiência de jornalista de Kleist e, por outro lado, à sua prática de dramaturgo. Uma narrativa de Kleist parece uma sinopse sucinta de ações testemunhadas pouco antes pelo narrador. O efeito final é de um intenso imediatismo. Num ensaio intitulado *Sobre a formulação gradual dos pensamentos enquanto falamos*, Kleist discorda da ideia de que as frases que compomos ao falar sejam a codificação verbal de pensamentos que primeiro formulamos na mente. Na verdade, sugere ele, o pensamento tem a forma de um processo contínuo que oscila para trás e para a frente ao mesmo tempo que se produz o fluxo das palavras. Esse ensaio de Kleist nos ajuda a definir uma qualidade paradoxal de sua prosa narrativa: as cenas são capturadas numa linguagem de precisão cirúrgica, mas ao mesmo tempo parecem construir-se diante dos nossos olhos.[3]

Kleist nasceu em 1777 e morreu no dia 21 de novembro de 1811, aos 34 anos, pelas próprias mãos. Embora as relações infelizes com a família, a penúria, o desespero ante os acontecimentos nacionais e a perda da confiança em sua arte tenham contribuído, seu suicídio foi, em última instância, um gesto filosófico: a expressão da autonomia do eu.

Descrevo a seguir os fatos da breve vida de Kleist. Nasceu numa família conhecida de militares e estava destinado a uma carreira nas armas. Aos 14 anos, foi admitido

---

[3] Heinrich von Kleist, "On the Gradual Formulation of Thoughts while Speaking", *Selected Prose*. Nova York: Archipelago, 2010.

como alferes num regimento do Exército prussiano. Abandonou a vida de soldado sete anos mais tarde, doente, desgostoso e farto da brutalidade da vida militar. À sua família, explicou que desejava estudar. Enquanto se preparava para uma carreira no serviço civil, fez muitas viagens antes de trocar os estudos por uma carreira incerta de escritor. Nesse meio-tempo, os fundamentos de sua visão de mundo, herdada do Iluminismo, foram abalados por seu contato com a nova filosofia cética de Hume e Kant.

Dedicou-se a escrever peças teatrais, algumas das quais foram encenadas; editou uma ambiciosa revista sobre artes, que entrou em colapso ao final de doze números; escreveu e trabalhou como editor num jornal que também foi à falência; publicou contos. Mesmo com todos esses empreendimentos, continuava a depender da generosidade da família e do Estado prussiano (ele próprio não sabia lidar com dinheiro). Sua família – até mesmo a meia-irmã, de quem era próximo – mostrava uma relutância cada vez maior diante dele. Depois de sua morte escandalosa – vista como uma nódoa no nome da família –, destruíram todas as cartas que escreveu e pudessem lançar uma luz desfavorável sobre a sua história.

Quanto à vida íntima, Kleist viveu um prolongado noivado com uma jovem de seu círculo familiar. Suas cartas (as dela não sobreviveram) não exibem nenhum sinal de sentimento apaixonado entre os dois; na verdade, não temos indício de qualquer relação apaixonada em que Kleist tenha se envolvido em algum ponto da vida, embora contasse muitas amigas mulheres e tenha posto fim à própria vida unido num pacto de morte a uma mulher com câncer terminal.

Toda a vida adulta de Kleist transcorreu à sombra do grandioso projeto napoleônico de redesenhar o mapa da Europa e impor a seus povos o modelo francês de governo. Desenvolveu um ódio apaixonado por Bonaparte, ansiando pelo dia em que alguém metesse uma bala em sua cabeça.

No momento do suicídio de Kleist, a Prússia era, para todos os efeitos, um Estado vassalo da França. A derrota militar de Jena em 1806, quando as tropas prussianas deram meia-volta e debandaram ante o avanço francês, deixou-o profundamente envergonhado. Seu orgulho sofreu novo golpe quando o jornal que editava em Berlim foi emasculado por censores prussianos que temiam contrariar seus novos senhores franceses. Flertou com grupos da resistência antifrancesa e escreveu uma peça ferozmente nacionalista, *Die Hermannsschlacht* [A batalha de Hermann], em que propunha aos prussianos seguir o exemplo dos antigos germanos e pegar em armas contra o invasor (a peça seria encenada só depois de sua morte). Flertou com a ideia de um jornal patriótico pan-germânico, *Germania*, a ser publicado em Viena (plano que nunca saiu do papel).

Embora os contos de Kleist sejam hoje pelo menos tão apreciados quanto as suas peças, ele próprio considerava a prosa de ficção uma arte inferior, que só praticava para preencher as páginas do jornal de que era editor. Segundo seus amigos, sentia-se humilhado por esse rebaixamento. Ainda assim, seus contos são ciosamente trabalhados e, em sua estrutura, podem ser considerados tudo, menos simples. Como regra, o relato é conduzido por um narrador invisível ou oculto, cuja interpretação dos fatos o autor insinua não poder ser tida como final. Assim – para dar um exemplo simples –, o narrador de *Michael Kohlhaas* condena a certa altura o protagonista pelo "fanatismo ingênuo e doentio" de seus manifestos, esquecendo que, como ele próprio observara numa passagem anterior, o fanatismo era apenas o avesso da paixão de Kohlhaas pela justiça. Na verdade, não há terreno sólido nos contos de Kleist, nenhum ponto, em última instância, que possa servir de apoio ou terreno seguro para nós, leitores.

O Kleist da primeira fase, o que podemos encontrar em suas cartas, era um jovem de grande disposição. A partir de sua leitura de Rousseau e dos *philosophes*, teve a ideia de traçar um plano de vida (*Lebensplan*) que cobrisse não apenas a própria formação (*Bildung*) como a formação, sob a sua tutela, de sua noiva, Wilhelmine von Zenge. Orientada por esse plano, dizia ele à noiva, a vida dos dois poderia adquirir uma constância e uma coerência ideais.

Tivesse obtido sucesso com seu plano — formular e depois levar a cabo um projeto de vida devotado à procura da virtude à luz da razão —, Kleist não teria sido o escritor que conhecemos. O que provocou o descarrilamento da vida bem planejada que imaginara foi a necessidade de dar conta da revolução epistemológica desencadeada por Immanuel Kant, ou seja, a ideia de que um conhecimento definitivo, não só do mundo exterior como de nós mesmos, é inatingível, pois tudo que podemos conhecer é limitado e condicionado pelas faculdades inatas da mente.

Ainda assim, a chamada "crise kantiana" de 1801, que pôs abaixo a própria ideia de um *Lebensplan* regido pela razão, é só a descrição sucinta de uma guinada muito mais complexa nos rumos da vida de Kleist, cuja causa podemos enxergar só em parte, mas cujo efeito seria libertá-lo da *persona* pouco promissora que se esforçava para construir e transformá-lo num dos espíritos mais inquietos de seu tempo: um escritor que usava a sua arte como um laboratório em que pudesse pôr à prova o modelo de Homem proposto pelo Iluminismo.

As pessoas que encontramos na obra madura de Kleist vivem dilaceradas por forças e impulsos contraditórios. O mesmo se aplica ao próprio Kleist. Por isso, temos dificuldade em definir suas posições políticas. Na década de 1930, foi aclamado pelos nazistas como inimigo do liberalismo e exemplo de patriota prussiano. Em nossos dias, porém, vem sendo visto como um crítico radical da aristocracia. A verdade é que o Kleist da maturidade era cético em relação a qualquer sistema, até mesmo ao espírito sistemático subjacente a seu projeto de *Lebensplan*; ao mesmo tempo, contudo, jamais abandonou por completo o entusiasmo juvenil que lhe despertavam a razão, a clareza e a ordem. Assim, não surpreende que no fim das contas se mostrasse indefinível (ou incoerente) demais para ser enquadrado à força em qualquer descrição ideológica.

Não se sabe ao certo onde Kleist terá encontrado a inspiração para a sua história da mulher que engravida sem ter ideia de como isso lhe ocorreu: pode ter sido em Montaigne ou talvez num jornal de Berlim. O mais importante foi o tratamento que deu a essa fonte, a saber, transferi-la do contexto original, as classes inferiores, o que permitiria ler a história como uma simples anedota picante, para uma situação social mais elevada, o que fez seu conto ser recebido de maneira muito problemática. "Resumir seu enredo já bastaria para condenar-se ao exílio da sociedade civilizada", esbravejou um crítico da época.[4]

A trama que provocou tamanho escândalo envolvia uma viúva de origem nobre e reputação imaculada, a Marquesa de O..., que um dia se descobre inexplicavelmente grávida. Expulsa pelos pais da casa da família, publica um anúncio no jornal pedindo que o pai de seu filho se

---

4   Citado em: Thomas Mann, Prefácio.

apresente, prometendo dar-lhe sua mão em casamento. No dia marcado, um homem aparece: é um conde russo que tivera uma oportunidade casual de estuprá-la ao vê-la desacordada e acabou se apaixonando por ela. Contrariando seu coração, mas fiel à promessa que fizera, a viúva casa-se com ele.

As imprecisões desse relato se revelam logo às primeiras perguntas: na realidade, terá o conde estuprado a marquesa? Além disso, o que pode ser considerado "real" quando o que houve ou deixou de haver acontece fora da nossa vista, durante um hiato bem delimitado na narrativa; quando uma das pessoas envolvidas alega não saber, por estar inconsciente, o que teria ocorrido ou deixado de ocorrer; quando o outro participante teria muitos motivos para afirmar que os fatos aconteceram da maneira como os descreve? E complicações suplementares surgem quando fazemos outra pergunta: será possível uma pessoa não saber se teve ou não relações sexuais? (Esta última pergunta é especialmente oportuna diante da ortodoxia médico-legal da Alemanha da época, para a qual a mulher não podia engravidar se não estivesse sexualmente excitada.)

Em 1807, Kleist já tinha escrito uma peça, *Amphitryon*, que tratava de questões da mesma ordem. Numa noite de indizível êxtase sensual, a virtuosa Alcmena é fecundada por alguém que acredita ser Anfitrião, com quem era casada; mais tarde, porém, descobre que era o deus Júpiter na forma de seu marido. Se nem os sentidos físicos nem o coração de Alcmena foram capazes de distinguir com quem dividira o leito, havia como ela ter certeza de alguma coisa?

O narrador que conta a história da marquesa sugere, de maneira oblíqua, que a gravidez da viúva poderia ter origem sobrenatural (a origem da criança, "justamente por ser mais misteriosa, soava mais divina que a das outras" — palavras acrescentadas ao texto quando Kleist revisou o conto em 1810), e assim, por trás do mistério banal de quem terá sido o responsável pode esconder-se um mistério mais profundo. Kleist insinua essas profundezas, mas as deixa de lado. Ainda assim, por trás da feliz solução que o conto propõe para o enigma dessa paternidade, o mal explicado desconforto que toma conta da marquesa sugere que sua história, afinal, não pertence realmente ao gênero cômico em que parece enquadrar-se.

Kleist chega à maturidade no momento em que a literatura alemã, dominada pelas figuras de Schiller e Goethe, encontra-se no apogeu. Embora Goethe e Kleist nunca se tenham encontrado, tiveram um atrito infeliz. Goethe, em sua qualidade de diretor de teatro, encenou uma das peças do autor mais jovem, recebida com vaias pela plateia. A culpa foi de Goethe — a montagem era de qualidade inferior —, mas a presteza com que Kleist deixou claro o seu ressentimento (à época, falou-se que precisou ser contido para não desafiar Goethe para um duelo) pôs a perder o reconhecimento com que Goethe o tratava.

Havia motivos também políticos para a hostilidade entre os dois. Goethe não era simpático ao nacionalismo prussiano e encarava Napoleão com ambivalência: não era má ideia, a seu ver, os alemães continuarem a viver numa confederação frouxa de Estados culturalmente autônomos. Mas a raiz última do desentendimento entre os dois escritores era o pronunciado empenho edipiano de Kleist em suplantar Goethe.

A antipatia que sentia por Kleist, porém, não impediu Goethe de ter uma percepção apurada de como o dramaturgo construía as suas peças, e que também se poderia aplicar à sua produção ficcional. Kleist tendia a situar certos eventos cruciais longe dos olhos da plateia, dizia Goethe, para então basear toda a ação dramática em seus desdobramentos. Goethe criticava o resultado, que descrevia como um "teatro do invisível".[5]

O drama da Marquesa de O… nos é de fato invisível: o que tenha provocado a gravidez da marquesa, e assim toda a ação do conto, ocorre não nos bastidores (ou seja, fora da narrativa), mas (ao que tudo indica) sem o conhecimento da própria marquesa. A originalidade de Kleist consiste assim em criar um veículo no qual a invisibilidade, na verdade o mistério, da ação que dá origem à trama se transforma no motor de toda a narrativa, enquanto os personagens em cena se debatem para descobrir o que de fato terá acontecido.

(2013)

---

5 Citado em: Nancy Nobile, *The School of Days: Heinrich von Kleist and the Traumas of Education*. Detroit: Wayne State University Press, 1999.

Robert Walser, *O ajudante*

Em 1905, Robert Walser mudou-se de sua Suíça natal para Berlim. Tinha 27 anos; com um livro já publicado, ambicionava construir uma carreira literária. Em pouco tempo, seus escritos começaram a figurar em revistas de prestígio, e ele foi admitido em círculos artísticos de peso. Em Praga, longe dali, era lido e admirado pelo jovem Franz Kafka; de fato, a julgar por seus primeiros contos e esboços, Kafka podia ser visto como um epígono de Walser.

Mas o papel de intelectual cosmopolita nunca foi fácil para Walser. Depois de algumas doses de bebida, tendia a um comportamento rude e a um provincianismo agressivo. Gradualmente, retirou-se da sociedade e cultivou uma vida solitária e frugal em apartamentos minúsculos. Nesses ambientes, escreveu seus primeiros quatro romances, dos quais três sobreviveram: *Os irmãos Tanner* (1906), *O ajudante* (1908) e *Jakob von Gunten* (1909), todos inspirados em sua experiência.

Em 1913, desistiu de Berlim e voltou para a Suíça sentindo-se um "escritor ridículo e fracassado" (em suas palavras implacáveis), passando a ganhar seu parco sustento com artigos que escrevia para suplementos literários.[1] Nas coletâneas de poesia e nas obras curtas em prosa

---

[1] Citado em: George C. Avery, *Inquiry and Testament*. Filadélfia: University of Pennsylvania Press, 1968.

que continuou a publicar, voltou-se cada vez mais para a paisagem natural e social da Suíça. Escreveu mais dois romances. O manuscrito de um deles, *Theodor*, foi perdido por seus editores; o outro, *Tobold*, foi destruído pelo próprio Walser.

Depois da Primeira Guerra Mundial, diminuiu muito o gosto por esse tipo de produção literária, facilmente desqualificável como fantasiosa e beletrista. Embora Walser se orgulhasse de sua frugalidade, viu-se obrigado a fechar o que chamava de sua "pequena oficina de obras em prosa".[2] Seu precário equilíbrio mental começava a fraquejar. Sentia-se cada vez mais oprimido pelo olhar de censura dos vizinhos, que esperavam dele um comportamento respeitável. Mudava toda hora de endereço. Bebia muito, ouvia vozes, tinha crises de ansiedade. Tentou suicidar-se. Como seus irmãos não aceitavam que fosse morar com eles, deixou que o internassem num sanatório. "Depressão aguda e inibição severa", diz sua primeira ficha médica. "Respondeu com evasivas quando lhe perguntaram se estava farto da vida."[3]

A rotina da instituição lhe trouxe alguma estabilidade. Declinou várias oportunidades de deixar o asilo, preferindo dedicar seu tempo a tarefas como colar sacos de papel ou separar sementes. Permanecia em plena posse de suas faculdades; continuava a ler jornais e revistas; no entanto, depois de 1932, nunca mais escreveu. "Não estou aqui para escrever, estou aqui para ser louco", disse ele a uma visita.[4] No dia de Natal de 1956,

2   Citado em: Klaus-Michael Hinz e Thomas Horst (orgs.), *Robert Walser*. Frankfurt: Suhrkamp, 1991.
3   Citado em: Mark Harman (org.), *Robert Walser Rediscovered*. Hanover/Londres: University Press of New England, 1985.
4   Citado em: Idris Parry, *Hand to Mouth*. Manchester: Carcanet, 1981.

algumas crianças toparam com seu corpo congelado num campo de neve.

Foi na escrita manual que surgiram os primeiros sinais da perturbação psíquica de Walser. Entre os 30 e os 40 anos, começou a sentir cãibras psicossomáticas na mão direita. Depois de tê-las atribuído a uma animosidade inconsciente contra a caneta, adotou o lápis como instrumento.

Escrever a lápis assumiu tamanha importância para Walser que ele inventou um "sistema do lápis", ou "método do lápis".[5] O método não consistia apenas em escrever a lápis: envolveu também uma transformação radical de sua caligrafia. Ao morrer, o escritor deixou cerca de quinhentas folhas de papel cobertas de fora a fora de sinais caligráficos elegantes e diminutos traçados a lápis, uma letra tão difícil de ler que seu testamenteiro, num primeiro momento, tomou-a por um código secreto. Todas as suas obras tardias, entre elas seu último romance, *Der Räuber* [O ladrão, 1925] (24 folhas manuscritas, cerca de 150 páginas impressas), chegaram-nos via método do lápis.

Embora um projeto de reunir todos os escritos de Walser tenha sido iniciado antes ainda da sua morte, foi só depois dos primeiros volumes de suas obras reunidas, publicados em 1966, e depois de ter começado a ser lido na Inglaterra e na França, que conquistou maior atenção na Alemanha. Hoje, Walser é mais conhecido por seus quatro romances, embora representem só uma fração de sua produção literária e ele próprio julgasse que o gênero não era o seu forte. Sua vida pessoal, pouco movimentada, mas a seu modo tão dilacerante, foi seu único

---

5 Citado em: Peter Utz (org.), *Wärmende Fremde*. Berna: Peter Land, 1994. Ver também: Katharina Kerr (org.), *Über Robert Walser*. Frankfurt: Suhrkamp, 1978, vol. 2.

tema verdadeiro. Suas obras em prosa, sugeria ele em retrospecto, podiam ser lidas como os capítulos de uma "narrativa longa, sem enredo e realista", um "livro do eu [*Ich-Buch*], em partes ou desmembrado".[6]

O ajudante teve menos repercussão que o romance seguinte de Walser, *Jakob von Gunten*, onde a inventiva é mais desatada e a índole subversiva, mais radical. Os dois têm em comum o enredo básico: um jovem chega ao lar de um casal em crise, obtém o que lhe interessa e depois vai embora.

Jakob von Gunten é ambientado numa cidade grande, no Instituto Benjamenta, uma escola para mordomos, onde o ensino está a cargo de *Fräulein* Lisa Benjamenta, irmã do diretor. Os irmãos Benjamenta formam uma dupla sinistra, mas o jovem herói Jakob logo se adapta a seus modos misteriosos e começa a se impor aos dois. Lisa Benjamenta se apaixona por ele. Rejeitada por Jakob, ela definha e morre. *Herr* Benjamenta fecha a escola; pede ao rapaz que se torne seu amigo e sai vagando pelo mundo em sua companhia. Nesse ponto, o relato se encerra com o triunfo desse arrivista provinciano e maldoso, marcado por seu deleite em pregar peças de mau gosto e seu cinismo diante da civilização e dos valores em geral, seu desprezo pela vida do espírito, sua concepção simplista da ordem do mundo (governado pelas grandes empresas para explorar o homem modesto) e sua promoção da obediência à mais elevada das virtudes.

O envolvimento emocional de Walser com a classe em que nasceu — a dos pequenos comerciantes, escreventes e professores primários — era profundo. Berlim

---

6 Robert Walser, *Gesammelte Werke*, Jochen Greven (org.). Frankfurt: Suhrkamp, 1978, vol. X.

lhe deu uma oportunidade de escapar à sua origem social e refugiar-se na *intelligentsia* cosmopolita sem classe definida. Tendo fracassado na tentativa, ele volta para os braços da Suíça provinciana. Ainda assim, nunca chega a perder de vista — na verdade, não lhe permitem que perca de vista — as propensões antiliberais e conformistas de sua classe, intolerante com pessoas como ele, sonhadoras e errantes.

Em *O ajudante*, o jovem herói, Joseph Marti, é contratado como secretário e factótum de um inventor, *Herr* Carl Tobler. Joseph se mantém no cargo por um ano, numa posição ideal para compor a crônica do lento declínio dos empreendimentos de Tobler e da perda de sua esplêndida residência.

Walser não se interessa pelo aspecto trágico dos acontecimentos — a tragédia burguesa da queda da casa de Tobler. Nem se interessa em converter Tobler na figura cômica do inventor excêntrico e distraído. Os inventos de Tobler — o Relógio dos Anúncios, a Máquina de Vender Balas de Revólver, a Cadeira de Inválido, a Perfuratriz em Profundidade — não são mais absurdos que certos artefatos da vida real que conquistaram o público da época e fizeram a fortuna de seus inventores: a bicicleta com as rodas do mesmo tamanho (conhecida inicialmente como "bicicleta segura" em contraste com o modelo anterior em que a roda dianteira era muito maior) ou a espingarda de ar comprimido. E, finalmente, Walser nem se preocupa em definir o momento histórico em que o inventor que produz ideias dá lugar ao inventor-empresário, sucedido por sua vez pelo inventor assalariado do grande capital. O papel de Joseph nos domínios de Tobler pode ser secundário, mas é Joseph, e não Tobler, o herói do livro. O tema de Walser é a vitória de Joseph sobre os Tobler.

Embora o salário de Joseph nunca seja pago, ele tem garantidas, como parte de seu acordo de trabalho, a hospedagem num quarto confortável e todas as refeições na casa da família de seu empregador. Assim, é inevitável que venha a ter um contato próximo com *Frau* Tobler.

Um jovem vigoroso e sem compromisso que se vê na companhia de uma mulher mais velha atraente e insatisfeita é uma situação rica em possibilidades narrativas: o jovem pode sofrer as dores de um amor sem remédio, por exemplo; ou, alternativamente, viver um caso amoroso marcado pela culpa com a mulher do patrão. Entretanto, embora Joseph se mostre sem dúvida sensível aos encantos de *Frau* Tobler, e embora a própria *Frau* Tobler lhe dê a impressão ocasional de incentivá-lo, na hora de revelar seus sentimentos não é amor o que Joseph manifesta, mas repreensão: reprova a maneira desalmada como *Frau* Tobler trata sua filhinha Silvi.

O próprio Joseph é infantil demais para ter sentimentos paternais. Dos quatro filhos do casal Tobler, não se identifica com os meninos nem com Dora, garota vaidosa de cabelos dourados, mas com Silvi, menina perturbada que sempre urina na cama e depois é cruelmente castigada pela criada da casa, com o apoio da mãe. Seria um erro dizer que Joseph gosta de Silvi: como *Frau* Tobler argumenta em defesa própria, é difícil gostar de uma criança tão pouco atraente, com seu comportamento quase animalesco. Na verdade, o que incomoda Joseph é que, por não corresponder às expectativas de seus pais, Silvi é virtualmente expulsa do seio da família, entregue ao domínio impiedoso da classe dos criados. No destino de Silvi, Joseph teme ver a imagem da própria sorte.

Quanto ao casal Tobler, os sentimentos de Joseph apresentam uma ambivalência profunda. Por um lado, ele mal pode acreditar na sorte de se ver em situação temporária de tamanho conforto, que o liberta da classe em que nasceu e lhe proporciona o lar que nunca teve. Por outro, ele se ressente de sua posição subordinada e das constantes indignidades a que é submetido. Pois, embora o casal Tobler o tenha resgatado do trabalho pesado, não chega a elevá-lo a seu nível social. O lar dos Tobler não difere muito do Instituto Benjamenta, em que os alunos são preparados para o ingresso na mal definida classe intermediária dos mordomos, escreventes e governantas, só um degrau ou dois acima dos trabalhadores braçais ou empregados domésticos, que recebem um parco salário e mesmo assim são obrigados à observância das regras de vestuário e conduta da classe média. Como Jakob von Gunten, Joseph Marti vive entregue ao ressentimento contra as pessoas que lhe dão ordens e cujo comportamento ele imita.

A ambivalência de Joseph se manifesta de várias maneiras: nos surtos alternados de diligência e indiferença com que se desincumbe dos seus deveres; em seu comportamento ante Tobler, às vezes obsequioso, às vezes insubordinado. Nada disso é calculado. Joseph é uma criatura movida por impulsos e mudanças de humor. Pode usar frases bem construídas, mas nem sempre controla o que diz. Ao longo da mesma conversa com Tobler, censura o patrão por se atrever a lembrar-lhe os confortos de sua posição, em seguida recua e se desculpa pelo tom insubordinado, depois retira o pedido de desculpas e afirma que sua insubordinação é vital para seu amor-próprio. Tobler responde explodindo em risadas e emitindo uma ordem sumária. Reassumindo na mesma hora sua timidez habitual, Joseph obedece.

As correntes de sentimento entre Joseph e *Frau* Tobler são igualmente voláteis. O comportamento de *Frau*

Tobler alterna entre a sedução e o desdém; às vezes Joseph se sente cativado por ela, às vezes a critica com frieza.

O casal Tobler, submetido à pressão constante dos credores, às voltas com o risco de ruína e humilhação social, tem humores tão instáveis quanto os de Joseph. Viver na casa da família Tobler é como estar no palco de uma ópera italiana, e o caráter de Joseph é suficientemente suíço-alemão para ele achar a experiência desconfortável. Ainda assim, morar com os Tobler lhe proporciona a experiência mais satisfatória de vida em família que jamais conheceu (sua família é a presença mais sombria do livro: a mãe com problemas psicológicos, o pai escravo da rotina). A residência dos Tobler, com seu dispendioso telhado de cobre, não se tornou só o endereço de Joseph, mas também seu lar. Assim, é grande o passo que ele dá ao final do romance, quando – confirmando sua volta às origens sociais – cobra os salários que nunca lhe foram pagos, despede-se daquele foco de ordem e paixão, conforto e tumulto onde passou o último ano e sai para enfrentar o futuro.

No decorrer do ano que passa com os Tobler, Joseph evolui e amadurece num sentido importante: aprende a fazer parte de uma família, embora uma família menos que perfeita, em que é instado a dar mais amor do que recebe e na qual sua posição é sempre precária. Num outro sentido, porém, ele permanece constante. A parte constante do seu caráter é o que ele tem de mais profundo e misterioso, superando de muito seu lado ignóbil – sua cegueira, sua vaidade, sua insatisfação consigo mesmo. E esse lado constante se revela em suas relações com o mundo natural, em particular com a paisagem natural da Suíça ao longo do ciclo das estações. Joseph não é religioso em nenhum sentido normal nem tem pensamentos interessantes (seu diário é banal), mas é capaz de uma imersão profunda, quase animal, na natureza, e através dele Walser consegue exprimir o que esse livro traz em seu cerne: uma celebração da maravilha de estar vivo.

Que dias foram estes, úmidos e tempestuosos, e mesmo assim com algo de mágico... As folhas amarelas e vermelhas ardiam e cintilavam febris em meio à névoa cinzenta da paisagem. O vermelho das folhas da cerejeira tinha algo de incandescente, dolorido e cru, mas ao mesmo tempo belo, trazendo paz e ânimo a todos que o vissem. Muitas vezes, toda a paisagem de campinas e árvores parecia coberta de véus e panos molhados, e tanto no alto como perto do solo, na distância e nas proximidades, tudo se mostrava úmido e cinzento. Tudo isso atravessamos como num sonho melancólico. Ainda assim, mesmo essa atmosfera e essa aparência particular do mundo despertavam uma alegria secreta. Era possível sentir o cheiro das árvores sob as quais andávamos, e ouvir a queda dos frutos maduros na relva e nos caminhos. Tudo tinha uma aparência duplamente, triplamente serena. Todos os sons pareciam dormir ou temer manifestar-se. De manhã cedo e ao anoitecer, o sopro lento das buzinas de nevoeiro podia ser ouvido em todo o lago, trocando sinais de alerta na distância e anunciando a presença dos barcos. Soava como o grito queixoso de um animal desamparado. Sim, havia a presença de uma névoa abundante. E então, vez por outra, dias verdadeiramente outonais, nem lindos nem desoladores, nem especialmente agradáveis nem especialmente melancólicos, dias que não eram nem ensolarados nem sombrios, e sim sempre claros e sombrios da manhã à noite, de modo que a visão que se tinha do mundo às quatro da tarde era exatamente a mesma das onze da manhã, tudo se mostrava quieto, dourado-claro e ligeiramente doloroso, as cores se retraíam como se entregues a sonhos inquietos. Como Joseph adorava os dias assim. Tudo lhe parecia belo, leve e familiar. Aquela tristeza ligeira da paisagem bania todo o seu desassossego, e mesmo seus pensamentos [...] O mundo lhe parecia em paz, bom e ponderado. Ele podia ir aonde quisesse que encontraria a mesma imagem pálida e plena, a mesma face, uma face que o contemplava com desvelo e ternura.[7]

Walser escreveu muitos poemas ao longo da vida – eles ocupam centenas de páginas na edição de suas obras reunidas –, mas nenhum atinge a ressonância do trecho acima, impregnado da história do sujeito da experiência. Vemos e sentimos os aromas que Joseph enxerga e cheira; mas também descobrimos o que as estações representam na vida de Joseph, os cuidados e as ansiedades em que é tão intenso o contraste entre elas. Uma prosa com tais transportes de celebração nos dá acesso ao espírito de um homem para quem a paisagem da Suíça, com suas atmosferas variadas, é uma presença sempre benigna, mas que pode sentir uma gratidão da mesma ordem pelo conforto de uma cama quente.

(2014)

---

7   Robert Walser, *The Assistant*. Nova York: New Directions, 2007. [Ed. brasileira: *O ajudante*. São Paulo: Arx, 2013.]

Gustave Flaubert, *Madame Bovary*

Madame Bovary conta a história de uma desimportante mulher do interior da França que, entediada com o casamento que a uniu a um desajeitado médico de província, embarca em duas ligações extraconjugais, nenhuma das quais acaba bem. Para satisfazer seu gosto por coisas finas, ela se endivida além do que pode e depois, desesperada, toma veneno e se mata.

Em seu tempo, o romance foi lido como um marco da nova escola do Realismo: opunha-se tanto ao Romantismo (um relato frio dos mitos sentimentais que regem a vida de sua heroína) quanto à vida burguesa (um ataque ao farisaísmo e às tendências repressoras de uma sociedade que não deixa espaço para as almas românticas). Uma caricatura da época mostra o autor do livro, Gustave Flaubert, vestindo um avental de cirurgião e trazendo o coração de Emma espetado num bisturi. Essa imagem de Flaubert como um escritor "clínico" — com todas as conotações de objetividade e frieza que se podem atribuir ao adjetivo — foi reforçada pelo principal crítico da época, Charles-Augustin Sainte-Beuve, que lembrou a seus leitores que Flaubert vinha de uma família de médicos (seu pai era um cirurgião respeitado) e o saudava como a luz inaugural de uma nova onda na literatura, "científica, experimental, adulta, poderosa, um tanto crua".[1]

Na verdade, a atitude de Flaubert perante o realismo "científico" era de extrema ambivalência. Acreditava, sem dúvida, que o romancista devia adotar uma postura objetiva ante seus personagens, cujo destino devia ser livre para seguir o próprio curso, assim como a pessoa de um cientista não se intromete em suas experiências. Empregava também, e levou à perfeição, uma prosa em francês de precisão "clínica". Ainda assim, por temperamento e inclinação, considerava-se filiado ao Romantismo, um resquício do passado na França de Napoleão III. Não tinha nenhuma ligação com os pintores da vanguarda realista, o mais notório dos quais era Gustave Courbet. De fato, depois de ter terminado a composição de *Madame Bovary*, Flaubert se dedicou a escrever *Salammbô*, uma história de amor ardente situada na antiga Cartago, com inúmeras cenas de batalha e descrições horripilantes de torturas e sacrifícios humanos.

Madame Bovary veio à luz em 1857, quando Flaubert ainda não tinha 40 anos. Foi seu primeiro romance publicado, e concebido num momento peculiar de sua vida. Muito impressionado com o quadro *A tentação de Santo Antão*, de Bruegel, que tinha visto em sua viagem de 1845, Flaubert passou dezoito meses escrevendo, num estado de total absorção, a história do santo eremita numa prosa rebuscada. Mas os dois amigos próximos para os quais leu a obra acabada, com quinhentas páginas de extensão, reagiram com desânimo e o convenceram de que devia abandonar aquele livro impublicável. À guisa de corretivo, como

---

[1] Charles-Augustin Sainte-Beuve. Resenha datada de 4 de maio de 1857, in: Gustave Flaubert, *Madame Bovary: Backgrounds and Sources*. Nova York: W. W. Norton, 1965.

forma de disciplinar sua imaginação e despir sua prosa dos excessos metafóricos, Flaubert decidiu, a conselho deles, abordar um tema que não lhe permitiria nenhum voo lírico: o adultério numa enfadonha cidade provincial francesa.

O que faz de Flaubert um romancista dos romancistas é seu talento para tratar questões de maior alcance (por exemplo, as aventuras eróticas e o suicídio subsequente de uma provinciana comum podiam ser equivalentes à paixão e à morte de Cleópatra) como problemas de composição – no caso, qual seria a melhor linguagem, a técnica narrativa ideal, para contar a história de Emma, uma linguagem e uma técnica que não diminuíssem nem inflassem a importância da personagem, que lhe permitissem argumentar em sua defesa (ou deixar que sua defesa se manifestasse), sem a transformar num mero fantoche das opiniões de seu autor?

    Flaubert intuiu que um romance do tipo que ele imaginava, concentrado na anatomia de um único personagem, sem muita ação evidente, não podia ser desprovido de interesse dramático, que nas mãos certas a análise psicológica podia ser tão rápida, clara e impetuosa quanto a narrativa. Era tudo uma questão de estilo, de conferir à composição da prosa a mesma atenção minuciosa envolvida na poesia.

    Enquanto trabalhava em *Madame Bovary*, Flaubert escreveu uma série de cartas para sua então amante, a escritora Louise Colet. E essas cartas, em seu conjunto, constituem um registro de seu progresso na composição do romance e uma ampla discussão sobre os desafios que representava. Algumas escritas em estado de exaltação, outras em momentos de desânimo, essas cartas adquiriram uma justa fama e formam um apêndice inseparável do projeto de *Bovary*.

A ironia da situação, admitia Flaubert para Louise, é que ele estava comprometido de corpo e alma com um empreendimento para o qual não se julgava naturalmente equipado:

> Os livros que desejo escrever são precisamente aqueles para os quais sou menos dotado. *Bovary*, desse ponto de vista, terá sido um *tour de force* sem precedentes [...] seu tema, seus personagens, seus efeitos etc. – são-me todos estranhos [...] Sou como um homem que toca piano com bolas de chumbo atadas aos nós dos dedos.[2]

Apesar das frustrações que descreve em suas cartas – especialmente as que envolvem a difícil tarefa de pintar como que em miniatura –, Flaubert jamais se cansa ou arreda de suas pretensões. Isolado na residência de campo, na companhia exclusiva da mãe e da jovem sobrinha, mergulha cada vez mais fundo na vida ficcional de sua Emma. "*Madame Bovary c'est moi*", declarou ou teria declarado anos mais tarde. O que essas palavras queriam dizer? Ou melhor, visto que a declaração não está documentada, o que pode querer dizer essa frase que se tornou lendária, com suas ressonâncias aforísticas? Talvez só que ele se pôs todo na criação de Emma, que no calor extremo da criação a identidade individual do artista é consumida e monopolizada por seu lado criador. Mas Charles Baudelaire, que de todos os contemporâneos de Flaubert foi quem percebeu com mais clareza o quanto seu romance reformulava radicalmente os moldes da criação ficcional, também abordou a mesma questão: em seu empenho de criar Emma, Flaubert deve ter-se

---

[2] Gustave Flaubert. Carta de 26 de julho de 1852, in: *The Letters of Gustave Flaubert, 1830-1857*. Londres: Faber and Faber, 1979.

transplantado tão integralmente para a personagem que se transformou nela, uma mulher; mas também, analogicamente, que em sua criação a própria Emma resulta de algum modo "estranha e andrógina", uma criatura feminina impelida por uma modalidade de desejo essencialmente masculina: imperiosa, dominante e concentrada na satisfação física.³

Em relação a esse ponto, é instrutivo comparar Emma a outra grande adúltera da literatura de ficção do século XIX, Anna Kariênina. Numa das cenas mais reveladoras do romance de Tolstói, a cortina se abre e mostra Anna e Vrónski logo depois de sua primeira relação sexual. Longe de sentir-se feliz, Anna é devorada pela culpa e o desespero por não lhe ocorrer ninguém a quem pudesse pedir perdão. Quanto a Vrónski, contemplando o corpo de Anna, sente-se como um assassino que olha o cadáver da vítima.

Emma não sente o peso de uma culpa equivalente. Seus amores com Rodolphe nos bosques em torno de Yonville abrem-lhe todo um mundo novo de sensações, que Flaubert captura em expressivas metáforas sinestésicas:

> O silêncio estava em toda parte; as árvores pareciam emanar doçura. Emma sentiu que seu coração voltava a bater, e seu sangue tornava a percorrer sua carne como um rio de leite. Então, ao longe [...] ouviu um grito grave e prolongado, uma voz persistente; e no silêncio percebeu que essa voz se mesclava como música às derradeiras pulsações de seus nervos latejantes.

---

3 Resenha datada de 18 de outubro de 1857, in: Gustave Flaubert, *Madame Bovary*, op. cit.

Naquela noite, ao olhar-se no espelho, ela se vê misteriosamente transfigurada. "Tenho um amante!", murmura feliz. É como se toda uma legião de adúlteras, as heroínas dos romances que vinha consumindo, juntasse suas vozes à dela num canto irresistível.

Seria falso dizer que Emma é desprovida de qualquer sentido moral; para ela, contudo, a moral consiste em manter a compostura e obedecer aos ensinamentos da religião; e, desde a sua infância, a religião esteve associada, e na verdade se viu corrompida, com os aspectos mais espetaculares e sensoriais do ritual católico. Os desejos incipientes que não formula têm o poder de tornar indiferente a escolha entre o vício e a virtude; ao mesmo tempo, o tipo de orientação espiritual de que carece revela-se além das forças do pároco de Yonville.

À medida que se desenrola o caso amoroso de Emma e Rodolphe, este trata a jovem esposa do médico num tom cada vez mais casual. Emma aprende com a experiência, e quando inicia seu segundo caso, com Léon, já adquiriu uma nova dureza. Agora, o novato, o brinquedo erótico, a pessoa a ser usada e corrompida, é seu jovem amante.

> Ele jamais questionava as ideias dela; aceitava todos os seus gostos; estava se tornando mais a amante dela que ela era dele. Emma lançava mão de palavras de ternura e beijos que eletrizavam a alma do jovem. Onde poderia ter aprendido essa depravação tão profunda e dissimulada que era quase imperceptível?

A ferocidade da paixão de Emma acaba por meter medo em seu amante, mas falta a ele coragem para encerrar o caso.

Tanto Rodolphe como Léon, cada um à sua maneira, sentem que Emma se envolve com eles não pelo que são, mas por estereótipos de suas leituras românticas projetados nos dois. Apenas o marido é visto por Emma tal como é, sem nenhuma ilusão, e ela o despreza apenas por ele não ser nada além dele mesmo. Sainte-Beuve censura Emma por não perceber que a vida é intolerável para quem é incapaz de tolerar algum grau de tédio. No entanto, se existe um traço que diferencia Emma das demais mulheres de Yonville, é justamente sua incapacidade, sua total recusa em tolerar o tédio na forma de um marido que a exaspera e uma filha por quem não sente a menor ternura.

O subtítulo de *Madame Bovary* é *Mœurs de province*: os costumes da província. Pequenos adultérios sempre fizeram parte desse modo de vida. O projeto em que os escritores amigos de Flaubert o convencem a embarcar é a descrição da anatomia de uma pequena adúltera do interior. Entretanto, no texto do escritor, essa adúltera se torna muito maior à medida que, efetivamente, apodera-se do autor e se converte nele.

As cartas a Louise Colet dão conta desse processo. Em dezembro de 1853, imediatamente depois de compor a cena em que Emma e Rodolphe têm seu primeiro encontro sexual na floresta, Flaubert, arrebatado, escreve para Louise:

> Hoje [...] homem e mulher, amante e amada, eu cavalguei pela floresta numa tarde de outono debaixo das folhas amarelas, e eu era também os cavalos, o vento, as palavras proferidas pelos personagens, até mesmo o sol vermelho que os fazia semicerrar os olhos encharcados de amor.[4]

---

4   Carta de 23 de dezembro de 1853, in: *The Letters of Gustave Flaubert, 1830-1857*.

Em momentos de tal intensidade, escrever deixa de ser a mera procura das palavras que descrevam um mundo dado, preexistente. Pelo contrário, é a escrita que produz a existência de um mundo. "Tudo que se inventa é verdade [...] Minha pobre Bovary, sem dúvida, sofre e chora neste exato momento em vinte cidadezinhas da França."[5]

Esse idealismo radical, que Flaubert em outro ponto define como um "misticismo estético", é a seu ver o oposto consumado do materialismo. À diferença do romance realista, ele não instala um espelho diante da desgraça da vida real a fim de denunciar suas causas materiais. "Não há o que elimine o sofrimento, nada será capaz de extingui-lo", escreve ele a Louise. "Nossa meta [como escritores] não é secá-lo, mas criar canais por onde possa escorrer."[6]

Em sua busca de sensações eróticas cada vez mais intensas, em seu apego a belas roupas e tecidos finos, Emma também é uma esteta, ainda que de um tipo superficial. O que é concebido de início como um irônico estudo de caso dos costumes da província cresce e se transforma, nas mãos de Flaubert, em um projeto com o objetivo de pôr em relevo os traços heroicos das miúdas aventuras de Emma. Apesar da semelhança entre os arcos dramáticos de suas vidas, Emma e Anna Kariênina não são irmãs. Em vez disso, Emma é uma neta distante de Alonso Quijano, o herói da epopeia da vida de província escrita por Cervantes. O sofrimento das irmãs de Emma nas pequenas cidades de toda a França pode não ter fim, mas pelo menos, ao lerem a história de suas aventuras, elas podem sonhar que também são heroínas célebres.

---

5 Carta de 14 de agosto de 1853, in: *The Letters of Gustave Flaubert, 1830-1857.*
6 Carta de 14 de setembro de 1852, in: *The Letters of Gustave Flaubert, 1830-1857.*

Pois Baudelaire tinha razão: apesar de todas as reservas que possamos sentir em relação a Emma, ela é dotada de uma "grandeza verdadeira". Existe um elemento de heroísmo na tenacidade com que reafirma seu direito ao desejo ante a reprovação devota da sociedade; e mais um elemento de heroísmo quando prefere a morte à humilhação.

Madame Bovary foi publicado em fascículos numa revista dirigida por amigos de Flaubert. Alertados por leitores enfurecidos, os censores de Napoleão III abrem um inquérito contra os editores e o autor, acusados de ultraje à moral pública e à religião. Mas os censores subestimaram seu adversário. Recorrendo a conexões familiares, Flaubert amealha defensores influentes. Contrata um advogado de prestígio; a curiosidade do público é espicaçada; o interesse por sua obra se difunde. No fim, a acusação perde o processo. Entretanto, os juízes não deixam a ocasião passar sem sublinhar sua repulsa ao livro e formular uma reprimenda ao autor por sua opção de descrever o vício sem mais comentários.

No mesmo ano, Baudelaire sofre um processo por atentado à moral pública por causa de *As flores do mal*. A acusação venceu, e o poeta foi condenado a uma multa.

Os juízes tiveram a compreensão errada de Flaubert. Em *Madame Bovary*, o verdadeiro alvo de seu desprezo não era a moral pública nem a religião, mas a *bêtise*, a estupidez, a adesão impensada e complacente à opinião bem-pensante, presente em todos os personagens principais, sem a exceção da própria Emma, mas exemplificada, acima de todos, por *monsieur* Homais, o farmacêutico da cidade, que na hora devida é recebido na Légion d'Honneur.

Flaubert trata essa estupidez como uma espécie de mal-estar espiritual; mas a intensidade de seu menosprezo por ela também pode ser vista, corretamente, como uma reação à paralisia da vida política na França do seu tempo, devido à qual, depois do fracasso da revolução de 1848 e da ascensão ao poder de Napoleão III, difundira-se amplamente entre a geração mais jovem a sensação de que não tinha nenhum papel a desempenhar na vida do país. Seu ataque mais concentrado à estupidez está em seu *Dicionário das ideias feitas*, publicado apenas depois da sua morte. O *Dicionário* incorpora o humor impassível da citação direta da vida real que é a base de seu último romance, *Bouvard e Pécuchet*; mas essa abordagem também é uma característica de *Madame Bovary*, romance em que os personagens nunca param de se revelar através dos insípidos lugares-comuns que enunciam. Um dos fundamentos da prática artística de Flaubert era que os acontecimentos, na medida em que podiam ser apresentados com uma observação precisa e as palavras certas, falavam por si. "Em seu livro, o autor deve ser como Deus no universo, presente em toda parte e visível em lugar algum."[7]

(2013)

---

7   Carta de 9 de dezembro de 1852, in: *The Letters of Gustave Flaubert, 1830-1857*.

Irène Némirovsky, escritora judia

A reputação de Irène Némirovsky, tanto no mundo de língua inglesa como na França que adotou como país de residência, deve-se à sua *Suíte francesa*, romance inacabado em várias partes que foi publicado só em 2004, cerca de sessenta anos depois da morte da autora. Ainda em vida, Némirovsky era mais conhecida por uma obra anterior, o romance *David Golder* (1929). Engenhosamente promovido por seu editor, e logo adaptado para o palco e as telas, *David Golder* foi um retumbante sucesso comercial.

Némirovsky nunca mais conseguiu o mesmo resultado pelo resto de sua curta carreira (morreu aos 39 anos, vítima da Solução Final). Escreveu bastante, seus livros vendiam bem, mas, numa época dominada pelas experiências do modernismo, sua obra tinha uma forma convencional demais para atrair a atenção séria da crítica. Depois da guerra, ela caiu no esquecimento. Quando, em 1978, Germaine Brée publicou seu meticuloso estudo da literatura francesa no meio século, de 1920 a 1970, Némirovsky não figurava entre os 173 escritores que considerava mais importantes (Colette tampouco). Foi ignorada até pelas críticas feministas.

Tudo mudou quando *Suíte francesa* — cujo manuscrito, por uma sorte incrível, sobreviveu à guerra — foi publicado. Contrariando todos os precedentes, o prêmio Renaudot foi conferido postumamente a Némirovsky. *Suíte francesa* converteu-se num sucesso de crítica e de vendas. Sem perder tempo, seus editores começaram a reeditar toda a sua obra, que em sua maior parte se encontra também disponível hoje na tradução para o inglês de Sandra Smith.[1]

Com seu vasto elenco de personagens e amplo alcance social, *Suíte francesa* era mais ambicioso que todos os livros de Némirovsky até então. Nele, lançava um olhar impiedoso à França da *Blitzkrieg* e da ocupação subsequente. Via-se como uma seguidora de Tchekhov, que tratava a "mediocridade" de seu tempo "sem ódio e sem repulsa, mas apenas com a piedade que merecia". Como preparação para a tarefa que se propôs, Némirovsky releu *Guerra e paz*, estudando o método usado por Tolstói para recapitular a história do período de maneira indireta, pelos olhos de seus personagens.[2]

Dos quatro ou cinco romances que planejava para *Suíte*, só os dois primeiros foram escritos.[3] No centro do segundo [*Dolce*], encontramos uma jovem, Lucile Angellier, cujo marido é prisioneiro de guerra, que se vê obrigada a dividir sua casa com um oficial da Wehrmacht, ali acomodado pelas forças de ocupação. O oficial, o tenente Falk, apaixona-se profunda e respeitosamente por ela, que se sente tentada a corresponder.

---

1 No Brasil, além de *Suíte francesa* (São Paulo: Companhia das Letras, 2006), foram lançados: *Calor do sangue* (Rio de Janeiro: Record, 2009) e *O senhor das almas* (São Paulo: Companhia das Letras, 2008). [NOTA DO EDITOR]
2 Irène Némirovsky, *A Life of Chekhov*. Londres: Gray Wall Press, 1950. [No original, *La Vie de Tchekhov*, N. E.]
3 Esses projetos iniciais de romances tornaram-se as partes que compõem a edição de *Suíte francesa*. [N. E.]

Não poderiam ela e ele, inimigos nominais, ignorar suas diferenças políticas e nacionais e, em nome do amor, chegar a uma paz em separado? Ou o patriotismo a obrigaria a rechaçá-lo?

Hoje, pode nos intrigar que algum escritor, resolvendo falar da crise da consciência francesa ante a derrota e a ocupação, decidisse abordar essa crise em termos românticos. Pois a guerra em que a França estava implicada não envolvia apenas diferenças políticas que haviam extravasado para o campo de batalha: era também uma guerra de conquista e extermínio, com a finalidade de varrer do mapa certos povos execrados e transformar outros em escravos.

O genocídio, claro, não foi o projeto no qual Falk se alistou. Lucile tem uma noção ainda mais vaga do grande plano de Hitler. Mas isso praticamente não vem ao caso. Se Némirovsky tivesse percebido o quanto aquela guerra era monstruosa, o quanto a essência do conflito diferia das hostilidades entre franceses e alemães em 1870 e 1914, acreditamos que teria decerto escolhido outro enredo para sua obra, perguntando-se não se uma paz em separado era possível entre indivíduos, mas – por exemplo – se os alemães honrados não deveriam desobedecer às ordens de seus líderes políticos, ou se os civis franceses como Lucile não deveriam estar dispostos a tudo para salvar os judeus que viviam em seu meio.

(O interessante é que Lucile arrisca realmente a vida para salvar um fugitivo, mas o fugitivo não é judeu – não existe uma presença judaica significativa em *Suíte francesa*. Quanto a Falk, Némirovsky planejava fazê-lo morrer lutando pelo Reich na Frente Oriental.)

À diferença de *Guerra e paz*, que, como Némirovsky registra em seu diário, foi escrito meio século depois dos acontecimentos que descreve, *Suíte francesa* foi escrito

Irène Némirovsky 149

"ao calor intenso da lava".[4] O plano era cobrir a ocupação alemã desde o início até o fim então hipotético. As primeiras duas partes nos levam até meados de 1941. O que aconteceria em seguida – tanto no romance como na vida real – Némirovsky obviamente não tinha como prever: em seu diário, chamava esses desdobramentos de "segredo de Deus".[5] Em relação a ela mesma, o segredo de Deus era que, em julho de 1942, ela seria capturada em sua casa pela polícia francesa e entregue às autoridades alemãs para ser deportada. Semanas mais tarde, morreria de tifo em Auschwitz. Ao todo, cerca de 75 mil judeus foram transportados da França para os campos da morte, um terço deles cidadãos franceses de pleno direito.

Por que a família Némirovsky (Irène, o marido, Michel Epstein, e as duas filhas do casal) não fugiu da França enquanto ainda era tempo? Refugiados da Rússia czarista, Michel e Irène eram tecnicamente apátridas residentes na França e portanto especialmente vulneráveis. Ainda assim, em meados da década de 1930, quando a opinião popular começou a mostrar-se mais hostil aos estrangeiros, e os antissemitas da direita francesa, estimulados pelos acontecimentos na Alemanha, começaram a bater seus tambores, o casal nada fez para regularizar sua situação. Só em 1938 começaram a movimentar-se para obter seus papéis de naturalização (que, por algum motivo, chegaram a ser emitidos) e tomaram a iniciativa de uma renúncia formal à fé judaica em favor do catolicismo.

Depois da capitulação das forças francesas em meados de 1940, tiveram a oportunidade de transferir-se de Paris para Hendaye, a pouquíssima distância da fronteira

4   Olivier Philipponnat e Patrick Lienhardt, *La Vie d'Irène Némirovsky*. Paris: Grasset, 2007.
5   Irène Némirovsky, *Suite Française*. Nova York: Vintage, 2007, Ap. I.

espanhola. Em vez disso, escolheram a cidadezinha de Issy-l'Évêque, na Borgonha, em plena zona administrada pelos alemães. Em Issy, quando as medidas contra os judeus se tornaram mais agudas (as contas bancárias dos judeus foram congeladas, os judeus foram proibidos de publicar livros e obrigados a usar a estrela amarela), podem ter começado a perceber a verdade, embora não toda a verdade (foi só no inverno de 1941--1942 que começou a difundir-se, a partir das próprias autoridades dos territórios conquistados, que a solução da chamada Questão Judaica tomaria a forma de um extermínio genocida). Ainda no final de 1941, Némirovsky parecia acreditar que o destino dos judeus comuns não iria afetá-la. Numa carta endereçada ao marechal Pétain, chefe do governo-fantoche de Vichy, ela alega que, na condição de estrangeira *honorable*, merecia ser deixada em paz.[6]

São duas as principais razões possíveis para Irène Némirovsky ver-se como um caso especial. A primeira era que vivera a maior parte da vida tomada por um desejo profundo de ser francesa; e, num país com uma longa tradição de acolhimento aos refugiados políticos, mas notavelmente impermeável a qualquer noção de pluralismo cultural, ser francesa de pleno direito significava não ser uma *imigrée* russa que escrevia em francês nem uma judia de língua francesa. Pelo seu lado mais ingênuo (ver seu romance parcialmente autobiográfico *Le Vin de solitude* [O vinho da solidão]), sua aspiração assumia a forma de um sonho de renascer como uma francesa "autêntica", com um nome como Jeanne Fournier. (As jovens heroínas de Némirovsky são tipicamente rejeitadas pelas mães, mas adoradas pelas governantas francesas, mais que maternais.)

---

6 Olivier Philipponnat e Patrick Lienhardt, *La Vie d'Irène Némirovsky*.

O problema para Némirovsky, como escritora que floresceu na década de 1920, era que, à parte sua fluência na língua francesa, o capital que amealhou no mercado literário francês devia-se a um conjunto de experiências que ressaltavam suas marcas de estrangeira: a vida cotidiana na velha Rússia, os *pogroms* e ataques de cossacos, a revolução e a guerra civil, e, em menor medida, o mundo obscuro das finanças internacionais. No decurso de sua carreira, ela se alternava assim, segundo sua avaliação do espírito de cada momento, entre duas identidades autorais, uma francesa *pur sang* – "Jeanne Fournier" – e a outra exótica. Na qualidade de autora francesa, compôs livros sobre famílias francesas "autênticas" com uma sensibilidade impecavelmente francesa, livros sem nenhum vestígio de sua origem estrangeira. A partir de 1940, foi completamente tomada por sua identidade francesa, na medida em que os editores ficavam cada vez mais inquietos com a presença de escritores judeus em seus catálogos.

Quanto à identidade exótica, assumi-la exigia um cuidadoso equilibrismo. Para evitar o rótulo de russa que escrevia em francês, mantinha-se distante da sociedade dos *émigrés* russos. Para evitar ser vista como judia, dispunha-se até a escarnecer dos judeus e caricaturá-los. Por outro lado, ao contrário de outros escritores russos da França do seu tempo, como Nathalie Sarraute (*née* Cherniak) e Henri Troyat (*né* Tarassov), ela publicava seus livros com o nome russo na forma francesa, até os escritores judeus serem banidos no tempo da guerra e ela se ver obrigada a usar um pseudônimo.

A segunda grande razão pela qual Némirovsky podia achar que escaparia ao destino dos judeus é que tinha cultivado amigos influentes na direita, e mesmo na extrema direita. Nos meses anteriores à prisão de Irène e seu marido, esses amigos foram os primeiros a que Michel Epstein recorreu, pedindo-lhes que intercedessem a favor do casal. Como argumento em defesa da escritora, dispôs-se até a percorrer cada um dos seus livros à procura de trechos antissemitas que pudessem ser mencionados. Mas todos esses amigos os abandonaram, principalmente porque não tinham nenhum poder. E não tinham poder porque, como começava a ficar claro, quando os nazistas diziam "todos os judeus", referiam-se de fato a todos os judeus, sem exceção.

Por conta de suas concessões aos antissemitas – que, como o caso Dreyfus deixara claro meio século antes, tinham influência tão grande em todas as camadas da sociedade francesa quanto na Alemanha –, Némirovsky viu-se submetida a um questionamento profundo, especialmente por Jonathan Weiss em sua biografia da autora.[7] Não pretendo levar adiante esse questionamento. Némirovsky cometeu erros sérios e não viveu o suficiente para corrigi-los. Equivocando-se na leitura dos sinais, ela acreditou, até tarde demais, que poderia evitar o trem expresso da história que se aproximava para atropelá-la. Em meio à extensa obra que deixou, boa parte da produção pode ser esquecida sem nenhum problema, mas uma parcela surpreendente ainda tem interesse, não só pelo que nos revela da evolução de uma escritora que hoje vem sendo absorvida pelo cânone francês, mas também como um registro de seu compromisso com a França de seu tempo, que nunca é menos do que inteligente e, às vezes, também depõe contra ela.

---

7 Jonathan Weiss, *Irène Némirovsky: Her Life and Works*. Stanford: Stanford University Press, 2007.

Irène Némirovsky nasceu em Kiev em 1903. Seu pai era banqueiro e tinha importantes conexões no governo russo. Filha única, teve governantas francesas e passava as férias de verão na Côte d'Azur. Quando os bolcheviques tomaram o poder, a família Némirovsky transferiu sua base para Paris, onde Irène matriculou-se na Sorbonne e passou cinco longos anos se formando em literatura, preferindo sempre o lazer aos estudos. Em seu tempo livre, escrevia contos. Curiosamente, embora Paris se encontrasse no epicentro do modernismo internacional, as revistas para as quais enviava seus escritos tinham um perfil conservador, tanto literária quanto politicamente. Em 1926 casou-se com Epstein, homem de origem semelhante à sua (judeu russo, atividades bancárias).

Em sua primeira incursão no romance, Némirovsky inspirou-se amplamente na história de sua família. David Golder é um financista e especulador com interesse especial no petróleo russo. É dono de um apartamento em Paris e de uma *villa* em Biarritz. Está envelhecendo, tem problemas cardíacos, gostaria de reduzir seu ritmo de trabalho. Atrás dele, entretanto, há duas mulheres que o açoitam como a um escravo das galés: a mulher, que o despreza e não esconde sua infidelidade, e uma filha, que gasta muito com homens e automóveis. Quando David sofre o primeiro ataque cardíaco, sua mulher suborna o médico para que lhe diga que não foi sério; quando as oscilações do mercado o levam à ruína, sua filha lança mão de estratagemas envolvendo sexo para fazê-lo voltar rapidamente, ainda grogue, às reuniões da diretoria.

David Golder (1929) é um romance com personagens estereotipados e emoções extravagantes, com pesadas dívidas a *O pai Goriot*, de Balzac. O próprio Golder corresponde ao clichê do empresário sem escrúpulos. Sua mulher dedica cuidados obsessivos à aparência; a filha vive tão envolvida em sua ronda de prazeres que mal enxerga os pais como pessoas. Mas esse material bruto é submetido a algum desenvolvimento e modulação. Entre a mulher de Golder e seu amante de muitos anos — um parasita da pequena nobreza que bem pode ser pai natural de sua filha —, há momentos de uma afeição quase doméstica. À filha é dedicado um capítulo de sexo lírico e experiências gastronômicas na Espanha, o que nos demonstra o quanto ela acredita que o prazer é um fim em si mesmo. E, por trás de sua aparência de titã das finanças, podemos ver antes de mais nada o homem mortal com medo do fim e, mais atrás ainda, o menino criado num *shtetl*.

As últimas páginas do livro estão entre as mais perturbadoras escritas por Némirovsky. Doente e à beira da morte, Golder embarca num vapor fretado num porto do mar Negro. Em suas últimas horas de vida, recebe os cuidados de um jovem judeu que cultiva sonhos próprios de ir para os Estados Unidos e fazer fortuna. Em sua companhia, Golder deixa cair as máscaras das línguas russa e francesa e retoma o iídiche da sua infância; em sua última visão, ouve uma voz que o convoca a voltar para casa.

Caricaturas antissemitas são frequentes em *David Golder*. Mesmo o final pode ser compatível com uma visão de mundo antissemita: por baixo do verniz de cosmopolitismo, fica evidente que a ligação mais profunda de Golder é seu apego ao judaísmo. Numa entrevista de 1935, Némirovsky admite que "a história seria outra" se tivesse escrito o livro com Hitler já no poder. Ainda assim, em vista de sua simpatia pelo solitário e mal-amado Golder, obrigado a combater em três frentes contra concorrentes impiedosos, mulheres predadoras e um corpo que começava a fraquejar, fica difícil ver no livro um fundo antissemita. E Némirovsky parece achar a mesma coisa: na mesma entrevista, diz mais adiante que ter expurgado o texto *na época em que foi escrito* – ou seja, sem motivo político suficiente – teria sido um erro, "uma fraqueza indigna do verdadeiro escritor".[8]

A partir do sucesso de *David Golder* em suas várias encarnações, Némirovsky construiu uma próspera carreira literária. Em seu apogeu, ganhava bem mais que seu marido, executivo de um banco. O casal mantinha um espaçoso apartamento em Paris com criadagem completa (aia, cozinheira, governanta); passava as férias em estações elegantes. Seu estilo de vida se tornaria insustentável depois da entrada em vigor das medidas contra a presença dos judeus na economia. Quando foram deportados, em 1942, o casal Némirovsky se encontrava numa situação financeira deplorável.

Le Bal [O baile, 1930] é uma obra mais ligeira. *Monsieur* e *madame* Alfred Kampf, arrivistas pequeno-burgueses que fizeram fortuna no mercado financeiro, planejam um grande baile para celebrar seu ingresso na alta sociedade parisiense. À sua filha Antoinette, que não amam, incumbem a tarefa de remeter os convites para duzentas figuras importantes. Movida pelo ressentimento contra a mãe, Antoinette, em segredo, destrói os convites. Chega a grande noite; nenhum convidado aparece. Com um prazer perverso, Antoinette assiste à derrocada dos pais, humilhados diante da criadagem. Na última cena do livro, ela faz de conta que consola a mãe em prantos enquanto, por dentro, celebra a sua vitória.

O par de inimigas mãe-filha torna a aparecer várias vezes na obra ficcional de Némirovsky: a mãe empenhada em reprimir a filha que, chegando à condição de mulher adulta, ameaça sobrepujá-la e lançar sombra sobre ela, e a

---

8 Citado em: Alan Astro, "Two Best-Selling French Jewish Women's Novels from 1929", *Symposium* 52/4 (1999).

filha contra-atacando com todas as armas ao seu alcance. A fraqueza mais reveladora de Némirovsky como escritora talvez seja sua incapacidade de desenvolver esse material de uma forma que evite uma repetição constante.

Les Mouches d'automne [As moscas de outono, 1931], traduzido para o inglês como *Snow in Autumn* [Neve no outono] — e que não deve ser confundido com seu romance posterior *Les Feux d'automne* [As luzes do outono] —, acompanha os anos do declínio de Tatiana, fiel governanta dos Karine, família de exilados que, recorrendo à considerável fortuna que conseguiram trazer da Rússia, adapta-se a uma vida confortável na França. É Tatiana, saudosa da propriedade rural onde cresceu e incapaz de se ajustar ao novo ambiente, que emerge como a principal vítima da revolução. Negligenciada pela família Karine, com a mente perdida em divagações, ela deixa o apartamento numa manhã de nevoeiro e se afoga, por acidente ou de forma deliberada, nas águas do Sena.

O romance deve muito a Tchekhov e, especificamente, a *Um coração simples*, o conto narrado em tom frio e factual no qual Flaubert conta a história de uma criada fiel semelhante a Tatiana. Tirante o final arbitrário — os finais de Némirovsky tendem a ser descuidados, consequência talvez de seu costume de sempre começar um novo projeto antes de concluir devidamente o anterior —, trata-se de uma obra bem realizada, contrapondo as lealdades do passado e os novos costumes, marcados pela sexualidade casual, que tanto atraem os jovens da família Karine.

L'Affaire Courilof [O caso Courilof, 1933] tem a forma de um volume de memórias escrito pelo membro de uma célula terrorista e conta como, pouco antes da frustrada revolução de 1905, infiltra-se no gabinete do conde Courilof, ministro da Educação do czar, planejando um atentado de grande efeito. Fazendo-se passar por um médico suíço, transforma-se em observador próximo do duplo combate de Courilof contra um câncer e os adversários políticos que usam o pretexto de seu casamento com uma mulher de passado dúbio para tramar a sua queda.

Aos poucos, o candidato a assassino começa a apreciar as qualidades da possível vítima: seu estoicismo, sua recusa em afastar-se da mulher que ama. Quando chega o momento de detonar sua bomba, o autor das memórias não consegue: um companheiro precisa fazê-lo em seu lugar. Preso e condenado à morte, ele foge atravessando a fronteira, voltando mais tarde para fazer carreira na polícia política soviética, em que tortura e executa sem compaixão os inimigos do Estado, antes de ser expurgado e exilado para a França, onde escreve suas memórias.

Evocando o Conrad de *Sob os olhos do Ocidente*, *L'Affaire Courilof* é o mais abertamente político dos romances de Némirovsky. (Conrad, o polonês anglicizado, impressionava Némirovsky como exemplo de aculturação bem-sucedida.) O núcleo da trama – um estrangeiro com identidade falsa de médico que se converte em confidente de um dos homens mais poderosos da Rússia – pode ser implausível, mas produz bons resultados. A humanização gradual de um terrorista doutrinado no mais estrito dos círculos revolucionários é apresentada com maestria: Némirovsky se permite todo o tempo necessário para traçar sua tortuosa evolução moral. Courilof emerge como uma espécie de herói, um homem complexo, severo, mas incorruptível, de uma vaidade comovente, devotado ao serviço de um soberano que, como pessoa, ele despreza. Com todas as suas fraquezas, ele representa os valores endossados pelo livro, em última análise elegíaco: um liberalismo cauteloso, a cultura do Ocidente.

Dos romances escritos por Némirovsky entre 1939 e 1941, período em que tentava mostrar-se uma autora inquestionavelmente francesa, os mais notáveis são *Les Biens de ce monde* [Os bens deste mundo, publicado postumamente em 1947], que acompanha o destino da família de um fabricante de papel nos anos anteriores e imediatamente posteriores à Primeira Guerra Mundial, e *Les Feux de l'automne* (publicado em 1957), que gira em torno de uma mulher que precisa lidar com um marido inconstante na Paris do entreguerras. Nos dois casos, o ambiente é impecavelmente francês: nenhum estrangeiro, nenhum judeu.

Os dois romances compõem um diagnóstico da situação francesa. Culpam a corrupção política, a frouxidão moral e a imitação subalterna das práticas empresariais americanas pela decadência nacional que culmina com a derrota em 1940. E a podridão se instala, sugerem os dois livros, quando os soldados que voltam das trincheiras em 1919 não se envolvem com a reconstrução nacional, mas preferem iludir-se com o sexo fácil e o engodo da riqueza especulativa. As virtudes que os livros defendem são muito parecidas com as promovidas pelo governo de Vichy: o patriotismo, a fidelidade, o trabalho árduo e a devoção religiosa.

Como obras de arte, os dois romances não são memoráveis – em boa parte, Némirovsky os escreveu para demonstrar sua competência no gênero consagrado da saga familiar, na forma praticada por Roger Martin du Gard e Georges Duhamel. Sua força está em outro aspecto. Ambos revelam a intimidade de Némirovsky com a pequena burguesia parisiense – seus arranjos domésticos, suas diversões, suas pequenas economias e extravagâncias, acima de tudo sua satisfação plácida com o *bonheur* de suas vidas. Némirovsky mantinha distância das experiências formais do romance que ocorriam à sua volta: de seus contemporâneos americanos, parece apreciar mais Pearl Buck, James S. Cain e Louis Bromfield, cujo romance *Monsoon* [Monção], que depois de ter inspirado o filme *E as chuvas chegaram* acabou por assumir o mesmo título, ela adota como modelo para a primeira parte de *Suíte francesa*.

Como crônicas do impacto de forças maiores sobre destinos individuais, esses que são os mais "franceses" dos romances de Némirovsky tendem devidamente ao naturalismo. A escrita se revela mais animada quando a autora aborda a psicologia das concessões morais, como no momento em que a heroína de *Les Feux de l'automne* começa a alimentar dúvidas quanto à sua condição de celibatária. Estarão suas amigas certas, no fim das contas? Será a castidade ultrapassada? Ela nunca será escolhida?

Nos dois romances, Némirovsky prova que está pronta para enfrentar formas tradicionalmente masculinas, como a descrição de cenas de batalha, nas quais produz um efeito mais que adequado. Também compõe longos textos com extensas cenas de evacuação de cidades – estradas engarrafadas, carretas com artigos domésticos empilhados etc. – que, na verdade, são um ensaio para os vigorosos capítulos de abertura de *Suíte francesa*, em que os soldados derrotados e civis em pânico fogem do avanço alemão. Demonstra todo o seu escárnio pelo egoísmo e a covardia da população civil em face do perigo.

Os dois romances se estendem cronologicamente até o presente da Segunda Guerra Mundial e assim adentram o território de *Suíte francesa*. Claramente, Némirovsky reivindicava um papel de cronista e comentarista de seu tempo, mesmo sem conhecer os desdobramentos da guerra. Se podemos extrapolar uma compreensão da autora a partir de seus personagens, a sensação é que estaria por trás de Agnes, a figura mais sólida de

Les Biens de ce monde: "Precisamos reconstruir. Precisamos consertar as coisas. Precisamos sobreviver".[9] As guerras vêm e vão, mas a França resiste. Em relação aos invasores alemães, sua postura, compreensivelmente, é de extrema cautela: eles mal aparecem em suas páginas. Solto depois de um ano num campo de prisioneiros, um soldado francês não deixa escapar uma única palavra contra seus captores.

Os cadernos de anotações do último ano de vida de Némirovsky revelam uma visão bem menos cordial dos alemães, acompanhada de um endurecimento de sua atitude para com os franceses. Podemos concluir que o manuscrito de *Suíte* que chegou até nós traz certo grau prudente de autocensura. Os diários também revelam a antevisão de que só seria lida postumamente.

Construir-se como uma romancista inequivocamente francesa era apenas metade do projeto de vida de Némirovsky. Enquanto acumulava suas credenciais francesas, também frequentava seu passado de judia russa. Publicado em 1940, logo antes do início das restrições contra escritores judeus, *Les Chiens et les loups* [Os cães e os lobos] tem como heroína Ada Stiller, uma jovem judia que cresce na Ucrânia, mas se muda para Paris, onde vive na pobreza pintando cenas do mundo que deixou para trás, cenas de matiz "dostoievskiano" demais para o gosto francês. A complicada trama envolvendo parentes ricos e trapaças financeiras culmina com a deportação de Ada; no fim do livro, Ada prepara-se para enfrentar um futuro precário de mãe solteira em algum ponto dos Bálcãs.

No cerne de *Les Chiens* está a questão da assimilação. Ada se vê dividida entre dois homens: Harry, filho de

---

9 Irène Némirovsky, *Les Biens de ce monde*. Paris: Albin Michel, 1947.

uma rica família judia russa, casado com uma francesa não judia, mas misticamente atraído por Ada; e Ben, um *macher* ("figurão") do mesmo *shtetl* que Ada, convencido de que eles dois teriam herdado um traço de "loucura" que os distinguiria dos franceses "cartesianos". Qual dos dois ela deve seguir? Para qual lado se inclina seu coração: o dos cães como Harry, domesticados e assimilados, ou o dos lobos como Ben?

O desejo sexual não tem nenhuma influência no processo de decisão de Ada. A voz interior que lhe dirá qual futuro deve escolher, de cão ou de lobo, será a de seus ancestrais, a mesma voz que David Golder escuta em sua agonia. Essa voz lhe dirá que pessoas como Harry, divididas entre duas raças (*sic*), a judaica e a francesa, não têm futuro. (De maneira similar, num momento de clímax da *Suíte francesa*, Lucile sentirá que "movimentos secretos do sangue" lhe ditam que não pode pertencer a um alemão.) A despeito de si mesmo, Harry se vê obrigado a concordar: sua identidade assimilada não é real, mas uma máscara. Ainda assim, não consegue livrar-se dela sem rasgar a própria carne.

Não podemos esquecer em que pé a situação se encontrava na França na época em que Némirovsky escrevia *Les Chiens*, de todos os seus romances o que aborda de maneira mais direta a natureza da identidade judaica. Às vésperas da guerra, a população de judeus na França chegava a mais ou menos 330 mil pessoas, na maioria estrangeiros e imigrantes recentes. Num primeiro momento foram bem recebidos – a França sofrera grandes perdas de força de trabalho na Primeira Guerra Mundial –, mas a partir de 1930, com a economia em declínio e o desemprego em alta, a hospitalidade começa a azedar. O influxo de meio milhão de refugiados depois da vitória de Franco na Espanha só faz endurecer a rejeição aos imigrantes.

O antissemitismo francês se distribuía por todo o espectro social e assumia várias feições. Uma delas era o antijudaísmo tradicional da direita católica. Outra se apoiava na florescente pseudociência das raças. Uma terceira, a hostilidade à plutocracia "judaica", foi adotada pela esquerda socialista. Assim, quando o ressentimento popular começou a inflamar-se contra os refugiados, em particular os refugiados judeus, não havia agrupamento político disposto a tomar posição em sua defesa.

A população estável dos judeus seculares franceses também encarava com desconforto a enxurrada de primos pobres que acorria do Leste, imigrantes que se mantinham presos à própria língua, a seus trajes e à sua culinária, obedecendo a ritos próprios e divididos eles também em várias facções políticas. Os porta-vozes dos judeus franceses tentaram avisar aos recém-chegados que sua recusa à absorção pela sociedade geral daria novo ímpeto aos antissemitas, mas nada conseguiram. "O pesadelo dos judeus franceses assimilados se tinha realizado: o que era percebido como um influxo incontrolável de judeus exóticos do Leste comprometeu a posição de todos", escrevem Michael Marrus e Robert Paxton.[10]

O viés judaico de *Les Chiens et les loups* – uma obra mais substancial, mais ambiciosa e menos equívoca do que *David Golder* – surge então mais ou menos como uma surpresa, a considerar as posições públicas claramente assimilacionistas de Némirovsky e a posição confortável que ocupava na sociedade francesa. Parte como obra do acaso, mas principalmente porque sua alma mais profunda a leva a agir desse modo, a Ada Stiller de Némirovsky opta não pelos cães domesticados dos bairros da

---

10 Michael Marrus e Robert Paxton, *Vichy France and the Jews*. Nova York: Basic Books, 1981.

moda, mas pelos lobos das sombras orientais – lobos de que a maioria dos cães prefere manter distância, pois não querem ser lembrados de suas origens.

Situado principalmente na Rússia da época da revolução, publicado em 1935, mas provavelmente escrito anos antes, *Le Vin de solitude* é um estudo das relações entre mãe e filha, que Némirovsky baseia amplamente em sua biografia. Hélène Karol é uma adolescente precoce e talentosa. Seu pai faz fortuna com a guerra, vendendo armas obsoletas para o Exército russo. Sua mãe, Bella, é uma depravada beldade das altas rodas ("Ter nos braços um homem cujo nome nem sabia, um homem que nunca mais tornaria a ver, bastava para despertar-lhe as emoções intensas por que tanto ansiava."[11]) Antagonista da filha, Bella faz o que pode para prejudicá-la e humilhá-la (uma reprise de *Le Bal*). Para vingar-se, Hélène se empenha em roubar o amante atual da mãe e, ao fazê-lo, penetra num terreno moral cada vez mais sombrio. Nos braços desse homem, ela se olha num espelho e vê o próprio rosto, "voluptuoso, triunfante, lembrando [...] os traços de sua mãe quando jovem". Perturbada por essa transformação, ela abandona o amante:

> Você é o inimigo de toda a minha infância... Nunca serei capaz de viver feliz com você. O homem a cujo lado eu queria viver jamais teria conhecido a minha mãe ou a minha casa, nem mesmo minha língua ou minha terra natal; ele teria me levado embora, não importa para onde.

Le Vin de solitude é parte romance e parte fantasia autobiográfica, mas, antes de tudo, é um libelo contra a mãe

---

11 Irène Némirovsky, *Le Vin de solitude*. Paris: Albin Michel, 1935.

que atribui à filha o papel de rival no sexo, roubando-lhe assim a infância e fazendo-a precipitar-se cedo demais no mundo das paixões adultas. *Jézabel* (1936) é um ataque ainda mais feroz à imagem materna. Nele, uma *socialite* narcisista já de certa idade, obcecada com sua imagem pública, deixa propositalmente a filha de 19 anos sangrar até a morte no parto para evitar que saibam que se tornou avó (anos mais tarde, a criança enjeitada volta para chantageá-la). Livros como *Jézabel*, escritos às pressas e trazendo flagrantes da vida da alta sociedade, tornam mais fácil entender por que Némirovsky não era levada a sério pelo mundo literário do seu tempo.

A mãe de Némirovsky na vida real era, segundo todos os relatos, uma mulher insensível. Quando em 1945 suas netas órfãs, 16 e 8 anos, vieram bater à sua porta, ela lhes recusou abrigo ("Existem asilos para crianças pobres", dizem que comentou).[12] Ainda assim, é uma pena que nunca venhamos a conhecer seu lado da história.

(2008)

---

12 Élisabeth Gille, *Le Mirador*. Paris: Stock, 2000.

Juan Ramón Jiménez, *Platero e eu*

Platero e eu é normalmente considerado um livro para crianças. É o que diz sua divulgaçao. Mas nesse conjunto de vinhetas que têm em comum o asno Platero há muita coisa que uma criança impressionável pode ter dificuldade de enfrentar, além de outras que em nada interessam às crianças. Assim, acho preferível encarar *Platero e eu* como uma coletânea de impressões da vida de uma cidade, a cidade natal de Juan Ramón Jiménez (Moguer, na Andaluzia), rememoradas por um adulto que nunca perdeu o contato com o imediatismo das experiências infantis. São impressões registradas com a delicadeza e o comedimento adequados quando, além de leitores adultos, se pode encontrar um público de crianças.

Além do permanente olhar da criança, existe um segundo olhar mais óbvio no livro: o do próprio Platero. Os asnos, para os seres humanos, não são criaturas de uma beleza especial – não são tão belos (para ficarmos só nos herbívoros) quanto as gazelas ou os cavalos –, mas têm a vantagem de possuir lindos olhos: grandes, escuros, líquidos – cheios de *alma*, como às vezes dizemos – e emoldurados por longos cílios. (Os olhos pequenos e avermelhados dos porcos nos parecem bem menos bonitos. Será por isso que não nos é fácil amar esses animais inteligentes, amigáveis e engraçados? Quanto aos insetos, seus órgãos de visão são tão diferentes dos nossos que não é fácil encará-los com algum afeto.)

Há uma cena terrível no romance *Crime e castigo*, de Dostoiévski, em que um camponês embriagado espanca uma égua exausta até a morte. Primeiro lhe dá uma surra de barra de ferro, depois bate em seus olhos com um pedaço de pau, como se acima de tudo quisesse apagar a própria imagem dos olhos do animal. Em *Platero e eu* lemos a história de uma velha égua cega que é enxotada pelos donos, mas sempre insiste em voltar, deixando-os tão enfurecidos que acabam por matá-la com paus e pedras. Platero e seu dono (este é o termo disponível na nossa língua – mas não o que Jiménez usa) encontram a égua morta caída no caminho; seus olhos cegos parecem finalmente enxergar.

Quando você morrer, promete o dono de Platero a seu animal, não vou abandoná-lo à beira da estrada, mas enterrá-lo ao pé do pinheiro grande que você adora.

É o olhar recíproco entre esse homem – de quem as crianças ciganas caçoam, dizendo que é louco, e que conta a história de *Platero e eu*, e não de *Eu e Platero* – e "seu" asno que estabelece a conexão profunda entre os dois, semelhante ao laço que se cria entre a mãe e seu bebê ao primeiro olhar que trocam. Repetidas vezes, uma atrás da outra, reforça-se a conexão mútua entre homem e animal. "De tempos em tempos, Platero para de pastar e olha para mim. Eu, de tempos em tempos, paro de ler e olho para Platero."[1]

Platero passa a existir como indivíduo – na verdade, um personagem – dotado de vida própria, além de uma

---

1 Juan Ramón Jiménez, *Platero and I*. Nova York: New American Library, 1956. [Ed. brasileira: *Platero e eu*. São Paulo: WMF Martins Fontes, 2011.]

experiência peculiar do mundo, no momento em que o homem que chamaremos de seu proprietário, o louco, percebe que Platero o vê, e nesse olhar o reconhece como um igual. A partir desse momento, "Platero" deixa de ser apenas um rótulo e se converte na identidade do asno, seu verdadeiro nome, tudo o que ele possui no mundo.

Jiménez não humaniza Platero. Humanizá-lo seria trair sua essência asinina. Devido à sua natureza, a experiência de Platero é opaca e impenetrável para os humanos. Ainda assim, a barreira é vez por outra ultrapassada nos momentos em que a visão do poeta, como um raio de luz, penetra no mundo de Platero e o ilumina; ou, para dizer o mesmo com outras palavras, quando os sentidos que nós, humanos, possuímos em comum com os animais, infundidos pelo amor que trazemos no coração, nos permitem, graças à mediação do poeta Jiménez, intuir sua experiência. "Platero, com os olhos escuros avermelhados pelo pôr do sol, afasta-se de mansinho na direção do pequeno tanque de águas cor de carmim, rosa e violeta; mergulha gentilmente a boca no espelho que parece liquefazer-se ao seu toque; e por sua comprida garganta desce um fluxo copioso de água escura cor de sangue."

"Trato Platero como se ele fosse uma criança [...] Dou-lhe beijos, implico com ele e o desacato; ele entende perfeitamente que é tudo amor, e não guarda ressentimentos. É tão parecido comigo que chego a acreditar que temos os mesmos sonhos." Aqui, chegamos ao momento tão desejado na vida fantasiosa das crianças, quando a barreira entre as espécies se desmancha e reavemos a grande unidade com as criaturas de quem nos afastamos há tanto tempo. (E de quando data esse exílio? Para a mitologia judaico-cristã, da nossa expulsão do Paraíso, e seu fim é anunciado como o dia em que o leão se deitará com o cordeiro.)

Nesse momento, vemos o louco, o poeta, encarando Platero com a mesma alegria e o mesmo afeto que as crianças demonstram diante de cachorrinhos e filhotes de gato; por sua vez, Platero reage da mesma forma que os filhotes reagem às crianças pequenas, com a mesma alegria e o mesmo afeto, como se soubessem tanto quanto a criança (e não o adulto comedido e prosaico) que no fim das contas somos todos irmãos e irmãs neste mundo; e também que qualquer um de nós, por mais humilde que seja, precisa de alguém para amar, ou morre seco.

No final, Platero morre. Morre porque engole veneno, mas também porque a vida dos asnos não é tão longa quanto a dos homens. A menos que venhamos a travar amizade com elefantes ou tartarugas, será mais frequente chorarmos a morte de nossos amigos animais do que eles lamentarem a nossa: esta é uma das lições que não falta a *Platero e eu*. Num outro sentido, entretanto, Platero não morre: esse "asno bobo" nos voltará sempre, zurrando, cercado de crianças às risadas, adornado de flores amarelas.

(2007)

Antonio Di Benedetto, *Zama*

O ano é 1790, o cenário, um posto avançado às margens do rio Paraguai, governado pela distante Buenos Aires. Don Diego de Zama passou ali os últimos catorze meses a serviço da administração local, distante da mulher e dos filhos.

Com saudades, Zama rememora os dias em que era um *corregidor* que governava o próprio distrito: "Doutor Don Diego de Zama!... O governante enérgico, o pacificador dos índios, o guerreiro que fazia justiça sem recorrer à espada [...] que abafou a rebelião dos nativos sem derramar uma só gota de sangue espanhol".[1]

Agora, num inédito regime centralizado de governo determinado a estreitar o controle da Espanha sobre suas colônias, todos os postos de chefia precisam ser ocupados por espanhóis de nascença. Zama serve como lugar-tenente de um *gobernador* espanhol: na qualidade de *criollo*, filho de espanhóis nascido no Novo Mundo, não tem como aspirar a posição mais alta. Tem mais de 30 anos, mas sua carreira está estagnada. Solicitou uma transferência; sonha com uma carta do vice-rei que o envie para Buenos Aires, mas a ordem nunca chega.

---

1 Antonio Di Benedetto, *Zama*. Nova York: New York Review Books, 2016. [Ed. brasileira: *Zama*. São Paulo: Globo Livros, 2006.]

Caminhando pelo cais, avista um corpo boiando na água, o corpo de um macaco que se atreveu a deixar a floresta e a mergulhar na correnteza. Ainda assim, mesmo na morte o macaco fica preso entre os pilares do cais, e não segue rio abaixo. Será um sinal?

Além de seu sonho de retornar à civilização, Zama sonha com uma mulher, não a sua esposa, por mais que a ame, mas uma mulher mais jovem, bela e nascida na Europa, capaz de resgatá-lo não só de seu estado atual de abstinência de sexo e isolamento social como também de uma condição de existência difícil de definir, uma ansiedade provocada por algo que não entende. Tenta imaginar seu sonho com várias mulheres que vislumbra de relance nas ruas, mas com pouquíssimo sucesso.

Em suas fantasias eróticas, as relações sexuais com sua amante serão delicadas como nunca, de uma delicadeza exclusivamente europeia. Por quê? Porque na Europa, onde o calor não é tão bestial, as mulheres são limpas e nunca transpiram. Mas ele, coitado, encontra-se ali, sem mulher, "numa terra cujo nome nunca foi ouvido por uma infinidade de damas francesas e russas — uma infinidade de pessoas pelo mundo afora". Para essas pessoas, os europeus, as pessoas *de verdade*, as Américas não são reais. Mesmo para ele, falta realidade ao Novo Mundo. Vive perdido na vastidão de uma região plana e monótona.

Alguns colegas seus o convidam para uma visita ao bordel. Ele recusa. Só se relaciona com mulheres se forem brancas e espanholas, explica em detalhe.

Em meio ao pequeno contingente disponível de mulheres brancas e espanholas, ele escolhe como amante potencial a mulher de um importante dono de terras. Luciana não é uma beldade — seu rosto lembra-lhe um cavalo —, mas tem um corpo atraente (às escondidas, ele a vê tomando banho nua). Zama a procura dominado por um sentimento de "antecipação, prazer e tremenda hesitação", inseguro quanto ao modo de seduzir uma dama casada. De fato, Luciana não se mostra fácil. Na campanha de Zama para vencer suas resistências, ela está sempre um passo à sua frente.

A alternativa a Luciana é Rita, filha do senhorio de Zama, nascida na Espanha. Mas, antes que ele possa fazer qualquer progresso, o amante atual da jovem, um brutamontes malvado, submete Rita a uma rude humilhação pública. Rita pede a Zama que a vingue. Mesmo interessado no papel de vingador, Zama encontra motivos para não enfrentar seu temível rival. (Di Benedetto conta um sonho claramente freudiano de Zama para explicar seu medo da potência de outros homens.)

Malsucedido com as espanholas, Zama se vê obrigado a recorrer às mulheres locais. No geral, prefere evitar as mulatas[2] "para não vir a sonhar com elas, tornar-me suscetível e provocar minha derrocada". A derrocada a que se refere é certamente a masturbação, mas é significativo que envolva um degrau inferior da escala social, confirmando o clichê da metrópole que imagina a mistura entre *criollos* e mestiços.

Uma mulata lhe lança um olhar convidativo. Ele a segue até a área mais mal-afamada da cidade, onde é atacado por uma matilha de cães. Dispersa os animais com seu florete e depois, "arrogante e dominador" (palavras dele), possui a mulher. Quando acabam, ela lhe propõe um acordo: que ele a sustente como sua amante. Zama se ofende. "O episódio foi uma afronta ao meu direito de me perder de amor. Em qualquer amor nascido da paixão, precisa haver algum elemento de sedução idílica." Mais adiante, pensando que até então sua espada

---

2 *Mulatta*, no original. [N. E.]

só derramara o sangue de cachorros, ele se autointitula "matador de cães".

Zama tem um caráter difícil. Ele tem um diploma de letras e não gosta quando os locais lhe faltam com o respeito. Tem a impressão de que riem dele pelas costas, urdem tramas para humilhá-lo. Suas relações com as mulheres – que ocupam a maior parte do romance – são marcadas de um lado pela crueza e, do outro, pela timidez. Ele é vaidoso, inábil, narcisista e alimenta suspeitas mórbidas; é dado a rasgos de luxúria e acessos de violência e dotado de uma capacidade infinita de se autoiludir.

Também é, em dois sentidos, o autor de si mesmo. Primeiro, tudo que ouvimos a seu respeito sai da própria boca, até mesmo os epítetos pejorativos como "arrogante" e "matador de cães", que sugerem certa visão irônica de si mesmo. Segundo, seus atos cotidianos são ditados por impulsos inconscientes ou, no mínimo, de seu eu interior, que ele nem se esforça para submeter a um controle voluntário. O prazer narcisista que extrai de si mesmo é produzido inclusive pelo prazer de nunca saber o que fará em seguida, sentindo-se livre, assim, para inventar-se à medida que os fatos se sucedem. Por outro lado – como ele próprio reconhece aqui e ali –, a indiferença que sente por suas motivações mais profundas pode ser a responsável por seus muitos fracassos: sua sorte pode ser ditada por "alguma coisa maior, não sei o que seja, uma espécie de negatividade poderosa, invisível aos olhos [...] superior a qualquer força que eu consiga invocar, ou qualquer revolta que consiga mobilizar".

A desinibição que cultiva é que o leva a desfechar um ataque gratuito a facadas contra o único colega que o trata com benevolência e depois não dizer nada enquanto o jovem assume a culpa pelo incidente e perde seu posto.

A atitude descuidada e até amoral de Zama diante dos próprios impulsos de violência levou alguns leitores a compará-lo ao Meursault do romance *O estrangeiro*, de Albert Camus (o existencialismo estava em voga na Argentina da década de 1950, quando *Zama* foi publicado). Mas a comparação não rende muito. Embora ande com um florete, a arma preferida de Zama é a faca. A faca trai sua condição de *criollo*, como a falta da gentileza própria de um sedutor e (como insinua mais adiante Di Benedetto) sua imaturidade moral. Zama é um filho das Américas. É também um filho do seu tempo, a intensa década de 1790, invocando os direitos do homem para justificar sua promiscuidade — especialmente o direito ao sexo (ou, como prefere dizer, a "perder-se no amor"). O contexto cultural e histórico é latino-americano, e não francês (nem argelino).

Mais importante que Camus é a influência de Jorge Luis Borges, contemporâneo mais velho de Di Benedetto e figura dominante do panorama intelectual da Argentina da época. Em 1951, Borges tinha proferido uma palestra de grande influência, "El escritor argentino y la tradición" [O escritor argentino e a tradição], em que, respondendo se a Argentina devia desenvolver uma tradição literária própria, manifestava seu menosprezo pelo nacionalismo literário: "Qual seria a nossa tradição argentina? [...] Nossa tradição é toda a cultura ocidental [...] Nosso patrimônio é o universo".[3]

As diferenças entre Buenos Aires e as províncias são uma constante da história argentina desde os tempos coloniais, em que Buenos Aires, porta de ligação com o resto do mundo, representava a mentalidade

---

3 Jorge Luis Borges, "The Argentine Writer and Tradition", in: *Labyrinths*. Nova York: New Directions, 1962.

cosmopolita, enquanto as províncias aderiam a valores nativistas mais arcaicos. Borges era acima de tudo um buenairense, enquanto Di Benedetto simpatizava com as províncias: decidiu viver e trabalhar em Mendoza, sua cidade natal, no extremo oeste do país.

Embora essa simpatia pela região fosse profunda, na juventude o escritor se impacientava com o formalismo tacanho dos responsáveis pelas instituições culturais da província, a chamada geração de 1925. Mergulhou na leitura dos mestres modernos — Freud, Joyce, Faulkner e os existencialistas franceses — e se envolveu profissionalmente com o cinema, como crítico e roteirista (a Mendoza do pós-guerra era um centro considerável de cultura cinematográfica). Seus dois primeiros livros, *Mundo animal* (1953) e *El pentágono* [O pentágono, 1955], são ferrenhamente modernistas, sem nenhum colorido regional. Sua dívida para com Kafka fica especialmente clara em *Mundo animal*, em que faz pouca distinção entre humanos e animais, na linha de *Um relatório para uma academia* ou de *Investigações de um Cão*, ambos de Kafka.

Zama aborda de frente as questões da tradição argentina e do caráter nacional; como são, como deveriam ser. Trata da separação entre o litoral e o interior, entre os valores europeus e os do Novo Mundo. De forma ingênua e um tanto patética, seu herói anseia por uma Europa inatingível. Ainda assim, Di Benedetto não usa a hispanofilia cômica de seu herói para defender os valores regionais, nem como veículo literário associado ao regionalismo, o romance realista à moda do passado. O porto fluvial que serve de cenário a *Zama* mal é descrito; temos pouca ideia de como seus habitantes se vestem ou passam seu tempo; a linguagem do livro às vezes evoca, ao ponto da paródia, o sentimentalismo literário do século XVIII, mas no geral evoca o teatro do absurdo do século XX (Di Benedetto era admirador de Ionesco e, antes dele, de Luigi Pirandello). Até quando *Zama* satiriza as aspirações cosmopolitas, é num tom totalmente cosmopolita e modernista.

Mas a oposição de Di Benedetto a Borges era mais profunda e complexa que a mera crítica do universalismo e a desconfiança ante as posições políticas aristocráticas que o último defendia (Borges se definia como um anarquista spenceriano que desdenhava do Estado em todas as suas manifestações, enquanto Di Benedetto se dizia socialista). Borges, por sua vez, reconheceu claramente o talento de Di Benedetto e até, depois da publicação de *Zama*, convidou-o para ir à capital dar uma palestra na Biblioteca Nacional, que ele dirigia.

Em 1940, junto com dois colegas escritores associados à revista *Sur*, Borges tinha editado uma *Antologia da literatura fantástica*, obra que teve grande influência sobre a literatura latino-americana. Em seu prólogo, os editores afirmam que, longe de constituir um subgênero de segunda linha, o fantástico representava um modo antigo, pré-literário, de ver o mundo. Não só o fantástico era intelectualmente respeitável como ainda tinha uma tradição precursora entre os escritores latino-americanos que era, ela também, uma ramificação de uma tradição mundial mais ampla. A própria produção ficcional de Borges se apresentava sob o signo do fantástico; o fantástico, mesclado a temas característicos da literatura regional e acrescido das inovações narrativas de William Faulkner, daria origem ao realismo mágico de Gabriel García Márquez.

A reavaliação do fantástico defendida por Borges e pelos escritores reunidos em torno da *Sur* foi uma condição necessária para o desenvolvimento de Di Benedetto. Como ele próprio declarou numa entrevista pouco antes da sua morte, a fantasia, associada às ferramentas proporcionadas pela psicanálise, abriu para ele, como escritor, o caminho para explorar novas realidades. Na segunda parte de *Zama*, o fantástico assume o primeiro plano.

A narrativa do romance é retomada em 1794. A colônia tem um novo governador. Zama conquistou uma mulher, viúva espanhola sem tostão, para satisfazer suas necessidades físicas, embora não viva com ela. Ela lhe deu um filho, menino doentio que passa os dias brincando na terra. As relações entre a viúva e Zama são totalmente desprovidas de ternura. Ela só o "recebe" quando ele traz dinheiro.

A essa altura, descobre-se que um funcionário da administração, de nome Manuel Fernández, vem escrevendo um livro nas horas do expediente. O governador desenvolve antipatia por Fernández e exige que Zama encontre algum pretexto para demiti-lo. Zama reage com irritação, não contra o governador, mas contra o infeliz jovem idealista, aquele "homúnculo escritor de livros" perdido nos confins do império.

A Zama, Fernández revela, com inocência, que escreve porque isso lhe dá uma sensação de liberdade. Como é improvável que o censor vá autorizar a publicação de seu livro, planeja guardar o manuscrito numa caixa a ser aberta pelos netos de seus netos. "No tempo deles, as coisas hão de ser diferentes."

Zama contraiu dívidas que não tem como pagar. Generoso, Fernández se oferece para sustentar a família irregular de Zama — a ponto de propor casar-se com a viúva e perfilhar a criança. Zama reage com a desconfiança que o caracteriza: e se tudo aquilo for um plano para deixá-lo em dívida com Fernández?

Quase sem dinheiro, Zama se hospeda como pensionista na casa de um certo Soledo, onde vive também uma mulher, vista apenas de passagem, a certa altura apontada (pelos criados) como filha do dono da casa e por outros como esposa dele. Há outra mulher misteriosa, uma vizinha que se posta atrás da janela encarando Zama sem disfarce sempre que ele passa por ela. O grosso da segunda parte é dedicado aos esforços de Zama para solucionar o enigma dessas mulheres: haverá duas mulheres na casa ou apenas uma, sempre trocando de roupa com grande rapidez? Quem será a mulher da janela? Será tudo uma encenação montada por Soledo para zombar dele? Como ele pode obter acesso sexual àquelas mulheres?

Num primeiro momento, Zama encara o enigma como um desafio ao seu engenho. Há várias páginas em que, com alguma ajuda do tradutor para o inglês, ele soa como um dos heróis puramente intelectuais de Beckett, elaborando uma hipótese extravagante atrás da outra para explicar por que o mundo é como é. Gradualmente, porém, a busca de Zama se torna mais urgente e até febril. A mulher da janela revela sua identidade: não é fisicamente atraente, tampouco jovem. Meio embriagado, Zama toma a liberdade de jogá-la no chão e possuí-la "com veemência", ou seja, estuprá-la, e depois, quando acaba, pedir-lhe dinheiro. Está de volta a um terreno psíquico bem conhecido: de um lado, tem essa mulher que pode menosprezar, mas se encontra sexualmente disponível, e do outro uma mulher (ou talvez duas) que em todo o seu "temível encanto" pode continuar a ser o objeto inatingível (e talvez inexistente) do seu desejo.

Zama demorou bastante para ser gestado, mas foi escrito rapidamente. A pressa de sua composição revela-se com mais clareza na segunda parte, em que a topografia onírica da residência de Soledo será tão confusa para o leitor quanto para Zama, que vagueia de aposento em aposento tentando entender o que procura. Confuso, mas fascinante: Di Benedetto solta as rédeas da lógica narrativa e permite que o espírito conduza o herói para onde quiser.

Ouve-se uma batida discreta na porta. É um menino maltrapilho e descalço, um mensageiro misterioso que já aparecera antes na vida de Zama e ainda tornará a aparecer. Por trás do menino, como num quadro vivo, um trio de cavalos fugidos pisoteia até a morte uma jovem garotinha.

> Voltei para os meus aposentos como se ceifasse as trevas, e com uma nova faculdade – ou assim me pareceu – de me enxergar de fora. Podia ver como me transformava aos poucos numa figura enlutada, atraindo as sombras, macias como a pelagem de um morcego, que grudavam em mim à minha passagem... Eu estava a ponto de me defrontar com alguém ou alguma coisa e entendi que devia escolher o que seria ou decidir pela sua morte.

Em seguida, uma presença feminina passa rente a ele. Zama levanta a vela para ver o rosto da criatura. É *ela*! Mas quem será? Os sentidos de Zama o traem. Um nevoeiro parece tomar conta da cena. Zama cambaleia até a cama e quando desperta depara com a mulher da janela cuidando dele, com "um afeto compassivo, uma piedade amorosa e abnegada nos olhos... [uma mulher] sem mistério". Amargamente, ela observa o quanto ele é fascinado pelos encantos daquela "outra figura vista de relance" e lhe prega um longo sermão sobre os riscos da fantasia.

Levantando-se enfim do seu leito de doente, Zama decide que todo o episódio de "ceifar as trevas" só pode ser entendido – e votado ao esquecimento – como um produto da febre. Regressa das regiões mais obscuras a que o tinham levado suas alucinações, titubeia em sua hesitante autoanálise, restabelece a dicotomia de fantasia (febre) e realidade que chegara a ponto de romper.

Para percebermos o que está em jogo a essa altura do romance, precisamos voltar a Kafka, o escritor que mais influenciou a arte de Di Benedetto, tanto diretamente quanto por meio de Borges. Como parte do seu projeto de reabilitação do fantástico como gênero literário, em meados da década de 1930 Borges publica uma série de artigos sobre Kafka em que faz uma distinção crucial entre os sonhos, que se prestam geralmente à interpretação, e os pesadelos de Kafka (o longo pesadelo de Josef K. em *O processo* é o melhor exemplo), que nos parecem descritos numa linguagem indecifrável. O horror singular do pesadelo kafkiano, diz Borges, é que sabemos (em algum sentido do verbo saber) que o que nos molesta não é real; no entanto, entregues ao domínio alucinatório do *processo* (o desenrolar dos fatos, a inquirição), vemo-nos incapazes de escapar.

Ao final da segunda parte, Zama, um dos personagens envolvidos no que não passa de uma fantasia histórica, descarta como insignificante e irreal a fantasia alucinatória por que acaba de passar. Sua inclinação prévia em favor do real continua impedindo seu autoconhecimento.

Depois de uma lacuna de cinco anos, a narrativa é retomada. Os esforços de Zama para obter uma transferência foram baldados; seus amores parecem coisa do passado.

Um contingente de soldados chega para vasculhar a região em busca de Vicuña Porto, bandido de estatura mítica — não se conhece nem mesmo sua aparência — responsabilizado por todos os males da colônia.

Do tempo em que era *corregidor*, Zama se lembra de um Vicuña Porto que fomentava a rebelião entre os índios.

Embora o comando da operação tenha sido entregue ao incompetente e teimoso *capitán* Parrilla, Zama junta-se aos soldados, contando que um sucesso espetacular poderá dar novo impulso à sua carreira.

Numa noite escura, um soldado de identidade indefinida aborda Zama. É o próprio Vicuña Porto, que se faz passar por um dos homens de Parrilla e, assim, está teoricamente envolvido na busca de si mesmo. Porto revela a Zama que pretende deixar a vida de crimes e retornar à sociedade.

Zama deve trair a confiança do bandido? O código de honra lhe diz que não; mas a liberdade de errar, não obedecer a código algum e seguir apenas seus impulsos diz a ele que sim. Zama então denuncia Porto a Parrilla, com o que se sente "purificado em cada fibra do [seu] ser".

Sem dó nem piedade, Parrilla prende Porto e também Zama. Com as mãos atadas, o rosto inchado de picadas de insetos, Zama se vê escoltado de volta para a cidade: "Vicuña Porto, o bandido, não teria uma aparência mais derrotada, repugnante e infeliz do que a de Zama, seu cúmplice".

Mas o bandido reverte a situação. Assassinando Parrilla a sangue-frio, convida Zama a juntar-se a seu bando. Zama recusa, e então Porto decepa seus dedos e o abandona, mutilado, numa área deserta.

Nessa situação desesperadora, a salvação se apresenta na forma do menino descalço que se manifestava repetidamente nos dez anos anteriores da vida de Zama. "Era eu, o eu do passado... Sorrindo, como um pai, eu disse a ele, 'Você não cresceu...'. Com uma tristeza irredutível, o menino responde 'Você também não'."

Assim se encerra a terceira e última parte de *Zama*. Na conclusão um tanto óbvia que seu herói-narrador nos convida a extrair da história, a busca de si mesmo, tal como a simulada por Vicuña Porto, é muito parecida com a procura da liberdade, "que não se encontra *no mundo*, fora de nós, mas *dentro de cada um*". O que na verdade procuramos reside dentro de nós: a identidade que tínhamos antes de perdermos a inocência natural.

Na primeira e na segunda partes, vemos o lado mau de Zama, desencaminhado por sonhos vãos e aturdido pela luxúria; na terceira, descobrimos que um Zama bom ainda pode ser recuperado. O último gesto de Zama antes de perder os dedos é escrever uma carta para sua mulher de paciência infinita, enfiá-la numa garrafa e lançá-la nas águas do rio: "Marta, eu não fracassei". "A mensagem não se destinava nem a Marta nem a mais ninguém", ele nos revela. "Foi escrita para mim mesmo."

O sonho de recuperar o Éden, um novo começo, inspirou a conquista do Novo Mundo desde o tempo de Colombo. À Argentina, desde sua independência em 1816, acorreu onda após onda de imigrantes em busca de uma utopia afinal inexistente. Não surpreende que a esperança frustrada seja um dos grandes temas subterrâneos da literatura argentina. Como Zama em seu remoto porto fluvial, o imigrante descobre que desembarcou num lugar que nada tem de edênico, do qual não há meios óbvios de escapar. *Zama*, o livro, é dedicado às "vítimas da esperança".

As aventuras de Zama em território indígena remoto são narradas no estilo veloz e entrecortado que Di Benedetto aprendeu escrevendo para o cinema. A terceira parte do romance é muito valorizada por alguns críticos do escritor. À luz da terceira parte, *Zama* pode ser lido como a história de um homem nascido em terras americanas que acaba abandonando os mitos do Velho Mundo e se entrega não a um Éden imaginário, mas ao Novo Mundo, em toda a sua extraordinária realidade. Essa leitura é apoiada pela variedade textual proporcionada por Di Benedetto: a flora e a fauna exóticas, fabulosas jazidas minerais, alimentos estranhos, as tribos selvagens e seus costumes. A impressão do leitor é que, pela primeira vez na vida, Zama abre os olhos para a plenitude do continente. Que toda essa informação tenha chegado a Di Benedetto não graças à experiência pessoal — nunca esteve no Paraguai —, mas através de livros antigos, entre eles a biografia de um certo Miguel Gregorio de Zamalloa, nascido em 1753, *corregidor* durante a revolta de Túpac Amaru, o último dos monarcas dos incas, é uma ironia que nem precisa nos incomodar.

Antonio Di Benedetto nasceu em 1922, filho de uma família de classe média. Em 1945, largou os estudos de Direito para trabalhar no *Los Andes*, o jornal de maior prestígio de Mendoza. Com o tempo, acabou por se tornar, na prática mas sem reconhecimento, editor-chefe do jornal. Os proprietários do periódico lhe impunham uma linha conservadora, que Di Benedetto considerava uma limitação. Até sua prisão em 1976 — pela violação desses mesmos limites —, ele se considerava jornalista de profissão e autor de ficção nas horas vagas.

Zama (1956) foi seu primeiro romance de fôlego. E atraiu merecida atenção crítica. Como não era de surpreender num país que se via como filial cultural da Europa, várias tentativas foram feitas de atribuir ao romance influências europeias. Primeiro, seu autor foi identificado como um existencialista latino-americano e, depois, como um *nouveau romancier* da América Latina. Ao longo da década de 1960, o romance foi traduzido para várias línguas europeias, sem incluir o inglês. Na Argentina, *Zama* se incluía entre os clássicos *cult*.

A contribuição do próprio Di Benedetto para esse debate sobre as fontes de sua carreira de escritor foi indicar que sua obra de ficção, em especial os contos, podia às vezes parecer despojada, isenta de comentários, como se registrada pelo olho de uma câmera. Isso não significava que imitasse Alain Robbe-Grillet, mas que tanto ele como o francês tiveram um envolvimento ativo com o cinema.

Depois de *Zama*, Di Benedetto produziu dois outros romances e várias coletâneas de contos. A mais interessante dessas obras é *El silenciero* [O silencioso], a história de um homem cujo nome nunca é revelado e que tenta escrever um livro, mas não consegue ouvir os próprios pensamentos em meio à balbúrdia da cidade. Sua obsessão com o barulho acaba por consumi-lo e levá-lo à loucura.

Publicado inicialmente em 1964, o romance foi substancialmente revisto em 1975 com a intenção de conferir maior profundidade filosófica a suas reflexões sobre o ruído (em que Schopenhauer figura com destaque) e descartar qualquer leitura simplista ou sociológica. Na edição revista, o ruído adquire uma dimensão metafísica: o protagonista se vê envolvido numa procura baldada de um silêncio primordial, anterior ao *logos* divino que suscitou a existência do mundo.

El silenciero vai além de *Zama* em seu uso da lógica associativa do sonho e da fantasia na condução da narrativa. Como romance de ideias que também discute a composição de um romance, bem como suas propensões místicas, é muito provável que *El silenciero* aponte a direção que Di Benedetto teria seguido como escritor, não fosse a ingerência da história.

Em 24 de março de 1976, os militares tomaram o poder na Argentina, com a cumplicidade secreta do governo civil e para alívio de um segmento considerável da população, cansado da violência política e do caos social. Os generais desencadearam de imediato seu grande plano, o "Processo de Reorganização Nacional". O general Ibérico Saint-Jean, instalado no governo de Buenos Aires, explicou em que consistia "*El Proceso*": "Primeiro matamos todos os subversivos, depois matamos cada um de seus colaboradores, depois os que permaneceram indiferentes e finalmente os que não se manifestaram".[4]

Entre os muitos supostos subversivos detidos no primeiro dia do golpe estava Di Benedetto. Mais tarde, como Josef K., ele afirmaria não saber por que tinha sido preso, mas a detenção foi uma retaliação clara a suas atividades na editoria de *Los Andes*, na qual autorizava reportagens sobre as atividades dos esquadrões da morte de direita. (Depois de sua prisão, os proprietários do jornal se apressaram a lavar as mãos quanto a seu destino.)

As detenções normalmente se iniciavam com um "interrogatório tático", eufemismo para a tortura, destinado a obter informações, mas também a deixar claro para o detido que ele ou ela tinha ingressado num outro mundo, comandado por novas regras. Em muitos casos, conta Eduardo Duhalde, o trauma das primeiras torturas, reforçado pela visão ou audição compulsória da tortura de outros prisioneiros, marcava o prisioneiro ou a prisioneira para o resto da vida. O instrumento preferido dos torturadores era o aguilhão elétrico, que induzia intensas convulsões. Os efeitos posteriores dos choques iam da dor aguda e paralisia muscular a danos

---

4 Citado em: Steven Gregory e Daniel Timerman, "Rituals of the Modern State", *Dialectical Anthropology*, vol. 11, 1986.

neurológicos manifestados sob a forma de disritmia, dor de cabeça crônica e perda da memória.[5]

Di Benedetto passou dezoito meses na prisão, a maioria dos quais na notória Unidade 9 do Serviço Penitenciário de La Plata. Só foi solto depois de apelos ao regime da parte de Heinrich Böll, Ernesto Sabato e Jorge Luis Borges, com o apoio do PEN Clube Internacional. Pouco depois, o escritor partiu para o exílio.

Um amigo que o viu depois da prisão ficou abalado ao ver como tinha envelhecido: seus cabelos embranqueceram, suas mãos tremiam, sua voz falhava, andava arrastando os pés. Embora Di Benedetto nunca tenha escrito diretamente sobre sua experiência na prisão – preferia praticar o que chamava de terapia do esquecimento –, entrevistas suas na imprensa relatam violentas pancadas na cabeça ("Desde esse dia minha capacidade de raciocínio ficou prejudicada"); uma sessão com o aguilhão elétrico (o choque era tão intenso que parecia provocar o colapso de seus órgãos internos); e uma execução simulada perante um esquadrão de fuzilamento em que o único pensamento que lhe ocorreu foi: "E se atirarem na minha cara?".[6]

Companheiros seus de prisão, na maioria mais jovens do que ele, lembram que Di Benedetto parecia atordoado com a brutalidade do regime carcerário, tentando enxergar algum sentido nos ataques aleatórios que sofria de seus guardas, quando o sentido desses ataques era justamente a imprevisibilidade e – como num pesadelo kafkiano – a ausência de sentido.

---

5   Eduardo Luis Duhalde, *El Estado terrorista argentino*. Barcelona: Argos/Vergara, 1983. Duhalde não deve ser confundido com Eduardo Alberto Duhalde, presidente da Argentina (2002-2003).
6   Citado em: Natalia Gelós, *Antonio Di Benedetto, periodista*. Buenos Aires: Capital Intelectual, 2011.

O exílio levou Di Benedetto à França, à Alemanha e finalmente à Espanha, onde se juntou a milhares de outros refugiados da América Latina. Embora mantivesse, por contrato, uma coluna semanal num jornal de Buenos Aires e tenha sido convidado como escritor residente na MacDowell Colony, em New Hampshire, lembrava seu exílio como um período em que viveu como um mendigo, envergonhado cada vez que se olhava no espelho.

Em 1984, depois da restauração de um governo civil, Di Benedetto regressou a uma Argentina pronta a ver nele uma encarnação do desejo nacional de purgar-se do passado recente e começar uma nova vida. Mas o escritor estava idoso demais, alquebrado demais, amargo demais para cumprir esse papel. Não tinha como recuperar a energia criativa que a prisão e o exílio lhe haviam roubado. "Ele começou a morrer [...] no dia em que foi preso", comentou um amigo espanhol. "Continuou a morrer aqui na Espanha [...], e quando decidiu voltar para o seu país foi só para ter um fim mais decente." Seus últimos anos foram marcados por recriminações. Bem recebido num primeiro momento, dizia que depois fora abandonado a uma pobreza ainda maior que a vivida na Espanha. Morreu em 1986, aos 63 anos.[7]

Durante seu exílio espanhol, Di Benedetto publicou duas coletâneas de obras curtas de ficção, *Absurdos* (1978) e *Cuentos de exilio* (1983). Alguns dos contos de *Absurdos* foram escritos na prisão e contrabandeados para fora. O tema recorrente desses contos tardios são a culpa e o castigo, geralmente uma autopunição, muitas vezes por uma transgressão de que o acusado não consegue se lembrar. O mais conhecido, uma obra-prima por mérito

---

7 Citado em: Liliana Reales (org.), *Antonio Di Benedetto: escritos periodísticos*. Buenos Aires: Adriana Hidalgo, 2016.

próprio, é *Aballay*, transformado em filme em 2011: conta a história de um *gaucho* que decide purgar seus pecados à maneira do santo católico Simão, o Estilita. Como não existem colunas de mármore nos pampas, Aballay se vê forçado a penitenciar-se no lombo de um cavalo de que nunca mais desmonta.

Esses contos tardios, tristes e quase sempre arrasadores, alguns com apenas uma página – imagens, fragmentos de memórias –, deixam claro que o exílio, para Di Benedetto, não foi só o abandono forçado de sua pátria, mas uma sentença profundamente internalizada a que de algum modo foi condenado, banido do mundo real para uma tenebrosa vida após a morte.

Sombras, nada más... (1985), sua última obra, pode ser vista, caridosamente, como o esboço da descrição de uma experiência interrompida. Percorrer as páginas de *Sombras* não é fácil. Narradores e personagens fundem-se uns nos outros, como o sonho e a representação do real; em todos os momentos a obra tenta, mas não consegue, encontrar uma *raison d'être*. Um sinal desse fracasso é que Di Benedetto sentiu-se obrigado a produzir uma chave para explicar a composição do livro e guiar sua leitura.

Zama termina com o herói mutilado, incapacitado de escrever, na verdade à espera do advento, século e meio mais tarde, do homem que contaria a sua história. Assim como Manuel Fernández escondia seu manuscrito, Di Benedetto – num breve testamento que escreveu pouco antes da morte – afirmou que seus livros foram escritos para as futuras gerações. O quanto isso tinha de profético, só o tempo poderá dizer.

(2017)

Liev Tolstói, *A morte de Ivan Ilitch*

Em 1884, no auge da fama como romancista, Liev Tolstói produziu um estranho documento autobiográfico que, devido a seus comentários polêmicos sobre a religião, precisou ser publicado no exterior. Intitulado *Confissão*, falava de uma crise espiritual que o autor atravessara em 1877, durante a qual achou que sua vida perdera o sentido e chegou perto de suicidar-se.

Mesmo antes de 1877, confessava ainda, já tinha começado a perder a fé no valor do trabalho artístico e na importância da própria obra. Nisso se distinguia de seus contemporâneos, para os quais o artista deveria suceder o sacerdote como guia moral e espiritual, já que a religião perdera a relevância no mundo moderno. A arte devia ser a nova religião, diziam eles, e as grandes obras de arte, as novas escrituras. Mas Tolstói não conseguia aceitar essas ideias. Como podiam os artistas, que sua experiência apontava como pessoas majoritariamente nefastas e imorais, servir de guias morais para a humanidade?

Ainda assim, apesar das dúvidas que alimentava quanto à sua vocação, continuou a escrever e a publicar, colhendo aplausos e recompensas monetárias por uma obra que considerava particularmente desprovida de valor.

Precisamos pensar duas vezes antes de conceder a Tolstói o direito, que ele reivindica em sua *Confissão*, de renegar sua obra anterior. O ano de 1877, em que ocorre sua crise espiritual, é também o da conclusão de *Anna Kariênina*. É inimaginável que o autor desse romance não tenha se dedicado de corpo e alma à sua obra e que, pelo contrário, não reconhecesse valor algum nas páginas que produziu. *Confissão* é um texto poderoso, com um efeito de sinceridade urgente que arrebata o leitor. Tanto como o autor de *Anna Kariênina*, é impossível duvidar que o autor da *Confissão* estivesse comprometido de corpo e alma com a sua composição. Mas o fato de Tolstói, na *Confissão*, chamar de impostor o autor de *Anna Kariênina*, afirmando que escrevia de má-fé, não quer dizer que o autor de *Anna Kariênina* fosse de fato um impostor. Não há motivo para julgar que a *Confissão*, por sua natureza autobiográfica, contenha uma verdade mais autorizada que a transmitida por um mero romance. De fato, para qualquer pessoa que leve a sério as pretensões religiosas da arte, entre as quais se inclui a crença de que beleza e verdade são a mesma coisa, *Anna Kariênina* proclama uma verdade ainda mais alta do que a *Confissão*, pois é de longe a mais ambiciosa das duas obras, de longe o texto mais impregnado de beleza estética. Mas nem é preciso elevar a arte à qualidade de religião para saber que *Anna Kariênina* não contém nada de falso. *Anna Kariênina* é sincero de fora a fora. O único ponto de discórdia é o tipo de verdade que o livro conta.

O que *Anna Kariênina* diz a seus leitores? Qual é, grosseiramente falando, a mensagem do romance? Desde os tempos de Tolstói, essa tem sido uma questão em aberto. Para a vasta maioria dos leitores de hoje, *Anna Kariênina* é a história de uma linda mulher que troca um casamento sem alegria pelo amor, mas depois é repelida pela sociedade e, em desespero, se suicida. Em outras palavras, o romance fala acriticamente do lado de Anna.

Uma variante extrema dessa leitura acrítica vê em Anna (como em sua irmã espiritual, Emma Bovary) uma rebelde contra a opressão da ordem patriarcal, punida afinal com a morte por seu autor do sexo masculino. Entretanto, na leitura do romance que nos conta o próprio Tolstói, Anna renega o marido e a filha e envereda a seguir pelo caminho egoísta da satisfação pessoal, terminando sua vida, previsivelmente, numa terra de ninguém moral. Anna, para os leitores, deve ser um exemplo não de como viver, mas de como não viver.

A crise de 1877, no que diz respeito ao Tolstói escritor e não à pessoa de Tolstói, reduz-se a uma única pergunta de ordem moral: Como devo usar meus talentos em benefício dos meus semelhantes? Por duas décadas Tolstói debateu-se com essa pergunta, tentando uma variedade de respostas, dentre as quais a mais clara e mais simples — embora não necessariamente a mais verdadeira — é que seu dever era trazer para o mundo moderno a essência dos ensinamentos de Jesus, usando uma linguagem inteligível pelo mais humilde dos camponeses. Nesse espírito, quase toda a obra de Tolstói posterior a 1877 tem inspiração cristã, avessa a todo artifício estético.

A primeira produção a incorporar essa formulação ainda recente sobre a arte e a vocação artística foi o conto *O amo e o criado* (1881), que narra a história de um próspero negociante chamado Brekhunov, que, em pleno inverno, empreende uma arriscada viagem em campo aberto, num trenó puxado a cavalo, para fechar um negócio altamente lucrativo. Apesar das muitas advertências que lhe fazem, Brekhunov persiste em sua empreitada insensata e acaba morrendo congelado.

O "criado" (*rabotnik*, trabalhador) que acompanha Brekhunov na viagem, um camponês chamado Nikita, antevê o desastre para o qual estão sendo conduzidos pela cobiça do amo – além da incompetência deste como navegador; ainda assim, continua a acompanhá-lo e a obedecer a suas ordens. Só Nikita sobrevive àquela noite em campo aberto, mas não por alguma providência que ele próprio tenha tomado. Num sentido profundo, Nikita não se importa com o que lhe aconteça, entregando-se às mãos de Deus. "Além de amos como Vassili Andreitch (Brekhunov), a quem servia agora, em toda a sua vida se julgara dependente do maior dos senhores, e [...] este jamais o trataria de modo injusto."[1]

Brekhunov é má pessoa, egocêntrico, avaro, imprudente e autoritário. Trata Nikita como membro de uma espécie inferior, no mesmo nível do cavalo que puxa seu trenó, uma criatura para a qual a vida não tem a mesma importância que tem para ele, Brekhunov, homem envolvido em negócios importantes. No auge da nevasca, num esforço para se salvar, ele escapa montado no cavalo e deixa Nikita para trás, apesar de saber que o camponês, vestindo apenas um *kaftan* gasto e botas furadas, irá provavelmente morrer de frio. Para justificar-se, ele diz a si mesmo: "Quanto a ele [...], tanto faz se morrer. Que vida ele tem? Não vai sentir falta da sua vida, mas eu, pela graça de Deus, tenho muitos motivos para viver".

O cavalo, terceiro personagem do drama, não conduz Brekhunov para o calor e a segurança, mas descreve um círculo e volta para junto do camponês enregelado. E então ocorre algo totalmente imprevisível. Brekhunov abre seu casaco de peles de duas camadas e se deita em cima de Nikita, aquecendo o criado com o próprio corpo. Fica ali deitado até que o dia amanhece, a tempestade amaina e

---

[1] Lev Tolstói, "Master and Man", *The Death of Ivan Ilyich and Other Stories*. Londres: Vintage, 2009. [Ed. brasileira: *Senhor e servo e outras histórias*. Porto Alegre: L&PM, 2009.]

chega o resgate. A essa altura, o amo, com tudo a perder, está morto, enquanto o criado sem importância sobrevive.

A mensagem cristã do conto é cristalina: aquele que se perde se salvará; a misericórdia divina opera de maneira inescrutável. O que transforma *O amo e o criado* num triunfo artístico é menos óbvio por ser tão paradoxal. Tolstói é geralmente visto como um realista; *Guerra e paz* e *Anna Kariênina* são admirados como obras-primas do Realismo. Uma das premissas do Realismo é que toda ação produz consequências, e por isso o romancista tem o dever de enunciar motivações psicológicas plausíveis para as ações de seus personagens. Mas não há razão para Brekhunov sacrificar a própria vida. Seu sacrifício está em desacordo com seu caráter, é implausível e mesmo inacreditável. Mas é implausível ou inacreditável só para a mentalidade laica. Quem tem fé entende que Brekhunov age em desacordo com seu caráter porque ouve a voz de Deus, porque ocorre uma interferência divina em sua vida. Ao envolver Deus como agente em seu conto, Tolstói desafia a base racional e laica do realismo na ficção.

A novela *A morte de Ivan Ilitch* (1886) é a obra tardia mais conhecida e admirada de Tolstói. Quando a leu pela primeira vez, o compositor Peter Ilitch Tchaikóvski ficou muito impressionado. Em seu diário, escreveu: "Mais do que nunca, estou convencido de que o maior escritor-pintor que jamais viveu é Liev Tolstói [...] O patriotismo nada tem a ver com minha convicção sobre a importância imensa, quase divina, de Tolstói".[2]

Ivan Ilitch desperta esse tipo de reação por causa da impressão que nos dá, pelo ritmo implacável da narrativa e a textura despojada da prosa, de que seu autor perdeu a

---

2   Citado em: Henri Troyat, *Tolstoy*. Nova York: Octagon, 1980.

paciência com as ficções de que tendemos a lançar mão para dar à vida uma feição suportável — a ficção, por exemplo, de que ao nos aproximarmos da morte poderemos contar com o zelo afetuoso da família ou a ficção de que a ciência médica ou a misericórdia divina, ou as duas, podem garantir que nossos últimos dias não se converterão numa tormenta implacável de agonia e pavor.

Ivan Ilitch Golovin é um homem nada notável, um burocrata que compensa o casamento infeliz mergulhando no trabalho. Felizmente, sua carreira floresce; em casa, consegue uma trégua com a amargura da mulher. Então, de uma hora para outra, sem motivo e muito cedo na vida, é acometido por uma doença que ninguém consegue diagnosticar. Não há o que os médicos possam fazer — aos olhos do protagonista, nem mesmo tentam. Abandonado pela família, para quem seu sofrimento é inconveniente e atenta contra o decoro social, vê-se reduzido a enfrentar a morte amparado apenas por seu jovem criado Gerasim, que cuida de limpar seus excrementos e alivia sua dor passando horas sentado com as pernas do doente apoiadas nos ombros. Quando Ivan Ilitch tenta agradecer-lhe, Gerasim dispensa sua gratidão. O que está fazendo por Ivan Ilitch um dia, responde, quando sua hora chegar, alguém há de fazer por ele.

Finalmente, o sofrimento de Ivan chega ao fim. Como a viúva conta depois de sua morte, com um egoísmo característico: "Por três dias inteiros ele gritou sem parar. Era insuportável. Não entendo como ele aguentava [...] Ah, o que eu suportei!".[3]

---

3   Lev Tolstói, *The Death of Ivan Ilyich and Other Stories*. [Ed. brasileira: *A morte de Ivan Ilitch*. São Paulo: Editora 34, 2009, entre outras.]

"A vida passada de Ivan Ilitch foi quase sempre simples e comum, e quase sempre terrível", lemos no início do conto. As palavras "simples e comum" são do próprio Ivan Ilitch. A palavra "terrível" é de Tolstói e traz a intimação de uma vida de poucas luzes, desperdiçada em projetos fúteis e sem sentido.

Ainda assim, quando chega, a morte de Ivan Ilitch, que parecia anunciar a mesma desolação de sua vida, não se revela totalmente desprovida de clareza. No terceiro dia de seus gritos, ele é "subitamente" atingido como por uma força física e percebe que o fim se aproxima. Seu filho, rapaz assustadiço que passa os dias trancado no quarto, entregue à masturbação, aproxima-se do leito de morte, beija a mão de Ivan e chora. Nesse instante, Ivan tem uma revelação: sua vida não foi boa, mas ainda tem tempo de corrigi-la. Abre os olhos, vê o filho como se pela primeira vez e sente pena do rapaz. Olha para a mulher e se compadece dela também. Tenta dizer a palavra "perdoo", mas não consegue pronunciá-la. Ainda assim, tudo "subitamente" se esclarece. A dor cessa. O terror da morte cessa. O estertor da morte, as contorções do corpo agonizante ainda continuarão por várias horas; mas já se liberou do mundo.

A palavra-chave, como em *O amo e o criado*, é "subitamente". O que ocorre "subitamente" a Brekhunov ou a Ivan Ilitch é imprevisível e ao mesmo tempo inescapável. A graça divina se manifesta e subitamente, de uma vez, o mundo se renova. Nessas duas histórias, Tolstói emprega sua poderosa retórica da salvação contra o ceticismo consensual dos leitores de ficção, que, como Ivan Ilitch em seus bons tempos, procuram nas obras da literatura só uma distração civilizada e nada mais.

(2014)

Sobre Zbigniew Herbert

Zbigniew Herbert passou a maior parte de sua vida (1924--1998) sob regimes inimigos do que podemos chamar, sem muito rigor, de liberdade de expressão. Sua produção literária revela a situação histórica que viveu, de homem que tenta, em meio hostil, seguir a vocação poética e intelectual. Os indícios podem ser manifestos — como em seus contra-ataques satíricos contra o regime —, mas geralmente se apresentam sob as máscaras irônicas de uma linguagem que evoca a de Esopo.

Herbert não foi um poeta-mártir como, digamos, Óssip Mandelstam. Ainda assim, seus escritos revelam toda uma vida de oposição coerente, primeiro aos nazistas e depois aos comunistas. Até quase os 40 anos, teve uma existência marginal, sem nenhuma das recompensas que deveriam caber a alguém com sua formação e seus talentos. Depois do Degelo de 1956, sua crescente reputação lhe proporcionou oportunidades de viajar para fora da Polônia e, mais adiante, residências, bolsas e cargos temporários de professor visitante no Ocidente. Entretanto, à diferença de seu contemporâneo Czesław Miłosz, jamais decidiu se exilar.

Essa espécie de integridade e teimosia de Herbert, que nada tem de heroica ou espetacular, também está entremeada em sua poesia. Em nome da brevidade (uma virtude herbertiana), chamarei esse tema de *uma vida fiel*, colhendo a palavra *fiel* no último verso de "A viagem do Senhor Cogito", poema ao qual retornarei mais adiante (o verso diz simplesmente "Seja fiel Vá").[1] Uma vida fiel não é o mesmo que uma vida de fé: a diferença entre uma e outra (a saber, que ninguém precisa de fé para ser fiel) pode ser apontada como central para a ética de Herbert, não fosse o fato de que preferir uma vida fiel a uma vida de fé, e elevá-la a um credo, um artigo de fé, qualificaria a escolha, na mesma hora, a um questionamento cético da variedade herbertiana.

Na obra do poeta há um fluxo constante de poemas que abordam a oposição entre a pureza (a pureza da teoria, a pureza da doutrina), que ele alinha ao divino ou ao angelical, e o impuro, o desordenado, o humano. O mais conhecido deles é "Apolo e Mársias" (1961). Apolo, que é um deus, portanto desumano e desprovido de sentimento humano, esfola vivo o sátiro Mársias e reage ao prolongado uivo de agonia de Mársias dando de ombros, entediado. É Apolo quem vence o confronto musical entre os dois (e Mársias quem sofre a sorte do derrotado), mas o uivo de Mársias, por mais rudimentar que seja em matéria de música, exprime cada átomo de seu ser exposto (esfolado) e humano (não divino) com uma intensidade petrificante que o deus não tem como igualar.

Esse é apenas um exemplo entre uma série de poemas que assumem a defesa do humano em seu confronto desigual com o divino. O mundo que Deus criou, e que traz a marca da razão divina, pode ser perfeito na teoria, mas

---

[1] Zbigniew Herbert, *The Collected Poems 1956-1998*, Alissa Valles (ed. e trad.). Nova York: Ecco Press, 2007. Todos os trechos citados foram tirados desse livro. [Ed. brasileira: *Poesia completa*. São Paulo: Âyiné (em produção em 2020).]

é difícil de suportar na realidade ("No estúdio"). Mesmo o outro mundo se revela praticamente intolerável a padrões humanos. Como descobrem os recém-chegados à porta do céu, não lhes é permitido levar consigo nem a mais ínfima lembrança de sua vida anterior; mesmo os bebês são tirados dos braços das mães, "pois fica claro que a salvação/ será individual". O céu de Deus revela uma perturbadora semelhança com Auschwitz ("Às portas do vale").

O erro de todo sistema, para Herbert, é ser um sistema. O erro das leis é serem leis. Cuidado com os anjos e outros responsáveis pela perfeição. O único anjo que talvez possa ser contado como favorável à humanidade é o sétimo deles, Shemkel, que só permanece na legião em respeito ao sagrado número sete. "Negro e nervoso/ em seu velho nimbo esfrangalhado", Shemkel é muitas vezes punido pela importação ilegal de pecadores ("O sétimo anjo").

Nem é preciso dizer o quanto o marxismo traz a marca profunda da escatologia cristã. O mundo do comunismo perfeito, em que caberá a cada um aquilo de que precisa, e o Estado (o poder terreno) terá desaparecido, é, literalmente, o céu na terra. Os relatos satíricos de Herbert sobre o céu também são, inevitavelmente, relatos sobre a vida no Estado proletário. No céu, como os materiais disponíveis são humanos e portanto imperfeitos, certas concessões são necessárias. Nada de halos luminosos, coro de anjos etc.; acabamos numa vida após a morte não muito diferente da Polônia Popular ("Relato do Paraíso").

O mais interessante dos poemas de Herbert sobre a vida após a morte figura em sua coletânea *Relato de uma cidade sitiada*, que pode ser definida como a mais forte das nove que publicou. Num poema chamado "As premonições escatológicas do Senhor Cogito", o Senhor Cogito, *alter ego* do poeta, reflete sobre a vida após a morte e o tipo de resistência que poderá opor quando, finalmente, for obrigado a enfrentar os anjos frios e impiedosos a lhe exigirem que abdique da sua humanidade. O olfato, o paladar, até mesmo a audição – destes está preparado a abrir mão. Mas para conservar os sentidos da visão e do tato, dispõe-se a enfrentar a tortura:

> até o fim defenderá
> a esplêndida sensação da dor
> e umas poucas imagens desbotadas
> no fundo de um olho calcinado.

Quem sabe, pensa o Senhor Cogito, se seus inquisidores angelicais não irão finalmente desistir e declará-lo "inepto/ para o serviço/ celestial", deixando que volte

> por um caminho tomado pelo mato
> à beira de um mar branco
> até a caverna primordial.

A imagem do Senhor Cogito torturado pelos anjos ecoa a imagem de Mársias torturado por Apolo. Os deuses se julgam oniscientes e onipotentes; na verdade, porém, sofrer como sofrem os seres de carne, que não podem sair do corpo tomado pela dor, está fora do seu alcance. A falta de poder está fora do alcance dos poderes dos deuses.

(Não há de escapar à atenção do leitor que, no panteão maior, existe um deus situado acima e além do sofrimento por ter-se disposto ao modo humano, sem alívio, até a morte. Esse deus, o Jesus cristão, não está presente no universo poético de Herbert.)

Em "As premonições escatológicas do Senhor Cogito", o tratamento irônico destinado ao céu – e, por implicação, a todas as doutrinas da salvação e da perfectibilidade – não deixa de se manifestar, e a agravante do paradoxo é ainda central para a sua defesa do direito humano à dor. No entanto, nesse seu poema tardio, Herbert vai além da ironia clara e da perfeição lapidar dos poemas anteriores como "Relato do Paraíso"; nos últimos versos, ele descortina um mundo (o caminho, o mar, a caverna) tão estranho, belo e misterioso quanto o mundo em que vivemos nós, os mortais, um mundo que não temos como esquecer nem suportamos abandonar (mas que precisamos abandonar e esquecer para sempre).

Há dezenas de poemas do Senhor Cogito. Como personagem, a primeira vez que aparece é na coletânea *Senhor Cogito* (1974), e continua uma forte presença em *Relato de uma cidade sitiada*. No começo, é usado pelo poeta como máscara (*persona*) autodepreciativa, não muito diferente no espírito e no estilo dos estranhos e amargos personagens dos desenhos animados que floresceram nos cinemas polonês e tcheco dos anos da Guerra Fria. Um poema como "O abismo do Senhor Cogito", sobre o abismo ("não o abismo de Pascal/ [...] não o abismo de Dostoiévski/ [...] um abismo/ do tamanho do Senhor Cogito") que segue o Senhor Cogito por toda parte como um cão de estimação, poderia servir de roteiro para uma dessas animações.

O risco em que um poeta incorre com o investimento excessivo numa *persona* da estatura do Senhor Cogito estava claro para Herbert, desconfio, desde que começou a usá-la. "Da mitologia", um poema em prosa de uma de suas primeiras coletâneas, *Estudo do objeto* (1961), enuncia claramente o perigo. Apresenta-se como uma história condensada da religião, irônica em sua brevidade. Primeiro estágio: selvagens dançando em torno de ídolos. Segundo estágio: os habitantes do Olimpo (relâmpagos, camas rangendo). Terceiro estágio: a era da ironia; as pessoas carregam no bolso imagens votivas do deus da ironia, esculpidas em sal. "E então chegam os bárbaros. Também dão grande valor ao pequeno deus da ironia. Esmagam-no com o calcanhar e temperam com ele os seus pratos."

O deus da ironia, que seus devotos consideravam todo-poderoso, capaz de derrotar qualquer inimigo com o sorriso sagaz, não tem poder contra os bárbaros. Pior ainda: eles adoram seu sabor, ou pelo menos usá-lo como condimento. Numa tradução grosseira da alegoria: o praticante da ironia pode descobrir-se envolvido num jogo moralmente degradante com os poderes instituídos no qual, enquanto fingir que não se opõe a esses poderes, eles farão de conta que o ignoram. E esse é o desfecho do tema da ironia, não só como estratégia política, mas também como um refúgio moral, um modo de vida.

Para que o Senhor Cogito não acabe esmagado pelo calcanhar dos bárbaros e usado como condimento, para que seus poemas possam evitar a triste sorte de serem comprados pelos figurões do regime como presentes de aniversário para suas mulheres, ou mesmo incluídos nas antologias escolares, o Senhor Cogito não pode ser só o sr. Zbigniew Herbert, *homme moyen sensuel*, versejador e cidadão polonês, visto no espelho da ironia, que reduz e distorce quem reflete. Precisa ser mais que isso.

Num ponto importante, o Senhor Cogito se assemelha a Dom Quixote (a quem é explicitamente associado no primeiro dos poemas de Cogito, "Sobre as duas pernas do Senhor Cogito"): é uma criatura cujo criador só aos poucos se dá conta do peso poético que pode adquirir. O Quixote dos primeiros capítulos do Livro Um das suas aventuras é um velho sem juízo. O Quixote do Livro Dois é maior que os pigmeus que o rodeiam, maior até que os antigos cavaleiros que são seus companheiros constantes. "O Senhor Cogito deplora a pequenez dos sonhos", um dos primeiros poemas da série do Senhor Cogito, é um poema baseado num truque comum e bem trivial: usar a falta de assunto (a perda da inspiração) como assunto de um poema. "O mensageiro do Senhor Cogito", com que a série se encerra, é um dos grandes poemas do século XX.

O título não muito transparente de "O mensageiro" nos induz a lê-lo como um comunicado (*Vá*) dirigido tanto à coletânea de poemas *Senhor Cogito* quanto à pessoa que neles aparece, finalmente sem a máscara. Pode ser lido em separado, e mesmo sozinho sua força é inegável; mas para produzir o efeito certo deve ser lido como o último da série *Senhor Cogito*, em que seus avatares precedentes são recapitulados, e sua máscara, removida em favor da verdade. Ao lermos o poema dessa maneira, como um pedido – na verdade, uma ordem – para que o eu persista em sua vida fiel, mesmo na ausência de qualquer fé plausível, só podemos nos sentir tocados por sua grandeza retórica e sua ferocidade moral, qualidades que ninguém associa normalmente a Herbert, mas potencialidades que o leitor bem pode ter pressentido desde o início, por trás das máscaras da ironia.

Um traço está notavelmente ausente da obra poética de Herbert: o erotismo. É claro que os poetas não são obrigados a escrever poemas de amor. Mas todos os indícios presentes nos ensaios de Herbert sobre as artes plásticas e as viagens sugerem uma grande receptividade às experiências e uma extrema sensibilidade à beleza. "A prece do Senhor Cogito em viagem", da coletânea de 1983, embora não seja em si mesmo um grande poema, é uma prece de sentimento genuíno e sinceridade palpável dando graças pelo dom da vida: "Agradeço-te, Senhor, por ter criado o mundo belo e variado, e se for essa a Tua sedução, estou seduzido para sempre e muito além do perdão".

Depois da década de 1950, porém, o erotismo se apaga na obra de Herbert, exceto num último poema tardio, "Jura" (1992), em que recorda com tristeza lindas mulheres vistas de relance e depois perdidas, especialmente certa mulher numa agência de notícias das Antilhas:

> por um instante achei que — se eu a seguisse —
> iríamos mudar o mundo
> nunca a esquecerei —
> um surpreso bater de cílios
> a incomparável inclinação da cabeça
> o ninho de pássaro da palma.

A tristeza por uma vida vivida só em parte, a dúvida de que a obra produzida possa servir-lhe de compensação, torna-se um tema doloroso e constante nos últimos poemas de Herbert. Pode-se dizer, claro, que o império soviético dificultou uma vida plena para qualquer dos seus súditos — noutras palavras, que a culpa seria mais da história que do homem em questão. Mas para alguém que duvida de si mesmo com a insistência e a lucidez de Herbert, a transferência da culpa não é uma estratégia aceitável. O herói de seu poema "Por que os clássicos" (1969) é Tucídides, que não se desculpa por seu fracasso como general durante a Guerra do Peloponeso: encara seus juízes, relata os fatos e aceita sua pena. O veredicto de Herbert sobre si mesmo figura num par de poemas, "O Senhor Cogito e a imaginação" e "Para Ryszard Krynicki — uma carta" (ambos de 1983), em que, fundamentalmente, Herbert identifica a sua maior virtude como ser moral — a saber, sua visão coerente e lúcida do mundo — como a principal limitação de sua poesia:

ele adorava tautologias
explicações
idem per idem

uma ave é uma ave
a escravidão, escravidão
uma faca, uma faca
a morte é a morte

"A imaginação do Senhor Cogito/ move-se como um pêndulo/ desloca-se com grande precisão/ de sofrimento a sofrimento." Por isso, o Senhor Cogito "se inclui/ entre as espécies *minores*".

"Tão pouca alegria – irmã dos deuses – em nossos poemas Ryszard", escreve ele a seu amigo Krynicki, "pouquíssimos crepúsculos cintilantes espelham grinaldas de êxtases". Ou, como diz num poema ainda mais impiedosamente pessoal, "memória demasiado vasta/ e coração pequeno demais" ("Um coração pequeno").

Claro que aqui existe uma ironia em ação. A poesia pode enunciar uma verdade mais alta, mas isso não a isenta da obrigação de enunciar também verdades elementares, verdades que estão na nossa cara. O poema que caçoa do Senhor Cogito quando ele se limita às suas tautologias também nos induz, implicitamente, a perguntar: *Mesmo assim, além do Senhor Cogito, quem mais dizia em 1956 que a escravidão é a escravidão?*.

Mas a ironia pode vir envolta em mais ironia. A decisão de se tornar um ironista para o resto da vida pode, ironicamente, sair pela culatra; ou, lembrando a figura de maior alcance que Herbert usa em "Um coração pequeno", a bala que você disparou anos atrás pode dar a volta ao planeta e atingi-lo nas costas. O sentido moral infalível, mas rudimentar, que ele fingia menosprezar, mas na verdade reafirmava ao escrever o poema "A aldrava" na década de 1950 ("minha imaginação/ é uma tábua […] desfiro-lhe uma pancada/ e ela me sugere/ o poema seco do moralista/ sim — sim/ não — não"), começa a soar exaurido na década de 1980. Pior ainda: qual terá sido o sentido de uma vida gasta desferindo pancadas na mesma velha tábua?

Essa é a pergunta pessimista que Herbert formula em poema após poema, enquanto passa em revista a sua vida. Mas será a pergunta certa? Existe outra forma de entender por que, analisando-se em retrospecto na década de 1980, um poeta como Herbert podia declarar-se exausto e derrotado. Enquanto a escravidão era escravidão — sob Stálin, sob Gomulka —, o Senhor Cogito sabia o que fazer (e conhecia a sua vocação). Mas quando a escravidão se modula em formas mais sutis de dependência, como na era das reformas promovidas por Gierek, em que de uma hora para outra as lojas aparecem abastecidas de mercadorias estrangeiras compradas a crédito, ou em grau ainda maior quando a Polônia, em 1989, ingressa no mundo do consumismo globalizado, o poder que o Senhor Cogito tinha de dar o tratamento justo a cada nova realidade deixa de funcionar. (E isso não pode ser visto como uma sentença condenatória: quem, entre os poetas do mundo, se mostrou à altura do desafio do capitalismo recente?)

> Faltam ao monstro do Senhor Cogito
> todas as dimensões
>
> é difícil de descrever
> esquiva-se de definições
> é como uma vasta depressão
> estendida sobre o país

não pode ser trespassado
por uma pena
um argumento
uma lança.
("O monstro do Senhor Cogito")

Esse monstro difícil de descrever tem mais uma qualidade, que o Senhor Cogito poderia ter mencionado: de alguma forma, consegue transcender, ou pelo menos ultrapassar, o bem e o mal, escapando ao alcance do seco *sim/não* do moralista. Para o monstro, todas as coisas são boas na medida em que são consumíveis, inclusive os pequenos artefatos de sal produzidos pelo ironista.

(2011)

O jovem Samuel Beckett

Em 1923, aos 17 anos, Samuel Barclay Beckett foi admitido no Trinity College de Dublin para estudar línguas românicas. Foi um aluno excepcional e logo foi posto sob as asas de Thomas Rudmose-Brown, professor de línguas românicas, que fez o possível para apoiar a carreira do jovem, obtendo-lhe primeiro um posto de professor visitante na prestigiosa École Normale Supérieure de Paris e, na volta, um posto de professor no Trinity College.

Ao final de um ano e meio em Dublin, às voltas, segundo ele, com a "comédia grotesca do ensino", Beckett se demitiu e apressou-se em voltar para Paris.[1] Mesmo desapontado, Rudmose-Brown não desistiu de seu *protégé*. Em 1937, ainda tentava atrair Beckett de volta à vida acadêmica, convencendo o ex-aluno a candidatar-se a um posto de professor de italiano na Universidade da Cidade do Cabo. "Posso afirmar sem exagero", escreveu ele em sua carta de recomendação, "que além de possuir um conhecimento acadêmico sólido de italiano, de francês e das línguas germânicas, [o sr. Beckett] é dotado de uma considerável faculdade criativa".

---

1 *The Letters of Samuel Beckett, vol. 1: 1929-1940*, Martha Dow Fehsenfeld e Lois More Overbeck (orgs.). Cambridge: Cambridge University Press, 2009.

Beckett sentia um afeto e um respeito genuínos por Rudmose-Brown, especialista em Racine e interessado na cena literária da França de seu tempo. O primeiro livro de Beckett, uma pequena monografia sobre Proust (1931), embora encomendada ao aspirante a escritor para servir de introdução geral, parece mais o trabalho de um bom aluno de pós-graduação empenhado em impressionar seu orientador. O próprio Beckett tinha sérias dúvidas em relação ao livro. Ao relê-lo, perguntou-se "do que estaria falando", numa confidência a seu amigo Thomas McGreevy. Parece "o equivalente distorcido e esmagado por um rolo compressor de algum aspecto, ou emaranhado de aspectos, de mim mesmo [...] de alguma forma ligado a Proust [...] Não que eu me importe muito. Não quero ser professor".

O que mais desanimava Beckett na vida acadêmica era lecionar. Dia após dia, o jovem tímido e taciturno era obrigado a enfrentar uma sala de aula ocupada pelos filhos e filhas da classe média protestante irlandesa e convencê-los de que Ronsard e Stendhal mereciam sua atenção. "Era um professor muito impessoal", lembra um dos seus melhores alunos. "Dizia apenas o necessário e depois saía da sala de aula [...] Acho que se considerava mau professor, o que me entristece, porque era muito bom [...] Mas muitos de seus alunos, infelizmente, concordavam com ele."[2]

"A ideia de voltar a dar aulas me paralisa", escreveu Beckett a McGreevy, ainda de Trinity, em 1931, pouco antes do início de um novo ano letivo. "Acho que vou para Hamburgo assim que receber meu pagamento da Páscoa [...] esperando achar a coragem de me libertar."

---

2   Citado em: Brigitte le Juez, *Beckett before Beckett*. Londres: Souvenir Press, 2008.

Mas precisou de mais um ano para encontrar essa coragem. "É claro que o mais provável é eu voltar rastejando, a cauda enrolada em torno de minhas *poenis* [*sic*]," escreveu ele para McGreevy. "Mas também pode ser que não."[3]

O posto de professor do Trinity College foi o último emprego regular de Beckett. Até a irrupção da guerra, e em boa medida no transcurso da própria, sustentou-se com o estipêndio que recebia da herança do pai, morto em 1933, e mais algum dinheiro que a mãe e o irmão mais velho lhe enviavam de tempos em tempos. Sempre que podia, dedicava-se a traduções e revisões. As duas obras de ficção que publicou na década de 1930 — a coletânea de contos *More Pricks than Kicks* [Mais espinhos que coices] e o romance *Murphy* (1938) — renderam-lhe bem pouco em direitos autorais. O dinheiro sempre lhe faltava. A estratégia da sua mãe, como comentou numa carta para McGreevy, era "manter-me na escassez até eu me convencer a aceitar algum trabalho assalariado. O que soa mais amargo do que eu queria".

Artistas livres de compromissos como Beckett tendiam a acompanhar de perto as variações do câmbio. O franco desvalorizado depois da Primeira Guerra Mundial transformou a França num destino atraente. Um influxo de artistas estrangeiros, entre eles americanos sustentados por remessas de dólares, transformou a Paris da década de 1920 no quartel-general mundial do modernismo. Quando o franco subiu, no início dos anos

---

3 Citado em: *The Letters of Samuel Beckett*. [*Poena*, em latim, pena, dor, sofrimento, castigo. Em inglês, a pronúncia de *poenis* é semelhante à de *penis*, pênis – e, como o possessivo não tem variações de gênero ou número, há um trocadilho com "enrolada em meu pênis", donde o *sic* do autor, N. T.]

1930, os residentes temporários bateram em retirada, deixando para trás só os exilados mais recalcitrantes como James Joyce.

As flutuações cambiais, porém, só servem de esboço de explicação para as migrações de artistas. Ainda assim, não foi coincidência que em 1937, depois de uma nova desvalorização do franco, Beckett tenha-se julgado em condições de deixar a Irlanda e voltar a Paris. O dinheiro é um tema recorrente em suas cartas. Sua correspondência de Paris era repleta de comentários ansiosos sobre o que tinha ou não tinha como pagar (quartos de hotel, refeições). Embora não tenha chegado a passar fome, levava uma versão atenuada de uma vida precária. Livros e quadros eram a única indulgência que se permitia. Em Dublin, obteve um empréstimo de 30 libras esterlinas para comprar um quadro pintado por Jack Butler Yeats, irmão do poeta W. B. Yeats, a que não foi capaz de resistir. Em Munique, comprou as obras completas de Kant, em onze volumes.

Entre os empregos que Beckett cogitou houve: um trabalho burocrático (na empresa de seu pai, dedicada ao cálculo de custos de construção); professor de línguas (num curso Berlitz da Suíça); professor primário (em Bulawayo, na Rodésia do Sul); revisão de textos publicitários (em Londres); piloto de aviação comercial (nos céus); intérprete (de francês e inglês); e administrador de uma propriedade rural. Há sinais de que teria aceitado o posto na Cidade do Cabo, se o tivessem aprovado (não aprovaram); através de contatos na então Universidade de Buffalo, no estado de Nova York, também sugeriu que se mostraria receptivo a alguma oferta (que nunca chegou).

A carreira que mais desejava era no cinema. "Como eu gostaria de ir a Moscou e trabalhar um ano sob as ordens de Eisenstein", escreveu a McGreevy. "O que eu não poderia aprender com alguém como Pudóvkin", retoma ele uma semana mais tarde, "é como situar a câmera, os truques mais sofisticados da mesa de edição & assim por diante, questões das quais entendo tão pouco quanto do cálculo de custos de uma obra de engenharia". Em 1936, envia uma carta a Serguei Eisenstein:

> Eu lhe escrevo [...] para pedir que considere minha admissão à Escola Estatal de Cinematografia de Moscou [...] Não tenho experiência de trabalho em estúdio, e é natural que me interesse principalmente pelas atividades de roteiro e edição [...] Peço-lhe que me encare como um cineasta sério, digno de ser admitido em sua escola, onde poderia passar pelo menos um ano.

Embora não tenha recebido resposta, Beckett informa a McGreevy que devia "provavelmente viajar [para Moscou] dentro de pouco tempo".

Como alguém pode ter feito planos de estudar roteiro na URSS em pleno apogeu das trevas stalinistas? Com uma ingenuidade espantosa ou uma serena indiferença à política? Na era de Stálin, Mussolini e Hitler, da Grande Depressão e da Guerra Civil Espanhola, as referências à política internacional nas cartas de Beckett podem ser contadas nos dedos de uma mão.

Não há dúvida de que, em matéria de política, o coração de Beckett estava do lado certo. Seu desprezo pelos antissemitas de qualquer extração manifesta-se claramente em suas cartas da Alemanha. "Se houver uma guerra", informa a McGreevy em 1939, "devo me pôr a serviço do meu país" – no caso, o "meu país" era a França, pois Beckett era cidadão da Irlanda neutra. Mas a questão do melhor sistema de governo para o mundo não parece ter-lhe interessado muito. Perde tempo quem percorre suas cartas atrás de ideias sobre o papel social do escritor. O lema que encontra na obra de um de seus filósofos favoritos, o cartesiano de segunda geração Arnold Geulincx (1624-1669), sugere sua posição geral sobre a política: *Ubi nihil vales, ibi nihil velis*, que pode ser glosado como: "Não cultive esperanças ou desejos numa esfera em que você não tem poder".

E só em relação à Irlanda que Beckett volta e meia se permite alguma opinião política. Um ensaio escrito por McGreevy sobre J. B. Yeats lhe provoca um acesso de ira. "Para um ensaio de tamanha brevidade, as análises políticas e sociais têm uma extensão exagerada", ele escreve.

> Quase tive a impressão [...] de que seu interesse é menos pelo homem em si do que pelas forças que o formaram [...] Mas talvez isto [...] se deva [...] à minha incapacidade crônica de entender, em qualquer frase, a expressão "o povo irlandês", ou imaginar que [este] jamais desse um peido sequer no macacão por qualquer forma de arte [...] ou que seja capaz de qualquer pensamento ou ação que vá além dos pensamentos e ações mais rasteiros nele inculcados pelos padres e os demagogos a serviço destes, ou que jamais vá se importar [...] com o fato de ter existido na Irlanda um pintor de nome Jack Butler Yeats.

McGreevy era o correspondente mais próximo e mais fiel de Beckett fora da família. James Knowlson, biógrafo de Beckett, descreve McGreevy como

> um homenzinho vivaz com um cintilante senso de humor que [...] transmitia uma impressão de elegância, mesmo quando virtualmente sem tostão, como era quase

sempre o caso [...] Era tão confiante, falante e gregário quanto Beckett era desconfiado, taciturno e solitário.⁴

Beckett e McGreevy se conheceram em Paris em 1928. Embora McGreevy fosse treze anos mais velho, os dois se deram bem desde o primeiro encontro. Mas tinham um estilo de vida itinerante e assim quase sempre só podiam manter contato por correspondência. Passam dez anos trocando cartas regulares, às vezes uma por semana. Depois disso, por motivos desconhecidos, a correspondência entre os dois se torna cada vez mais escassa.

McGreevy era poeta e crítico, autor de um dos primeiros estudos sobre T. S. Eliot. Depois do volume de poemas que publicou em 1934, abandonou quase de todo a poesia, dedicando-se à crítica de arte e mais tarde ao posto de diretor da National Gallery de Dublin. Recentemente, ressurgiu na Irlanda o interesse por McGreevy, menos por seus méritos de poeta – que não são muitos – que por seu empenho em importar as práticas do modernismo estrangeiro para o mundo introvertido da poesia irlandesa. O próprio Beckett manifestava sentimentos ambíguos quanto aos poemas de McGreevy. Aplaudia o vanguardismo da poética do amigo, mas evitava discretamente revelar sua opinião sobre o viés católico e nacionalista que os poemas continham.

As cartas escritas por Beckett na década de 1930 trazem muitos comentários sobre as obras de arte que viu, a música que escutou e os livros que leu. Alguns desses primeiros comentários são simplesmente levianos, declarações de um calouro atrevido – "os quartetos de Beethoven são

---

4 James Knowlson, *Damned to Fame*. Nova York: Simon & Schuster, 1996.

uma perda de tempo", por exemplo. Entre os autores que fustiga com o açoite de um desdém juvenil estão Balzac ("O efeito do estilo & das ideias [em *A prima Bette*] é tão forçado que me pergunto se ele escrevia a sério ou como paródia") e Goethe (de cujo drama *Torquato Tasso* afirma que "coisa mais repulsiva é difícil de imaginar"). Além das incursões na cena literária dublinense, suas leituras tendem a privilegiar os mortos ilustres. Entre os romancistas ingleses, aplaudia Henry Fielding e Jane Austen, Fielding pela liberdade da presença do autor em suas obras (prática que o próprio Beckett adotaria em *Murphy*). Admirava também Ariosto, Sainte-Beuve e Hölderlin.

Um de seus entusiasmos literários mais inesperados é pelo setecentista Samuel Johnson. Impressionado com seu "rosto enlouquecido e assustado" no retrato de autoria de James Barry, em 1936 Beckett decide transformar em peça teatral a história da relação entre Johnson e Hester Thrale (mais conhecida nos dias de hoje por seus extensos diários). Como esclarecem suas cartas da época, interessava-se não pelo homem sentencioso retratado por Boswell na *Vida de Samuel Johnson*, mas pelo indivíduo que lutou a vida inteira contra a tendência à inércia e o cão negro da depressão. Na versão de Beckett, Johnson se hospeda na casa de Hester, muito mais jovem que ele, e seu marido, numa época em que já estava impotente e portanto só podia ter o papel de "gigolô platônico" no *ménage à trois* com o casal. Num primeiro momento, desespera-se por ser "o amante que não tem com o que amar" e depois mergulha numa dor profunda quando o marido morre e Hester parte com outro homem.

"A mera existência é tão melhor que o nada que preferimos existir mesmo na dor", disse o dr. Johnson.[5] A Hester

5 Citado em: *The Letters of Samuel Beckett*.

Thrale da peça que Beckett planejava não tinha meios de entender que um homem pudesse preferir um amor sem esperança à ausência de sentimento, reconhecendo a dimensão trágica do amor que Johnson nutria por ela.

Nesse homem de aparência confiante que, longe dos olhos do público, vivia em conflito permanente com a depressão e o desânimo, que não via sentido na vida, mas não conseguia escolher a aniquilação, Beckett detectou claramente um espírito afim. Ainda assim, apesar da onda inicial de entusiasmo pelo projeto da peça, sua própria indolência acaba levando a melhor. Três anos se passam antes que comece a escrever; quando chega à metade do primeiro ato, abandona o trabalho.[6]

Antes da descoberta de Johnson, o escritor com quem Beckett decidira identificar-se era famoso por sua diligência e produtividade: James Joyce, Shem the Penman[7]. Seus primeiros escritos, Beckett é o primeiro a reconhecer, "tresandam a Joyce". Mas os dois escritores irlandeses só trocaram poucas cartas. O motivo é simples: durante os períodos em que estiveram mais próximos (1928-1930, 1937-1940) – períodos em que Beckett trabalhou vez ou outra como secretário e assistente-geral de Joyce –, os dois viviam na mesma cidade, Paris. Entre esses dois períodos, as relações entre ambos ficaram tensas e eles não se comunicaram. A causa da tensão foi

---

6 As notas para a peça de Johnson estão guardadas na Universidade de Reading. O fragmento dramático sobrevivente foi publicado em: Samuel Beckett, *Disjecta: Miscellaneous Writings and a Dramatic Fragment*. Nova York: Grove Press, 1984.

7 Shem the Penman, ou seja, "Shem, o escritor", é um personagem de *Finnegans Wake* – que se completa com seu irmão gêmeo Shaun the Postman (um escreve, o outro entrega as mensagens). Shem é uma variação gaélica do nome James, configurando esse personagem como uma paródia burlesca do próprio autor. [N. E.]

o tratamento dado por Beckett à filha de Joyce, Lucia, que foi apaixonada por ele. Embora alarmado pela evidente instabilidade mental de Lucia, Beckett, para seu demérito, permite que a relação vá em frente. Quando finalmente rompe com Lucia, Nora Joyce fica furiosa, acusando Beckett — com alguma razão — de aproveitar-se da filha para manter-se próximo ao pai.

Afastar-se desse perigoso terreno edipiano não faz mal a Beckett. Em 1937, quando é recontratado para ajudar Joyce na revisão das provas de *Work in Progress* ("Obra em progresso", mais tarde batizada de *Finnegans Wake*), sua atitude diante do mestre torna-se menos carregada e mais benévola. A McGreevy, ele confidencia:

> Joyce me pagou 250 francos por cerca de 15 horas de trabalho nas provas do seu livro [...] Depois ainda suplementou o pagamento com um velho sobretudo e cinco gravatas! Não recusei. Aceitar ser ofendido é muito mais simples do que ofender.

E mais uma vez, duas semanas mais tarde:

> Ele [Joyce] estava sublime na noite de ontem, condenando com a mais extrema convicção sua própria falta de talento. Não vejo mais nenhum perigo nessa proximidade. Ele é só um ser humano cativante.

Uma noite depois de ter escrito as palavras acima, Beckett se meteu numa briga com um desconhecido nas ruas de Paris e acabou esfaqueado. Por pouco a faca não atingiu seu pulmão; precisou passar duas semanas no hospital. O casal Joyce fez o possível para ajudar o jovem compatriota, providenciando sua transferência para uma enfermaria particular e levando tortas de creme a ele. A notícia do entrevero chegou aos jornais irlandeses; a mãe e o irmão de Beckett acorreram a Paris. Entre outras visitas inesperadas esteve a da mulher que Beckett conhecera anos antes, Suzanne Déchevaux-Dumesnil, que se tornaria sua companheira e, mais tarde, sua mulher.

Os dias seguintes ao ataque, relatados a McGreevy com alguma surpresa, parecem ter revelado a Beckett que não estava tão sozinho no mundo quanto julgava; mais curiosamente ainda, pareciam confirmar-lhe sua decisão de viver em Paris.

Embora a produção literária de Beckett nos anos anteriores à guerra tenha sido muito escassa – a monografia sobre Proust; um romance de iniciação, *Dream of Fair to Middling Women* [Sonho com mulheres de belas a medianas], que renegou e não foi publicado durante a sua vida; os contos de *More Pricks than Kicks*; *Murphy*; um volume de poemas; algumas resenhas de livros – o escritor jamais esteve inativo. Leu muito sobre filosofia, dos pré-socráticos a Schopenhauer. Sobre Schopenhauer, escreveu: "Um prazer [...] encontrar um filósofo que pode ser lido como poeta, com uma indiferença absoluta pelas formas aprioristicas de verificação". Estuda Geulincx com afinco, lendo sua *Ética* no latim original: as anotações que fez ao texto foram recentemente descobertas e publicadas como apêndice a uma nova tradução do livro para o inglês.[8]

Uma releitura de Tomás de Kempis resulta na produção de várias páginas de autoanálise. O perigo do quietismo de Tomás de Kempis, para alguém que carece de fé religiosa como Beckett ("não me lembro de jamais ter

---

8 Arnold Geulincx, *Ethics, with Samuel Beckett's Notes*. Leiden: Brill, 2006.

tido alguma vocação ou disposição para o sobrenatural"), é que pode confirmar um "isolacionismo" seu que, paradoxalmente, não deve a existência a Cristo, mas a Lúcifer. E será correto adotar Tomás de Kempis apenas como guia moral, ignorando a dimensão transcendental de seus escritos? No caso de Beckett, de que maneira algum código moral poderia poupá-lo dos "suores & calafrios & pânicos & fúrias & rigores & excessos do coração" que o assolam?

"Passei anos infeliz, de forma consciente e deliberada", prossegue ele numa carta a McGreevy, usando uma linguagem notável por seu caráter direto (despida dos gracejos enigmáticos e dos galicismos fabricados das primeiras cartas),

> Isolei-me mais & mais, produzi cada vez menos & me entreguei a um crescente menosprezo dos outros & de mim mesmo [...] Em tudo isso, nada me parecia mórbido. O sofrimento & a apatia & o desdém eram indicadores de superioridade [...] Foi só quando esse modo de vida, ou melhor, de negar a vida, começou a produzir sintomas físicos assustadores, que chegavam a barrar seu curso, que me dei conta do elemento mórbido presente em mim.

A crise a que Beckett se refere, os suores e calafrios cada vez mais frequentes, começou em 1933, depois da morte de seu pai, quando sua própria saúde física e mental se deteriora a ponto de alarmar a família. Tinha palpitações e à noite sofria crises de pânico tão agudas que seu irmão mais velho precisava dormir a seu lado para acalmá-lo. Passava os dias encerrado no quarto, deitado de frente para a parede, recusando-se a falar e a comer.

Um amigo médico sugeriu uma psicoterapia, que sua mãe se dispôs a pagar. Beckett concordou. Como a prática da psicanálise ainda não era reconhecida na Irlanda, mudou-se para Londres, onde se tornou paciente de Wilfred Bion, cerca de dez anos mais velho que ele e, na época, terapeuta em formação no Instituto Tavistock. No decorrer de 1934 e 1935, teve várias centenas de sessões com Bion. Embora suas cartas não falem muito do conteúdo dos encontros, deixam claro que gostava do terapeuta, que lhe inspirava grande respeito.

Bion se concentrou nas relações entre o paciente e sua mãe, May Beckett, que lhe provocava assomos de raiva reprimida, mas de quem não conseguia se afastar. A descrição que o próprio Beckett fazia dessa relação era que não tinha nascido por completo. Orientado por Bion, consegue uma regressão ao que, numa entrevista perto do fim da vida, chamou de "memórias intrauterinas", nas quais se sentia "confinado, preso e sem saída, clamando por liberdade, mas sem ninguém para me ouvir; não havia ninguém à escuta".[9]

Os dois anos de análise foram bem-sucedidos na medida em que libertaram Beckett dos seus sintomas, embora eles ameaçassem repetir-se cada vez que visitava a casa da família. Uma carta de 1937 a McGreevy sugere que ainda não estava reconciliado com a mãe. "Não desejo absolutamente nada para ela, nem de bom nem de mau", ele escreveu.

> Sou aquilo em que me transformou o amor selvagem dela por mim, e é bom que esta selvageria seja finalmente admitida por um de nós dois [...] Simplesmente não quero vê-la, escrever para ela ou receber notícias suas [...] Se um telegrama chegasse agora comunicando-me a sua morte, eu não concederia às Fúrias o favor de me considerar sequer indiretamente responsável.

9   Citado em: James Knowlson, *Damned to Fame*.

O que, imagino, equivale a dizer que sou um mau filho. Se é assim, amém.

Murphy, o romance que Beckett acaba de escrever em 1936, é a primeira obra que parece ter suscitado em seu autor, a despeito de sua insegurança crônica, algum orgulho genuíno embora passageiro (em pouco tempo, classificaria o romance de "obra muito opaca, dolorosa, medíocre & tediosa"). O livro se inspirava na experiência de Beckett com a terapia em Londres e na leitura das obras psicanalíticas de seu tempo. Seu herói é um jovem irlandês que, explorando exercícios mentais de retração do mundo, atinge esse objetivo quando se mata por acidente. Num tom leve, o romance é a resposta de Beckett à ortodoxia terapêutica para a qual o paciente precisava aprender a envolver-se com o mundo exterior nos termos que regem a vida cotidiana. Em *Murphy*, e mais ainda na ficção madura de Beckett, as palpitações e os ataques de pânico, o medo e a alienação irresistível ou deliberada são reações totalmente adequadas a nossa situação existencial.

Wilfred Bion deixou marcas consideráveis na psicanálise. Durante a Segunda Guerra Mundial, foi um dos pioneiros da terapia de grupo para soldados que voltavam das linhas de frente (ele próprio sofreu um trauma na Primeira Guerra Mundial: "morri em 8 de agosto de 1918", conta em suas memórias[10]). Depois da guerra, analisou-se com Melanie Klein. Embora seus escritos mais importantes falem da epistemologia das trocas entre analista e paciente, para as quais desenvolveu uma idiossincrática notação algébrica que chamava de "grade", continuou a

---

10 Citado em: Mary Jacobus, *The Poetics of Psychoanalysis*. Oxford: Oxford University Press, 2005.

trabalhar com pacientes psicóticos que experimentavam pavores irracionais, a morte psíquica.

Ultimamente, tanto críticos literários como psicanalistas têm dedicado alguma atenção à relação entre Beckett e Bion, à influência recíproca que pode ter ocorrido. Não temos registro do que aconteceu de concreto entre os dois. Ainda assim, podemos arriscar-nos a dizer que uma psicanálise do tipo da que Beckett fez com Bion — que se poderia definir como uma análise protokleiniana — há de ter sido uma passagem importante de sua vida, nem tanto pelo alívio (ou aparente alívio) de seus sintomas incapacitantes e pela ajuda (ou aparente ajuda) no rompimento com sua mãe, mas por ter precipitado o confronto do escritor com um interlocutor, inquiridor ou antagonista que em muitos aspectos tinha a mesma estatura intelectual que ele enquanto praticava um novo modelo de pensamento e desenvolvia um tipo de diálogo até então pouquíssimo difundido.

Especificamente, Bion desafiava a prioridade que Beckett — cuja devoção aos cartesianos indica o quanto acreditava num mundo mental privativo, inviolável e imaterial — havia sempre conferido ao pensamento puro. A Grade de Bion, que reconhece a importância dos processos da fantasia para a elaboração psíquica, equivale na verdade a uma desconstrução analítica do modelo cartesiano de pensamento. É na coleção de seres psíquicos de Bion e Klein que Beckett também pode ter encontrado os organismos proto-humanos, os Vermes e as cabeças sem corpo que povoam seus vários mundos subterrâneos.

Bion, ao que tudo indica, tinha empatia com a necessidade de uma regressão às trevas e ao caos pré-racional como condição prévia para o ato da criação em personalidades como a de Beckett. A principal obra teórica de Bion, *Attention and Interpretation* [Atenção e interpretação], de 1970, descreve a postura do analista ante o paciente, despida de qualquer autoridade ou tentativa de condução, que lembra muito (exceto pelo humor) a postura do Beckett maduro perante os seres fantasmáticos que se manifestavam por seu intermédio. Bion escreve:

> Para atingir o estado de espírito essencial para a prática da psicanálise, evito exercitar a memória; não tomo notas [...] Se descubro que não tenho ideia do que o paciente está fazendo e me sinto tentado a concluir que seu segredo se oculta em algo que esqueci, resisto a todo impulso de rememorar [...]
> Um procedimento similar rege a maneira de tratar os desejos: evito cultivar desejos e tento tirá-los da mente [...]
> É nos tornando "artificialmente cegos" [expressão de Freud que Bion cita] por meio da rejeição da memória e do desejo que podemos chegar [...] ao penetrante dardo de trevas [que] pode visar os traços mais obscuros da situação analítica.[11]

A década de 1930 pode ter sido vivida por Beckett como anos de bloqueio estéril, mas em retrospecto podemos ver que esse tempo foi usado pelas forças profundas que tinha dentro de si para consolidar os alicerces artísticos e filosóficos — e até, talvez, vivenciais — da grande explosão criativa do final da década de 1940 e início da década seguinte. Apesar de recriminar-se o tempo todo pela indolência, Beckett lia muitíssimo. Entretanto, sua formação de autodidata não se limitou à literatura. No decorrer da década de 1930, transformou-se num grande

---

11 Wilfred Bion, *Attention and Interpretation*. Londres: Tavistock, 1970.

connaisseur de pintura, com foco na Alemanha medieval e no século XVII holandês. As cartas dos seis meses que passou na Alemanha falam quase sempre das artes plásticas – os quadros que viu em museus e galerias ou, no caso dos artistas impedidos de expor em público, em ateliês particulares. Essas cartas são de um interesse singular, permitindo uma visão íntima do mundo das belas-artes na Alemanha no auge da ofensiva nazista contra a "arte degenerada" e o "bolchevismo artístico".

O momento de revelação na *Bildung* estética de Beckett ocorre durante sua viagem à Alemanha, quando se dá conta de que consegue dialogar com os quadros nos termos em que os próprios se apresentam, sem a mediação das palavras. "Antes, eu não sossegava diante de um quadro enquanto não conseguia convertê-lo em literatura", escreve a McGreevy em 1936, "mas agora não tenho mais a mesma necessidade".

Nisso, seu guia é Cézanne, que acabou considerando a paisagem natural "estranha e inabordável", um "arranjo ininteligível de átomos", e teve o bom senso de não se envolver com essa estranheza. Em Cézanne, "o pintor não entra na floresta nem troca nada com ela, que tem dimensões secretas & não tem nada a comunicar", escreve Beckett. Uma semana mais tarde, leva essa percepção ainda mais longe: Cézanne intui a inexistência de medida comum entre ele e a paisagem, mas – a julgar por seus autorretratos – também entre ele e "a vida [...] que nele opera". Com isso, soa a primeira nota genuína da fase madura e pós-humanista de Beckett.

Até certo ponto, foi por pura sorte que o irlandês Samuel Beckett terminou a vida como um dos mestres da literatura francesa moderna. Na infância, frequentou uma escola bilíngue franco-inglesa não porque os pais quisessem prepará-lo para uma carreira literária, mas pelo prestígio social do domínio do francês. Beckett se destacava no estudo do francês devido a seu dom para línguas e estudava com diligência. Assim, o único motivo urgente que teve para aprender alemão aos 20 e poucos anos foi ter-se apaixonado por uma prima que vivia na Alemanha; ainda assim, estudou alemão não só a ponto de ler no original os clássicos alemães, mas ainda de escrever corretamente, ele próprio, num alemão rigoroso e formal. Da mesma forma, aprendeu espanhol suficiente para publicar uma antologia de poesia mexicana em tradução para o inglês.

Uma das questões recorrentes sobre Beckett é a troca do inglês pelo francês como língua principal de criação literária. Nesse particular, um documento revelador é a carta escrita por ele em alemão para um jovem chamado Axel Kaun, que conheceu em sua viagem à Alemanha em 1936-1937. Na franqueza com que aborda as próprias ambições literárias, essa carta de Beckett a um relativo desconhecido é surpreendente: nem com McGreevy costumava explicar-se tanto.

Na carta a Kaun, descreve a língua como um véu que o escritor moderno precisa rasgar para chegar ao que está mais além, mesmo que mais além haja apenas o silêncio e o vazio. Nesse aspecto, os escritores ficaram para trás dos pintores e dos músicos (Beckett lembra Beethoven e os silêncios em suas partituras). Gertrude Stein, com seu estilo verbal minimalista, teve a ideia certa, enquanto Joyce se deslocava na direção equivocada, uma "apoteose da palavra".

Embora Beckett não explique a Kaun por que o francês seria um veículo melhor que o inglês para a "literatura da não palavra" que pretendia produzir, identifica o "*offizielles Englisch*", o inglês culto ou formal, como o maior dos obstáculos para as suas ambições. Um ano mais tarde, começa a abandonar o inglês, usando o francês em seus novos poemas.

(2009)

Samuel Beckett, *Watt*

Em junho de 1940, Paris foi ocupada pelas forças alemãs. Embora cidadão de um país neutro, Beckett oferece seus serviços à Resistência Francesa. Em 1942, temendo a captura iminente pela Gestapo, ele e a mulher deixam Paris e se refugiam numa propriedade rural perto de Roussillon, na Provença.

Embora já viesse escrevendo *Watt* ao deixar Paris com a mulher, Beckett compôs a maior parte do livro em Roussillon. Em 1945, depois fim da guerra, submeteu o original a uma série de editoras inglesas, sem sucesso (uma delas qualificou o livro de "desregrado e ininteligível" demais para publicação). Aos poucos, Beckett se dedica a novos projetos e perde o interesse pela sorte de *Watt*. Numa carta a um amigo, diz que o livro era "insatisfatório, escrito aos pedaços, primeiro durante uma fuga, depois noite após noite, ao fim dos dias que passava às voltas com minha falta de jeito [para o trabalho no campo] durante a ocupação".[1]

Como o público britânico não demonstrou interesse por seu trabalho, e também por julgar que a língua que definia como o "inglês oficial" frustrava sua ambição de produzir uma "literatura da não palavra", mas principalmente por ter decidido que seu futuro estava na França, Beckett começou a escrever em francês. "Acho

[1] *The Letters of Samuel Beckett, vol. 1: 1929-1940*. Cambridge: Cambridge University Press, 2009.

que doravante não vou escrever muito em inglês", contou ele ao mesmo amigo.[2]

Watt acabou publicado, em 1953, por uma revista literária de língua inglesa sediada em Paris, em associação com uma editora francesa especializada em literatura erótica (a Olympia Press, que mais tarde também publicaria *Lolita*, de Vladimir Nabokov). A distribuição na Irlanda foi proibida pelas autoridades.

Depois de ter ficado famoso, e de o mundo de língua inglesa ter despertado para a sua existência, Beckett adotou a rotina de traduzir suas obras para o inglês. *Watt* foi uma exceção: jamais quis que o livro fosse traduzido. Pressionado por seus editores, admitiu finalmente uma edição francesa. No entanto, julgou a tradução tão mal-acabada que a revisou extensamente, fazendo uma série de modificações no texto. Assim, não se sabe ao certo se a versão do livro que pode ser considerada definitiva é a inglesa ou a francesa.

A ambivalência dos sentimentos de Beckett em relação ao livro pode ser atribuída, até certo ponto, às circunstâncias em que foi escrito: numa remota propriedade rural, ao longo de um isolamento compulsório e desgastante. É difícil imaginar outro momento da vida em que Beckett dispusesse da energia ou do interesse necessários para enumerar meticulosamente as oitenta disposições possíveis de quatro móveis num cômodo ao longo de vinte dias ou listar as vinte diferentes trocas de olhares necessárias para que cada um dos cinco membros de um comitê pudesse ter certeza de ter olhado nos olhos de todos os outros. Beckett tinha razão ao afirmar que existe

2 *The Letters of Samuel Beckett*, vol. 1: *1929-1940*; *The Letters of Samuel Beckett*, vol. 2: *1940-1956*. Cambridge: Cambridge University Press, 2011.

certa loucura no projeto cartesiano de metodizar as operações do intelecto humano; mas havia também certa loucura na forma assumida por sua sátira da razão metódica.

Watt, o herói epônimo do livro, é – à primeira vista – um homem que lembra um palhaço, com um andar estranho que parece ter aprendido num livro e sem nenhum traquejo social. Vemos o personagem pegar um trem de Dublin para o subúrbio de Foxrock, onde se põe a caminho da casa de um certo sr. Knott, que o contratou como empregado. Num longo monólogo, Arsene, o empregado anterior a quem ele chega para substituir, explica-lhe como funciona a residência da família Knott: a casa tem sempre dois empregados presentes, diz ele, mas só um dos dois, o mais antigo no serviço e mais importante, tem acesso direto ao patrão.

Watt passa um período (um ano?) como empregado inferior, depois mais um período como superior, antes de ir embora por sua vez. Ao final de um intervalo não especificado, tornamos a encontrá-lo num asilo de loucos, onde trava amizade com um paciente chamado Sam. A Sam, conta de maneira truncada a história do tempo que passou na residência da família Knott. E é esse relato que Sam, por sua vez, conta para nós na forma de um livro chamado *Watt*.

Os anos que Watt passa com o sr. Knott (segundo o relato de Sam) podem não ter sido palpitantes, mas ainda assim a experiência deve ter sido perturbadora (é o que inferimos), a ponto de levá-lo à loucura. Ele perde a razão porque, apesar de seus esforços mais persistentes, não consegue entender o sr. Knott (e sua residência) – mais especificamente, não consegue conhecer plenamente o sr. Knott. Tudo o que o sr. Knott fazia, tudo o que ocorria em sua casa, Watt submetia a uma exaustiva análise racional, mas ainda assim, em todos os casos, sua análise jamais resultava numa certeza quanto à realidade do sr. Knott. Ao final da estada de Watt, o sr. Knott continuava tão misterioso quanto no dia de sua chegada.

Para o leitor, que vê de fora o sr. Knott e todos que moram com ele, nada acontece de misterioso, nada que mereça muita reflexão. O sr. Knott é só um velho excêntrico que mora num casarão em Foxrock, de onde nunca sai. Entretanto – embora as palavras finais do livro, "símbolo algum onde nenhum foi premeditado", constituam uma advertência do autor contra a interpretação excessiva –, o livro não terá uma *raison d'être* se não tivermos acesso (provisório) à visão inarticulada e tácita de Watt: o sr. Knott é, em algum sentido, a Divindade e ele, Watt, recebeu a incumbência de servi-Lo.[3] Segundo essa interpretação, o que impede Watt de conhecer Deus resulta da inépcia do intelecto, da razão humana e do método que ele emprega (aprendido, como seu modo de andar, nos livros) para chegar ao conhecimento do divino.

O método em questão deriva de René Descartes. Foi formulado pelo filósofo no ano de 1637, em seu *Discurso do método para bem conduzir a razão* e, a partir de então, convertido no padrão ortodoxo da atividade científica:

I. Só aceitar como verdade o que eu reconheça como verdade evidente; isto é, evitar com todo cuidado a precipitação e a prevenção; e não admitir em minhas avaliações senão o que se apresente a meu espírito de forma tão clara e distinta que eu não tenha ocasião de pô-lo em dúvida.

II. Dividir cada uma das dificuldades que examino na maior quantidade possível de partes necessárias para melhor resolvê-las.

---

3 Samuel Beckett, *Watt*. Nova York: Grove, 1959.

III. Conduzir em ordem meus pensamentos, começando pelos objetos mais simples e mais fáceis de conhecer para ascender pouco a pouco, de forma gradativa, ao conhecimento dos mais complexos.
IV. Conduzir em todos os casos enumerações tão completas, e revisões tão gerais, que eu tenha a certeza de nada omitir.[4]

Esse é o método que Watt aplica a cada fenômeno que se apresenta aos seus sentidos, da visita dos afinadores de piano às atividades do próprio sr. Knott. A aplicação constante e inabalável do método cartesiano, o método científico, à rotina da residência do sr. Knott resulta na comédia intelectual que constitui o grosso de *Watt*.

Watt é uma sátira filosófica na tradição de François Rabelais e (mais de perto) Jonathan Swift e Lawrence Sterne. Mas o impulso por trás da obra não é apenas cético (e cético logo em relação a Descartes, o arquidefensor do cultivo do ceticismo como hábito intelectual). Se decodificarmos as falas crípticas que Watt formula de trás para a frente no asilo, poderemos encontrar uma pista da natureza desse impulso:

> Do nada. À fonte. Ao mestre. Ao templo. Para ele eu trouxe. Este coração esvaziado. Estas mãos esvaziadas. Esta mente ignorante. Este corpo desabrigado. Para amá-lo meu pouco aviltado. Meu pouco rejeitado para tê-lo. Meu pouco esquecido para conhecê-lo. Meu pouco abandonado para encontrá-lo.
>
> [Aviltei o pouco que sou para amá-lo; rejeitei o pouco que sou para tê-lo; esqueci o pouco que sou para apren-

---

4 René Descartes, *Philosophical Works*. Cambridge: Cambridge University Press, 1969, vol. 1. [Traduzido do inglês, N. T.]

dê-lo; abandonei o pouco que sou para encontrá-lo. A ele eu trouxe este coração esvaziado, estas mãos esvaziadas, esta mente ignorante, este corpo sem abrigo: ao templo, ao mestre, à fonte do nada.]

Watt tenta encontrar Deus ou "Deus", de que Knott/ *Not* é uma representação. Empreende sua jornada com espírito humilde, sem nenhuma ideia preconcebida; mas Knott se revela impossível de conhecer – não só pelo intelecto racional, mas essencialmente incognoscível. Como Santo Agostinho poderia ter dito a Watt, jamais poderemos saber o que Deus é, só o que Ele não é. De fato, em seu primeiro dia de serviço, Watt ouve de Arsene uma advertência do mesmo teor: "O que nós próprios [os empregados] sabemos tem uma influência considerável sobre a natureza do que é tão bem descrito como o inexprimível ou inefável, de maneira que qualquer tentativa de exprimi-lo ou efá-lo estará fadada ao fracasso, fadada, fadada ao fracasso".

Arsene evoca aqui uma citação da *Ética* de Geulincx que Beckett julgava importante a ponto de ter copiado num dos seus cadernos: "Ineffabile […] id est dicitur, non quod cogitare aut effari non possumus (noc enim *nihil* esset: num *nihil* et *non cogitabile* idem sunt)" [Inefável […] é o que não temos como entender ou apreender (que é o *nada*: na verdade, *nada* e *impensável* são a mesma coisa)].[5]

É essa camada mais profunda encoberta pela comédia aparente da conduta de Watt, sua tenaz jornada metafísica para conhecer o incognoscível, exprimir o inexprimível, acumulando um fracasso depois do outro, que lhe

---

5 Ver: C. J. Ackerley, *Obscure Locks, Simple Keys: The Annotated Watt*. Tallahassee: Journal of Beckett Studies Books, 2005.

confere seu *pathos*, que o transforma em mais que um mero palhaço do intelecto.

Como texto, *Watt* é desigual na qualidade. Nos primeiros contos de Beckett, reunidos em *More Pricks than Kicks*, o autor tendia a exibir sua erudição de modo juvenil, mesclar registros verbais elevados e rasteiros e permitir-se fáceis jogos de palavras. As mesmas características ainda aparecem nas páginas iniciais de *Watt*. É só quando o protagonista chega à residência do sr. Knott que Beckett encontra o tipo de prosa uniforme que vinha procurando, a mistura singular de lirismo e paródia própria de *Watt*. Alguns dos episódios que compõem esse livro fundamentalmente episódico apresentam a qualidade constante de uma elevada ária cômica do início ao fim (ocorre-me aqui não só o monólogo de Arsene, mas a visita do pai e do filho chamados Gall; a maneira como são servidas as refeições do sr. Knott; o cão faminto convocado a consumir os restos da mesa, e a família Lynch, cujo dever é cuidar do cachorro). A outros episódios falta a mesma inspiração: as visitas da peixeira, a sra. Gorman, por exemplo. As listas que ocupam páginas e páginas com as permutações e combinações de objetos são tediosas, mas esse tédio faz parte da concepção do livro, uma fábula acoplada a um tratado que em longos trechos consegue exercer um fascínio hipnótico.

(2015)

Samuel Beckett, *Molloy*

O irlandês Samuel Beckett, no início de sua carreira, escrevia no inglês materno; em suas obras mais tardias e importantes, porém, trocou-o pelo francês. A divisao entre as fases inglesa e francesa de sua carreira coincidiu com a Segunda Guerra Mundial. Quando irrompe a guerra, Beckett residia em Paris. Cidadão de um país neutro, poderia ter seguido sua vida sob a ocupação alemã, mas suas atividades em prol da Resistência Francesa o forçam a refugiar-se numa propriedade rural do sul da França. É ali que escreve sua última obra substancial em inglês, o romance *Watt*.

A fase mais criativa da sua vida, o período que gerou os *trois romans*[1] (publicados entre 1951 e 1953), além da revolucionária peça teatral *Esperando Godot* (encenada pela primeira vez em 1953), começa pouco depois da guerra, entre 1946 e 1949. As obras que escreveu depois, tanto os textos de ficção como as peças teatrais, têm grande vigor, mas não excedem, em suas ambições, a obra de sua grande fase, e nem abrem novos caminhos. Os *trois romans*, o primeiro dos quais é *Molloy*, permanecem como seus triunfos mais duradouros na ficção.

Por que Beckett troca o inglês pelo francês em sua literatura? A resposta deve ser, em parte, porque em 1946

---

1 No Brasil, conhecida também como "trilogia do pós-guerra". [N. E.]

ele já percebera que naquele momento, e no futuro, seu país era a França. Outra parte da resposta é que a língua francesa acolhia melhor o tom direto e selvagem que o autor desejava cultivar. Essa potencialidade do francês tinha sido demonstrada com grande clareza por Louis-Ferdinand Céline em seus romances *Viagem ao fim da noite* (1932) e *Morte a crédito* (1936).

Molloy é uma obra misteriosa, que provoca e ao mesmo tempo repele a interpretação. É a história de dois homens, Molloy e Moran – ou serão Molloy e Moran a mesma pessoa? Como o tempo opera no mundo em que se dá a existência de Molloy e Moran (ou de Molloy/Moran): desloca-se linearmente adiante ou descreve círculos? As criaturas que dão ordens a Moran pertencem a esse mundo ou a algum outro?

A tentativa de submeter *Molloy* a alguma ordem sempre deu trabalho aos estudiosos de Beckett. Uma das formas propostas para descobrir um sentido no livro é ler sua segunda parte como uma obra de ficção escrita por Molloy sobre um personagem chamado Moran, que parte numa jornada em busca de seu autor. Então, a viagem de Moran de dentro para fora serve de metáfora para a viagem de Molloy para dentro de si; Moran acaba por "encontrar" Molloy, seu autor, transformando-se nele. O primeiro sinal objetivo dessa metamorfose é a súbita dor no joelho que acaba paralisando sua perna, o que reduz Moran à mesma situação em que vemos Molloy no início do livro, obrigado a pedalar sua bicicleta com uma perna só.

Mas também é plausível afirmar que Moran, e não Molloy, é a figura do autor. Ao final da sua narrativa, obedecendo a uma voz que lhe pede um relatório de sua busca frustrada por Molloy, Moran escreve o seguinte:

Então voltei para casa e escrevi: É meia-noite. A chuva bate na janela. Não era meia-noite. Não estava chovendo.[2]

Se alguém escreve que a chuva bate na janela quando na verdade a chuva não bate na janela, está mentindo ou, em termos mais nobres, produzindo ficção. Será que essas obscuras frases finais indicam que Moran era desde o início o autor da obra de ficção que estamos lendo? Nesse caso, Moran não seria apenas outro nome para Beckett?

O fato de não haver consenso sobre a maneira de ler o romance sugere, em nível mais elementar, que pode ser necessário deixarmos de lado qualquer tentativa de lhe dar uma explicação racional, de reduzi-lo a alguma ordem. Tentar encontrar o sentido de *Molloy* pode não ser a maneira mais indicada ou frutífera de nos lançarmos à sua leitura.

O que primeiro impressiona o leitor, e lhe deixa a memória mais duradoura de *Molloy*, é sua prosa, irresistível e ao mesmo tempo sutil, um veículo que, aqui, Beckett está no processo de moldar para a sua inteligência poderosa e sutil. Em cada uma das metades do livro, mas especialmente na primeira, o monólogo avança sem trégua; ainda assim, esse movimento para a frente é em parte tolhido por dúvidas e restrições, quase sempre de uma comicidade sombria. Desse embate entre o impulso inexplicável e quase físico de avançar e, do outro lado, a força de frenagem do intelecto crítico, nasce o movimento característico da prosa de ficção de Beckett, elegante na fluência de sua música verbal, mas compulsivamente voltada para si mesma.

---

2   Samuel Beckett, *Molloy. Malone Dies. The Unnamable*. Londres: Calder, 1959. [Ed. brasileira: *Molloy*. São Paulo: Biblioteca Azul, 2014.]

Beckett é geralmente considerado um escritor "intelectual". Não há dúvida de que era um homem de inteligência aguda e vasta erudição. Mas disso não decorre que o nascedouro da sua produção literária seja o intelecto. Mais que qualquer outra das suas obras, *Molloy* provém de uma fonte situada nas profundezas do autor, que o intelecto talvez não tenha como alcançar. Com uma segurança cada vez maior, Beckett consegue extrair dessa fonte que se inaugura em *Molloy* um projeto criativo mais vasto, que transformaria o teatro contemporâneo e talvez transformasse também a ficção contemporânea se os seus romances tivessem obtido fama equivalente à de suas peças.

Molloy é, entre outras coisas, uma história, ou duas histórias entrelaçadas, com dois narradores entrelaçados: Molloy (sem primeiro nome) e Moran (prenome Jacques).

Será melhor chamar Molloy e Moran de personagens ou defini-los como vozes? Molloy é um vagabundo, um homem errante, decrépito e dado a súbitos rasgos de violência. Moran é um viúvo de existência confortável (ou pelo menos é o que inferimos – ele tem um filho, mas não há menção à sua mulher), rígido em seus hábitos, de espírito matreiro, profundamente satisfeito consigo mesmo. Até certo ponto, assim, cada um dos dois tem seu lugar na sociedade, ou pelo menos em suas margens, e um conjunto de características pessoais que constituem sua "personalidade". Até certo ponto, os dois se conformam à noção comum de como deve ser um personagem romanesco. Além disso, com o passar do tempo pode-se dizer que um dos dois, Moran, apresenta um "desenvolvimento" similar ao dos personagens do romance clássico: torna-se menos rígido, menos seguro de si, até mesmo humilde. (Molloy não muda: continua o mesmo do início ao fim.)

Ainda assim, depois da leitura do livro, a memória que fica não é de ter estado na companhia de um personagem ou de dois personagens, mas de ter ouvido o que é dito, ou ter sido habitado, por uma voz ou várias vozes. Eis aqui a voz que diz chamar-se "Molloy":

> Não é o tipo de lugar aonde você vai, mas onde se descobre, às vezes, sem saber como, que não pode abandonar quando quiser e onde se descobre despojado de qualquer prazer, mas talvez com mais prazer que nos lugares de onde pode escapar fazendo algum esforço, lugares de mistério, cheios de mistérios familiares. Escuto, e a voz é de um mundo sempre em colapso, um mundo congelado sob um céu pálido e sem nuvens, o suficiente para se enxergar, sim, e também congelado. E ouço um murmúrio que em tudo murcha e cede, como que por sobrecarga, mas não há carga, e o chão também, inadequado para cargas, e a luz também, baixando até uma extinção que parece nunca chegar. Pois qual fim possível para esses restos onde nunca houve luz de verdade, nem nada de pé, nem qualquer base verdadeira, mas só essas coisas inclinadas, que desabam e desmoronam o tempo todo sob um céu sem memória de manhã ou expectativa de noite. Essas coisas, quais coisas, vindas de onde, feitas do quê? E a voz diz que nada aqui se move ou nunca se moveu, nunca se moverá, exceto eu, que tampouco me movo quando estou aqui, mas vejo e sou visto. Sim, um mundo terminal, apesar das aparências, gerado pelo seu desfecho, que começa quando acaba, assim fica claro? E eu também no limite, quando estou lá, meus olhos se fecham, meus sofrimentos cessam e eu chego ao fim, murcho como os vivos não podem murchar.

Essa não é a voz de um indivíduo, de um "personagem" (no caso Molloy), mas a voz presente em grande parte da obra ficcional de Beckett a partir de *Molloy*. É uma voz que parece manifestar os ecos que produz, ou anotar o que dita, outra voz mais remota e misteriosa (só que nesse universo nenhum mistério tem mistério, ou – melhor dizendo – tudo é igualmente misterioso, igualmente desconcertante para o intelecto), uma voz que descreve um mundo terminal de sonho onde o sol mal produz luz ou calor e a vida mal consegue se aferrar à superfície do planeta.

Durante a década de 1930, Beckett submeteu-se à psicanálise com Wilfred Bion, que depois se consagraria como um dos principais nomes da escola inglesa de psicanálise. A experiência de Beckett com Bion o levaria a confiar cada vez mais na livre associação e na chamada cura pela palavra – não como método terapêutico, mas também como um modo de entrar em contato com uma fonte que seria fútil chamar de Consciência ou de Outro, e é melhor deixar, portanto, com o nome que o próprio Beckett propõe: *O inominável*. O que despertava mais especificamente sua confiança na cura pela palavra era o ônus, que toca ao paciente, de falar e continuar falando sem pensar no sentido do que diz, sem se perguntar se e quando chega ao fim, ou ao que quer dizer.

A cura pela palavra é a base de trechos como o citado acima, mas só a base. O grande feito de *Molloy* é reintegrar à prosa um intelecto agente da dúvida e da interrogação que é menosprezado na psicoterapia, de sorte que – milagrosamente – o monólogo possa evoluir ininterrupto, sem quebras, sem silêncios, enquanto as fórmulas e os automatismos da linguagem são ainda assim passíveis de serem isolados e submetidos a um detido exame cético.

A segunda metade de *Molloy* pertence a Moran e ao monólogo de Moran. Moran se apresenta como um dos agentes de um ser chamado Youdi, que usa um tal Gaber para transmitir suas ordens. É Gaber quem diz a Moran para encontrar Molloy. Molloy, finalmente descobrimos, é só um dos "pacientes" que Moran já caçou no passado. Entre outros que ele menciona estão Murphy, Watt e Mercier. Moran esquece, ou não chegam a dizer-lhe, o que deveria fazer ao encontrar Molloy.

A busca de Moran é infrutífera. Ao cabo de um ano, doente e desalentado, abandonado por seu filho (que por algum tempo desempenhara o papel secundário de "escada" de dupla cômica que Beckett conhecia bem do cinema e do teatro de variedades, e empregaria com frequência em suas peças teatrais), Moran torna a receber a visita de Gaber. Gaber menciona um pronunciamento oracular dos lábios de Youdi: que a vida é "uma coisa bela […] uma alegria para sempre"[3]. Moran não entende suas palavras. E se pergunta: Youdi estaria falando da vida humana?

Embora Youdi e Gaber apareçam muito pouco no romance, as alusões óbvias de seus nomes a Jeová, o Deus do Velho Testamento, e Gabriel, seu anjo mensageiro, podem despertar no leitor a tentação de concluir que haveria uma intenção religiosa no livro e atribuir um sentido religioso à jornada de Moran em busca de Molloy – da mesma forma que a rede de agentes e mensageiros que aparecem nos romances de Kafka *O processo* e *O castelo* deu origem a uma série de leituras religiosas da obra do escritor.

---

3 No original, a alusão é clara ao célebre verso do *Endymion* de Keats, "*a thing of beauty is a joy for ever*", traduzida por Péricles Eugenio da Silva Ramos como "o que é belo alegra para sempre". [N. T.]

No caso de Beckett, porém, o leitor precisa acautelar-se para não atribuir um peso excessivo ao elemento religioso – especificamente cristão. Beckett não tinha fé nem – criado num lar protestante – trazia as cicatrizes da variedade intolerante de cristianismo pregada pelo clero católico irlandês e recapitulada por seu concidadão James Joyce. O pensamento cristão e a mitologia cristã aparecem muito na obra de Beckett, mas não como fonte de inspiração. O trânsito de anjos como mensageiros entre o homem e Deus faz parte do mecanismo estrutural que Beckett incorpora a *Molloy*, assim como vai buscar na literatura grega o mecanismo da viagem em etapas que traz Odisseu de volta a Penélope (Molloy depara com mulheres que se baseiam claramente em Circe e Nausícaa), usando esse mecanismo para dar forma narrativa à viagem que conduz Molloy de volta à sua mãe.

Cautela semelhante deve ser exercida em relação aos seres que encontramos no início da narrativa do próprio Molloy, seres que não o deixam morrer, que de alguma forma o coagem a escrever e depois, com alguma finalidade obscura, levam embora consigo as páginas que escreve. Essas passagens iniciais podem ser lidas, da maneira mais simples, como um comentário sardônico do autor à sua situação. Associam Molloy, ser que dá nome a um livro de Beckett, a uma série de outros personagens de Beckett que Moran alega encontrar: Murphy, Watt, Mercier. Na época do lançamento original de *Molloy*, em 1951, os leitores franceses não tinham como saber quem seriam esses personagens, pois *Murphy* (1938) só tinha sido publicado na Inglaterra, enquanto *Watt* e *Mercier et Camier* só existiam em forma de manuscrito. Murphy, Watt e Mercier são avatares de Molloy, tanto quanto Molloy irá revelar-se um avatar do

Malone de *Malone morre*, e Malone será um avatar do Inominável em *L'Innomable* (e a série não acaba aí).

Apresso-me a acrescentar que é só por conveniência que defino esses personagens de ficção como avatares uns dos outros. Não existe um sistema de avatares em Beckett, e a condição de avatar não tem nenhum sentido metafísico. A questão que Beckett aborda aqui não é a posição relativa de homens e anjos no universo, mas saber quem está escrevendo, e por que quem está escrevendo, seja quem for, continua a escrever, um livro atrás do outro.

No romance convencional europeu do século XIX, os personagens são movidos por sua vontade individual de agir em interesse próprio. É esse comportamento, marcado pelo interesse próprio e movido pela vontade, que os define como indivíduos autônomos e produz o drama do confronto de vontades em que o romance se desenvolve.

Em Beckett, por sua vez, as pessoas não só ignoram quem são e quais podem ser seus interesses como não sabem de nada, ou, em termos mais precisos, não têm meios de distinguir o que sabem do que lhes chega à mente vindo de algum outro lugar. Em vez de agirem em seu próprio interesse, obedecem a vozes cuja origem é desconhecida. Já a tão apregoada autonomia do indivíduo só faz servir de tema para piadas sem fim em toda a obra de Beckett.

Em sua obra, as pessoas ouvem vozes e têm visões. Essas visões, limitadas em seu repertório, muitas vezes se originam em memórias que, em Beckett, persistem desde a infância. A exploração dessas visões ou lembranças pode ser devidamente qualificada de ficção porque, em sua obra, nenhuma fronteira estrita — na verdade, fronteira alguma — separa memória e ficção. Boa parte da comédia intelectual de Beckett consiste em testar uma hipótese atrás da outra, num esforço para dar sentido às visões involuntárias.

Na concepção da linguagem que reina no romance clássico, ortodoxa e geralmente avessa a muito exame, a linguagem é um sistema de comunicação que as pessoas empregam com a finalidade de controlar seu ambiente, atingir seus objetivos e realizar seus desejos. Em Beckett, a linguagem é um sistema encerrado em si mesmo, um labirinto sem saída que aprisiona os seres humanos. A subjetividade, a sensação de ser um sujeito e possuir uma identidade, dissolve-se à medida que acompanhamos os meandros de uma voz que se manifesta por nosso intermédio, mas cuja fonte desconhecemos (virá de dentro ou de fora?).

Por que não o silêncio, em vez de um monólogo interminável? Molloy não tem resposta: "Não querer dizer, não saber o que quer dizer, não ser capaz de dizer o que acha que quer dizer, e nunca, ou quase nunca, parar de dizer, eis o que não nos deixa o espírito, nem mesmo no calor da composição".

(2015)

Oito maneiras de ver Samuel Beckett

I

Como Hugh Kenner nos explicou há muito tempo em seu ensaio *O centauro cartesiano*, Samuel Beckett é adepto do dualismo filosófico.[1] Especificamente, Beckett escreve como se acreditasse que somos compostos de um corpo somado a um intelecto, que *somos* um corpo somado a um intelecto. Mais especificamente ainda, escreve como se achasse que a conexão entre mente e corpo é misteriosa, ou pelo menos inexplicada. Ao mesmo tempo, Beckett – isto é, a mente, o intelecto de Beckett – acha ridícula a descrição dualista do eu. Essa atitude ambivalente é a fonte de boa parte da comédia que produziu.

Segundo essa descrição consagrada, Beckett acredita que nossa constituição é dual e que nossa constituição dual é a *fons et origo*[2] do nosso desconforto no mundo. Acredita ainda que não haja nada a fazer para mudar

---

1 Publicado pela primeira vez em 1959, esse ensaio faz parte de *Samuel Beckett: A Critical Study*. Berkeley: University of California Press, 1968.
2 Em latim no original: "fonte e origem". [N. T.]

nossa constituição, muito menos através da introspecção filosófica. Essa é a circunstância que nos revela absurdos.

Mas o que exatamente é absurdo? O fato de sermos dois tipos de entidade, corpo e alma, ligados entre si? Ou a convicção de que somos dois tipos de entidade ligados entre si? O que provoca o riso e as lágrimas de Beckett, às vezes difíceis de distinguir: a condição humana ou o dualismo filosófico como descrição da condição humana?

O Beckett que pratica a sátira filosófica ataca e destrói vezes sem conta a descrição dualista. A cada vez, a descrição dualista ressurge das cinzas e torna a confrontá-lo. Por que Beckett acha tão difícil manter-se alheio a esse conflito? Por que persiste em sua ambivalência em face do eu ambivalente do dualismo? Por que não se refugia na alternativa mais atraente ao sistema, o monismo filosófico?

II

A resposta que imagino para a última pergunta (por que Beckett não é monista?) é que ele tem uma convicção profunda demais de que é um corpo somado a um intelecto. Por mais que o monismo pudesse lhe trazer alívio, imagino que sua experiência cotidiana lhe diga que ele é um ser que pensa conectado de algum modo a uma carcaça insensível que precisa levar consigo a toda parte; e que essa experiência não lhe ocorre habitualmente uma vez por dia, mas é experimentada a cada momento de vigília de todos os dias. Noutras palavras, o ruído de fundo sem trégua da consciência é a consciência de uma existência não física.

Assim, o monismo não representa uma salvação para Beckett porque não é verdadeiro. Beckett não tem como acreditar na descrição monista e não tem como forçar-se a crer nela. Não tem como forçar-se a crer na descrição monista não porque não consiga mentir para si mesmo, mas porque, no momento em que a descrição dualista é abandonada e trocada pela descrição monista, a descrição monista se converte no conteúdo de uma consciência incorpórea dualista.

Um modo alternativo e mais eficaz de saber por que Beckett não é monista é simplesmente examinar a propaganda de uma das teorias monistas da mente. Eis aqui um confiante William James explicando as vantagens de uma alma que se sente à vontade no mundo:

> O grande defeito da antiga psicologia racional [isto é, cartesiana] era definir a alma como um ser espiritual autônomo dotado de certas faculdades graças às quais é possível sua variada atividade de lembrar-se, imaginar, raciocinar, desejar etc. [...] Mas a compreensão mais rica dos dias modernos percebe que nossas faculdades internas são previamente adaptadas aos aspectos do mundo em que vivemos, ou melhor, adaptadas de modo a garantir que nele nos sintamos seguros e possamos prosperar.[3]

III

Há muitas pessoas que passaram pela mesma condição de Beckett, grosseiramente definível como uma condição de desamparo existencial, e sentiram que era uma sorte trágica ou absurda, ou uma sorte trágica e absurda ao mesmo tempo. Na segunda metade do século XIX, havia muita

---

3 William James, *Psychology (Briefer Course, 1982)*. Cambridge: Harvard University Press, 1984.

gente convencida de que – com a devida vênia de William James – ou a alta civilização ocidental estava num caminho evolutivo que a levaria a um beco sem saída ou o futuro pertencia não ao ser humano reflexivo, hiperconsciente e alienado, do tipo "moderno", mas ao tipo irrefletido e ativo; ou as duas coisas. Essa modalidade de pessimismo cultural ainda estava muito presente durante a formação de Beckett. O fascismo, cujo apogeu ele estava fadado a vivenciar e a sofrer, glorificava os homens de tipo instintivo, irrefletido e ativo e tratava com violência os tipos doentios e reflexivos como ele.

A novidade que tinha desencadeado a convergência das mentes de Zola, Hardy e Huysmans, e outros como eles, era a teoria da evolução biológica, que ao final do século já fora adotada e absorvida pela maioria das pessoas que se julgavam modernas. Havia uma continuidade das formas de vida que ia das bactérias, num extremo, ao *Homo sapiens* do outro. Mas também havia ramos inteiros que deixavam de existir, tornavam-se extintos, por conta de uma adaptação excessiva. Não seria o cérebro avantajado do *Homo sapiens*, desenvolvido para suportar o peso de tanta consciência, uma adaptação excessiva, condenando a humanidade à mesma sorte dos dinossauros – se não a humanidade como um todo, pelo menos o homem burguês ocidental hiperreflexivo?

IV

O que falta ao relato da vida compilado por Beckett? Muitas coisas, a maior das quais é a baleia.

"Capitão Ahab, ouvi falar de Moby Dick", diz Starbuck, imediato do *Pequod*. "Não foi ela que amputou a sua perna?"

"Foi, Starbuck", responde o capitão Ahab, "foi Moby Dick que me desmastreou". Por isso "vou perseguir [...] a baleia branca [...] por todos os cantos do planeta, até ela esguichar sangue e revirar-se com as barbatanas para cima".

Mas Starbuck tem suas dúvidas. Embarquei neste navio para caçar baleias, diz ele, e não para buscar vingança – "vingança de um monstro inconsciente [...] que o atacou por um simples instinto cego. Enfurecer-se contra uma coisa sem consciência, capitão Ahab, parece-me uma blasfêmia".

Ahab não se abala. "'Todos os objetos visíveis [...] sao simples marcas num quadro de papelão", diz ele, apresentando uma versão filosófica de sua *vendetta* contra a baleia branca. "Mas em cada acontecimento – no ato vivo, no feito indubitável – ali, alguma coisa desconhecida mas ainda assim dotada de raciocínio deixa entrever seus traços por baixo da máscara da inconsciência. Se um homem precisa golpear, que golpeie através da máscara! Como o prisioneiro pode chegar ao mundo exterior, senão através dos muros? Para mim, a baleia branca é esse muro, que me contém muito de perto."[4]

Será nossa vida conduzida por alguma inteligência, malévola ou benigna? Ou, pelo contrário, tudo o que nos acontece será não mais que coisas que acontecem? Fazemos parte de um experimento em tamanha escala que nem sequer podemos distinguir seus contornos ou, pelo contrário, não existe esquema algum de que façamos parte? Essa é a pergunta que vejo no cerne de *Moby Dick* como drama filosófico, não muito dessemelhante da questão central da obra de Beckett.

---

4   Herman Melville, *Moby Dick*, capítulo 36.

Melville apresenta a questão não de forma abstrata, mas por meio de imagens, representações. Não pode fazê-lo de outra maneira, pois a questão se apresenta a ele numa imagem singular, a imagem do vazio, da não imagem. A brancura, diz Ishmael, o narrador, no capítulo intitulado "A brancura da baleia", é "o agente intensificador das coisas que mais assustam a humanidade"; sua mente projeta a imagem de uma paisagem nevada toda branca ou da "absoluta ausência de imagem, prenhe de significado".

A questão se apresenta por meio de imagens. Através das imagens, inclusive as imagens em branco, jorram torrentes de significado (essa é a natureza das imagens). Uma imagem: a parede branca da cela em que nos vemos aprisionados, que é também a parede branca em que consiste a testa imensa da baleia. Se o arpão é lançado, se o arpão atravessa a parede, onde ele vai se cravar?

Outra imagem: a baleia, imensa em sua fúria, imensa em sua agonia mortal. No mundo de 1859, a baleia branca é a última criatura da terra (da terra de Deus?, talvez sim, talvez não) que o homem, mesmo o homem aparelhado para a batalha, sai para enfrentar com o coração cheio de medo.

Uma baleia é uma baleia é uma baleia. Uma baleia não é uma ideia. Uma baleia branca não é uma parede, um muro branco. Se você arpoa uma baleia, ela não sangra? Sangra, e com grande fartura, como lemos no capítulo 61. Não há como evitar o sangue da baleia. Ele borbulha e se espalha formando um rastro de centenas de metros, até que os raios do sol, nele refletidos, avermelham as feições dos seus matadores. O sangue transforma o mar num lago carmesim; deixa encarnada cada ondulação do mar.

Em suas brancas celas, os eus de Beckett, suas inteligências, suas criaturas, o nome que preferirmos lhes dar, esperam, vigiam, observam e anotam.

> Tudo branco na brancura da rotunda [...] Diâmetro 3 pés, 3 pés da base ao topo [...] Estendidos no chão dois corpos brancos [...] Brancas também a cúpula e a parede redonda [...] tudo branco na brancura.[5]
>
> Tudo conhecido tudo branco despojado corpo branco fixado 1 jarda pernas juntas como que costuradas. Calor ligeiro piso branco 1 jarda quadrada que não se vê. Paredes brancas de 1 jarda por 2 teto branco...[6]

Por que esses seres não agarram seu arpão e o arremessam através da parede branca? Resposta: porque são todos aleijados, impotentes, inválidos, acamados. Porque seus cérebros estão aprisionados em recipientes sem braços nem pernas. Porque são vermes. Porque não têm arpões, no máximo um lápis. E por que são aleijados ou inválidos ou vermes ou cérebros sem corpo armados no máximo com um lápis? Porque eles, e a inteligência por trás deles, acreditam que o único instrumento capaz de perfurar o muro branco é o pensamento puro. Apesar do que seus olhos lhes revelam: que o instrumento do pensamento puro fracassa de novo e de novo e de novo. Você precisa continuar. Não posso continuar. Continue. Tente de novo. Fracasse de novo.

Para Melville, o homem de uma perna só que toma para si a tarefa do arremesso do arpão, embora o arpão também precipite sua derrota (ao arpão está atada a corda que o arrasta para a sua morte), é um personagem de loucura trágica e (talvez) grandeza trágica, à moda de Macbeth. Para Beckett, o ser sem pernas que escreve e

---

5 Samuel Beckett, "Imagination Dead Imagine", *Samuel Beckett: The Grove Centenary Edition*. Nova York: Grove Press, 2006, vol. 4.
6 Samuel Beckett, "Ping", *Samuel Beckett: The Grove Centenary Edition*, vol. 4.

acredita no pensamento puro é um personagem de comédia, pelo menos o tipo de comédia intelectual angustiada, tensa, solipsista, carregada de sugestões de maldição, que Beckett adotou e tornou-se quase automática para ele até o despertar tardio por que passou nos anos 1980.

Mas e se Beckett tivesse possuído a coragem imaginativa de sonhar a baleia, a imensa testa (do latim *frons*, em inglês *front*[7]) branca e lisa pressionando a frágil cortiça da embarcação em que você se arrisca sobre as profundezas; e por trás dessa testa, dessa fachada, o grande cérebro animal com suas maquinações, o cérebro que vem de outro universo discursivo, produzindo pensamentos coerentes com sua natureza própria, mais que malévolos, mais que benignos, pensamentos incognoscíveis, incomensuráveis com o pensamento humano?

V

Tentar de novo.

Um ser, uma criatura, uma consciência, desperta (digamos assim) numa situação inelutável e inexplicável. Ele (ela? isso?) faz o possível para compreender a situação (digamos assim), mas não consegue. Na verdade, a própria ideia de compreender uma situação se torna cada vez mais obscura. Ele/ela/isso parece fazer parte de algo que tem algum propósito, mas o que pode ser, e qual participação ele/ela/isso pode ter, o que nos diz que existe algum propósito?

Damos um salto. Deixemos para outra ocasião a reflexão sobre qual foi.

---

7 Que tem também o sentido de "fachada, aparência", "linha de frente" e "frente de batalha". [N. T.]

Um ser, uma criatura, uma dessas criaturas que nós, quem quer que sejamos, chamamos de primata (que nome ele/ela/isso dá a si mesmo não sabemos; nem sequer temos certeza de que ele/ela/isso conheça o conceito de nome; daqui por diante, vamos nos referir a ele/ela/isso como "Isso"; podemos até, antes de chegar ao fim, vir a questionar o próprio conceito de conceito) – Isso se descobre num espaço branco, uma situação. Parece fazer parte de algo que tem algum propósito; mas qual será?

Diante dos seus olhos há três tubos de plástico preto de 1 metro de comprimento por 19 milímetros de diâmetro. Debaixo de cada um dos tubos fica uma pequena caixa de madeira sem tampa e com uma porta que está fechada mas pode ser aberta.

Uma noz é largada (pausa para observar este "é largada" que parece não ter sujeito, não ter um agente – como pode ser? – antes de seguirmos adiante) no terceiro tubo (um-dois-três: podemos supor o conceito de contagem, podemos supor direita e esquerda?). Se o ser, a criatura, o primata, Isso, quiser a noz (essas histórias de despertar em situações bizarras estão geralmente associadas a alguma coisa de comer), precisa abrir a caixa certa, definida como a caixa que contém a noz.

A noz é largada no terceiro tubo. Isso escolhe uma porta para abrir. Abre a terceira caixa, e, maravilha das maravilhas, lá está a noz. Avidamente, Isso come a noz (que mais poderia fazer com ela? Além de tudo, está esfomeado).

Mais uma vez, a noz é largada no terceiro tubo. Mais uma vez, Isso abre a terceira caixa. Mais uma vez, a caixa contém uma noz.

A noz é largada no segundo tubo. Será que Isso, levado pelo hábito, irá achar que a terceira caixa é sempre a caixa da sorte, a caixa com conteúdo? Não: Isso abre a segunda caixa, a caixa situada imediatamente abaixo do segundo tubo. Ela contém uma noz.

A noz é largada no primeiro tubo. Isso abre a primeira caixa. Lá está a noz.

Assim, o primeiro tubo conduz à primeira caixa, o segundo tubo, à segunda, o terceiro tubo, à terceira. Até aqui tudo bem. Pode-se tratar de um modo absurdamente complicado de alimentar uma criatura, um apetite, um sujeito, mas tudo indica ser assim que as coisas funcionam nesse universo, o universo branco em que Isso se encontra. Quando você quer uma noz, precisa atentar para o tubo em que ela é largada e então abrir a caixa abaixo dele.

Mas ah! No fim das contas, o universo não é tão simples. O universo não é o que pode parecer. Na verdade – e este é o ponto-chave, a lição filosófica –, o universo nunca é como parece.

Uma tela esconde parte da cena: Isso ainda pode ver o alto dos tubos, e a parte inferior, mas não a porção média. Ocorre algum embaralhamento. O embaralhamento acaba, e tudo volta a ser como antes, pelo menos na aparência.

Uma noz é largada no terceiro tubo. Isso, a criatura, abre a terceira caixa. A terceira caixa está vazia.

Novamente, uma noz é largada no terceiro tubo. Novamente, Isso abre a terceira caixa. Novamente, ela está vazia.

No íntimo d'Isso, no fundo de sua mente ou intelecto, ou talvez só do seu cérebro, é acionada alguma coisa que Isso levará muitas páginas, muitos volumes para decifrar, algo que pode ter alguma relação com a fome, o desespero, o tédio ou todos ao mesmo tempo, para nem falar das faculdades de indução e dedução. No lugar dessas páginas e desses volumes, digamos apenas que ocorre um hiato.

Isso, a criatura, abre a segunda caixa. Ela contém uma noz. Não faz sentido que ela esteja ali, mas ali é que ela está: uma noz, uma noz de verdade. Isso come a noz. Pelo menos isto.

Uma noz é largada no terceiro tubo. Isso abre a terceira caixa. Está vazia. Isso abre a segunda caixa. Ela contém uma noz: a-há!

Uma noz é largada no terceiro tubo. Isso abre a segunda caixa. Ela contém uma noz. Isso come a noz.

Portanto: o universo não é mais o mesmo de antes. O universo mudou. Não mais terceiro tubo e terceira caixa, mas terceiro tubo e segunda caixa.

(Você acha que isto não é vida?, diz alguém. Você acha que tudo não passa de um exercício intelectual? Existem criaturas para quem isto não só é a vida como *a totalidade* da vida. Esse espaço branco foi o lugar em que nasceram. Em que seus pais nasceram, em que nasceram seus avós. É tudo que eles conhecem. Foi a esse nicho do universo que eles evoluíram para adaptar-se. Em certos casos, foi a esse nicho do universo que foram geneticamente modificados para adaptar-se. São *animais de laboratório*, diz o mesmo alguém, isto é, animais que não conhecem vida fora do laboratório branco, animais incapazes de viver fora do laboratório, animais para quem o laboratório, mesmo que possa nos parecer um inferno branco, é o único mundo que conhecem. Fim da interpolação. Continuar.)

Novamente, um episódio de embaralhamento por trás da tela, que Isso não tem como acompanhar.

Uma noz é largada no terceiro tubo. Isso, a criatura, abre a segunda caixa. Está vazia. Abre a terceira caixa. Está vazia. Abre a primeira caixa. Ela contém uma noz. Isso come a noz.

Donde: não mais terceiro e terceira, não mais terceiro e segunda, mas terceiro e primeira.

Samuel Beckett

Novo embaralhamento.

Uma noz é largada no terceiro tubo. A criatura abre a primeira caixa. Está vazia.

Portanto: depois de cada embaralhamento, tudo muda. É a regra, ao que tudo indica. Terceiro e terceira, depois embaralhamento, depois terceiro e segunda, depois embaralhamento, depois terceiro e primeira, depois embaralhamento, depois terceiro e – qual?

Isso, a criatura, está fazendo o que pode para entender como funciona o universo, o universo das nozes, e como pôr as mãos (ou as patas) numa delas. É isto que acontece, diante dos nossos olhos.

Mas o que está realmente acontecendo?

VI

Algo abre e depois se fecha quase imediatamente. Nessa fração de segundo ocorre uma revelação. Isso está tentando entender (a linguagem range com o esforço) como o universo funciona, quais são as leis.

Alguém larga nozes em tubos, e não ao acaso (não como um deus entediado), mas com um objetivo: entender como funciona a minha mente; em termos mais específicos, entender os limites da minha mente. Sou capaz de associar primeiro a primeira, segundo a segunda, terceiro a terceira? Se eu conseguir, posso associar terceiro a segunda, segundo a primeira, primeiro a terceira? Se eu conseguir, quanto tempo levarei para associar terceiro a segunda, segundo a segunda, primeiro a segunda? E, a partir daí, quanto tempo até a ficha cair e eu associar cada episódio de embaralhamento invisível dos tubos a uma revolução nas leis que regem o universo?

Não estamos num universo sem sentido; ou seja, esse universo tem as suas regras. Mas conseguir entender as regras do universo não nos vale de nada, no fim das contas. O universo não está interessado no que você consegue entender, mas em saber até que ponto você consegue entender. Terceiro com terceira, segundo com segunda e primeiro com primeira, por exemplo: *até aí* você consegue entender?

Digamos que seja Deus (*God*), ou Godot, pequeno Deus. O quanto esse Deus, com suas nozes, seus tubos e suas caixas, pode descobrir a meu respeito, e o que deixará de saber, se é que deixará de saber de alguma coisa? A resposta à primeira pergunta pode não ser cognoscível, embora tudo indique que depende do quanto persista sem cansar o interesse dele por mim, ou de não haver nada melhor para ele fazer com o seu tempo. A resposta para a segunda pergunta é mais clara: ele jamais terá como descobrir o que é ser eu.

Deus acha que passo meu tempo esperando-o chegar com seu aparato para pôr à prova os meus limites. Em certo sentido ele tem razão: estou confinado à gaiola em que, até onde eu sei, vim ao mundo. Não tenho como sair, não tenho nada a fazer senão esperar. Mas não estou esperando por Deus a sério. Na verdade, estou ocupando meu tempo enquanto espero por ele. O que Deus não compreende é que este modo "não a sério" de esperar por ele, este "não a sério", é apenas um adjunto adverbial, como "com toda a paciência" ou "sem fazer mais nada" – estou esperando por Deus com toda a paciência, estou esperando por Deus sem fazer mais nada –, e não uma parte essencial da frase, não o sujeito nem o predicado, só uma coisa que gruda casualmente à frase, como um fiapo de lã.

Deus acredita que sou um corpo e um intelecto, milagrosamente conjugados. Com meu corpo eu como a noz.

Samuel Beckett

Alguma coisa acontece, e a noz, seja a ideia da noz ou a noz concreta no estômago, desencadeia um pensamento: *Noz boa. Mais noz. Entender primeiro-segundo-terceiro, comer mais noz*. Deus se compraz em achar que é isso que acontece, que o milagre (ou seja, o truque) da conjugação lhe permite usar uma noz para fazer o intelecto trabalhar. Deus reflete de passagem que a conjugação de um corpo a um intelecto foi uma de suas ideias mais inspiradas, a mais inspirada e mais engraçada. Mas Deus é o único que vê a graça. A criatura, Isso, eu, o animal de laboratório, não acha graça nenhuma, exceto com um cruel humor beckettiano, porque a criatura, Isso, eu, não sabe que é um corpo conjugado a um intelecto. *Penso, logo existo*: não é assim que Isso pensa. Pelo contrário, ele só pensa *Eu sou! Eu sou! Eu sou!*.

Continuar.

VII

Em 1937, a Universidade da Cidade do Cabo, na África do Sul, anunciou uma vaga de professor de italiano. Os candidatos precisavam ser formados pelo menos com distinção em italiano, dizia o anúncio. O candidato, depois de aceito, passaria a maior parte do seu tempo ensinando italiano para iniciantes. Entre as vantagens estavam seis meses de licença a cada três anos, com cobertura parcial das despesas de viagem de ida e volta, por mar, a seu país de origem.

O anúncio foi publicado no *Times Literary Supplement*, onde foi visto por T. B. Rudmose-Brown, professor de línguas românicas no Trinity College de Dublin. Rudmose--Brown entrou prontamente em contato com um dos melhores alunos que tinham se formado em seu departamento e sugeriu que ele se candidatasse.

O aluno em questão, S. B. Beckett, a essa altura com 31 anos, seguiu a sugestão de Rudmose-Brown e enviou sua proposta. Se a proposta era ou não a sério, não sabemos. Sabemos que na ocasião S. B. Beckett ambicionava ser escritor, e não professor de línguas. Por outro lado, o que ele escrevia não lhe rendia dinheiro algum; vivia de remessas ocasionais de dinheiro do seu irmão. Assim, não é inconcebível que sua iniciativa tenha sido motivada pela penúria. Não é inconcebível que, se tivesse conseguido o emprego, ele pudesse desistir de tudo e viajar para o extremo sul da África, onde se dedicaria a ensinar os rudimentos da língua toscana às filhas da classe mercantil e, em seu tempo de sobra, passear pela praia. E quem poderia dizer que entre essas filhas não houvesse alguma Calipso de hálito doce e pernas bronzeadas capaz de seduzir um indolente refugiado irlandês que acharia difícil recusar uma versão colonial da felicidade a dois? E se, além disso, o passar dos anos encontrasse o professor de italiano a caminho talvez de uma cátedra de italiano, ou mesmo da chefia de um Departamento de Línguas Românicas (por que não? – ele era, afinal, o autor de um livrinho sobre Proust), que motivo teria ele para abandonar seu paraíso insular e tornar a içar as velas rumo a Ítaca?

A proposta que S. B. Beckett redigiu em 1937 sobrevive nos arquivos da Universidade da Cidade do Cabo, junto com a carta que Rudmose-Brown endereçou ao comitê de seleção em apoio à sua candidatura, trazendo anexa uma cópia autenticada de sua avaliação do formando Beckett no Trinity College, em 1932. Em sua carta, Beckett cita o endosso de três pessoas: um médico, um advogado e um religioso. Relaciona três publicações: seu livro sobre Proust, sua coletânea de contos (que cita apenas "contos", em vez de revelar seu verdadeiro título, *More Pricks than Kicks*) e um volume de poemas.

O testemunho de Rudmose-Brown não poderia ser mais entusiástico. Diz que Beckett foi seu melhor aluno tanto de francês como de italiano. "Ele escreve e fala como um francês da mais alta formação", diz ele. "Além de possuir um sólido conhecimento acadêmico de italiano, francês e alemão, tem notáveis faculdades criativas." Num P.S., assinala que Beckett tem também "um conhecimento adequado de provençal, tanto antigo como moderno".

Um dos colegas de Rudmose-Brown no Trinity College, R. W. Tate, também manifesta seu apoio. "Muito poucos estrangeiros têm um conhecimento prático [do italiano] tão sólido quanto [Beckett], ou tamanho domínio de sua gramática e de suas construções."

Lamentavelmente, os fados não se inclinaram em favor de Beckett. O escolhido para o cargo foi um rival cujo interesse de pesquisa era o dialeto da Sardenha.

VIII

Por que o título *Franz Kafka, Ph. D., professor de Escrita Criativa, Universidade Charles, Praga* provoca um sorriso em nossos lábios, à diferença de *Saul Bellow, B. A.*[8], *professor de Pensamento Social da Universidade de Chicago*?

Porque Kafka não se enquadra, respondemos. É verdade: os artistas não se enquadram com facilidade, e, quando são enquadrados, é com desconforto. Mas Kafka, sentimos, exibe um desajuste de ordem mais elevada que os demais artistas. Kafka é o próprio artista desajustado, o espírito do Desajuste. Não se ajustaria melhor a uma sala de aula que detrás de um balcão de um açougue ou perfurando bilhetes de bonde. E o que o professor Kafka

---

8 Abreviatura de *Bachelor of Arts*, ou seja, bacharel em artes. [N. E.]

teria para ensinar, de qualquer maneira? As formas de não se ajustar? Como ganhar a vida como profissional do desajuste, na mesma medida em que é possível ganhar a vida como profissional da fome?

Ainda assim, o fato é que Kafka era um atuário de competência perfeita, respeitado por seus colegas da Companhia de Seguros de Acidentes dos Trabalhadores, na rua Pořič número 7, em Praga, onde trabalhou por muitos anos. Teremos subestimado Kafka – sua competência, sua versatilidade, sua capacidade de se ajustar? Teremos sido induzidos a erro, talvez, pelas famosas fotografias em que se destacam seus brilhantes olhos escuros, a sugerir uma percepção que frequentava domínios invisíveis, e que seu dono não pertencia ao mesmo mundo que nós, ou pelo menos não de todo?

E Beckett? Deveríamos sorrir diante da ideia de Samuel Barclay Beckett, B. A., M. A.[9], chefe do Departamento de Línguas Românicas da Universidade da Cidade do Cabo?

Ser magro ajuda, e Beckett era magro como Kafka. Ajuda ter um olhar penetrante, e Beckett tinha uma variedade própria de olhar penetrante. Como as fotografias de Kafka, as fotografias de Beckett revelam um homem cuja existência interior reluz como uma estrela fria através do envoltório de carne. Mas a alma só pode brilhar através da carne se alma e carne forem uma coisa só. Se a alma e a carne pertencerem a domínios diferentes, e a conjugação das duas é um eterno mistério, nenhuma fotografia jamais conseguirá mostrar a verdade.

(2008)

---

9 Abreviatura de *Master of Arts*, ou seja, mestre em artes. [N. E.]

Patrick White, a obra tardia

I

Patrick White (1912-1990) é, em muitos sentidos, o maior escritor jamais produzido pela Austrália, embora seja necessário definir de imediato em que sentido foi exatamente produzido pela Austrália: estudou as primeiras letras na Inglaterra, entrou para a Universidade de Cambridge, a partir dos 20 e poucos anos tornou-se figura da cena londrina e, durante a Segunda Guerra Mundial, combateu nas forças armadas britânicas.

O que a Austrália lhe propiciou foi a fortuna, na forma de uma herança precoce – a família White era proprietária de prósperas fazendas de engorda –, substancial a ponto de lhe permitir uma vida de plena independência.

O século XIX marcou o apogeu do Grande Escritor. Em nossa época, essa ideia de grandeza passou a ser encarada com suspeita, especialmente quando associada à brancura da pele e ao gênero masculino. Mas dizer que Patrick White seja um Grande Escritor – mais especificamente um Grande Escritor nos moldes românticos – parece apropriado, no mínimo porque ele próprio tinha a sensação, típica dos grandes escritores, de ter sido marcado desde o nascimento para um destino incomum, e premiado com um certo talento – não necessariamente bem recebido – cuja ocultação o levaria à morte, um talento que em seu caso consistia numa capacidade especialmente aguçada de enxergar a verdade por baixo das aparências.

Essa sensação de White, de que estava predestinado a uma vida especial, ligava-se em grande medida à sua homossexualidade. Ele não contestava o veredicto então reinante na Austrália de que a homossexualidade era um "desvio", só não achava que esse desvio fosse uma praga, era também uma bênção: "Eu me vejo menos como um homossexual que como uma mente possuída por um espírito masculino ou feminino, de acordo com as situações concretas ou [sic] os personagens em que me transformo quando escrevo [...] A ambivalência me proporciona uma percepção da natureza humana negada, a meu ver, às pessoas com uma identidade inequívoca de homem ou mulher".[1]

O Prêmio Nobel que ganhou em 1973 pegou muita gente de surpresa, especialmente na Austrália, onde White era visto como um escritor difícil com uma prosa desnecessariamente complexa, de estilo maneirista. Do ponto de vista europeu, o prêmio fazia mais sentido. White se diferenciava de seus contemporâneos de língua inglesa pela familiaridade com o modernismo europeu (seu diploma em Cambridge foi de francês e alemão). Sua linguagem, na verdade sua visão do mundo, trazia a marca indelével de sua imersão inicial no expressionismo, tanto literário como pictórico. Sua sensibilidade sempre foi acentuadamente visual; costumava dizer que preferia ter sido pintor.

---

[1] Patrick White, *Flaws in the Glass*. Londres: Cape, 1981.

A formação de White em belas-artes começou em Londres na década de 1930, pelas mãos do expatriado australiano Roy de Maistre, que o apresentou a Francis Bacon. Tanto De Maistre como Bacon, além de outros artistas, contribuíram para a composição de Hurtle Duffield, o artista que protagoniza *The Vivisector* [O vivisseccionista], de 1970, o romance em que, já tarde em sua carreira, White descreve como pode ser a existência de um pintor, o tipo de pintor para o qual a arte é o caminho da verdade.[2]

Hurtle Duffield nasce numa família pobre da classe trabalhadora e, para todos os efeitos, é vendido pelo pai a uma família rica de Sydney, a família Courtney, que detecta alguma qualidade excepcional no menino. Hurtle Duffield, mais tarde Hurtle Courtney, mais tarde novamente Hurtle Duffield, é o gênio arquetípico descrito pelo Romantismo: um solitário, impelido à criação por um demônio interior, formulador da própria moral, disposto a sacrificar tudo e todos no altar de sua arte.

Aos 16 anos, Hurtle escapa dos avanços ameaçadores da madrasta, alista-se no Exército e parte para a Frente Ocidental. Depois da guerra, passa um ano de penúria em Paris impregnando-se da nova arte europeia, depois volta para a Austrália e se instala nos arredores de Sydney, pintando e vivendo no isolamento. Com o passar dos anos, constrói uma razoável reputação entre os amantes da arte de Sydney e consegue mudar-se para um velho casarão na cidade.

Embora descrita com riqueza de detalhes, a vida de Duffield até essa altura é apenas uma preliminar à fase

[2] Duffield era "baseado em diversos [pintores] que conheci, consolidados pelo pintor que tenho em mim, mas nunca se manifestou" (Patrick White, em *Flaws in the Glass*).

que realmente interessa a White: a fase, entre os 50 e poucos anos e a morte, em que todas as opções disponíveis já tinham sido exploradas, ele adota um padrão de vida definido e pode ter início o embate que travará com Deus. Duffield tem uma visão árida de Deus: Deus é o Grande Vivisseccionista que, a serviço de fins inescrutáveis, nos flagela e tortura até o momento em que paramos de respirar.

The Vivisector é conduzido não por seu enredo – a trama é rudimentar –, mas pelo foco concentrado na evolução de Duffield como homem e artista, pelo vigor da prosa de White e por um conjunto de motivos temáticos que enuncia e aos quais sempre retorna, acrescentando-lhes novos significados no processo, tal como um esboço inicial transforma-se aos poucos numa pintura. A vivissecção é um desses motivos. Porque no fim das contas não é Deus o único vivisseccionista. Como sua amante prostituta finalmente percebe, Duffield usa as mulheres com fins experimentais. Para chegar à sua verdade interior, diz ela, o pintor "destroça" as mulheres. E depois, "a partir desses destroços, produz o que chama de sua maldita obra de arte!".[3]

O sexo é evisceração; pintar é desfigurar. Ao trabalhar num autorretrato, Duffield tem a impressão de que usa uma navalha para retalhar a tela e o próprio rosto.

Rhoda Courtney, sua irmã adotiva, tem uma deformidade, uma corcunda, que desperta em Hurtle fascínio e horror. A partir de um único vislumbre passageiro da nudez de Rhoda, ele a pinta na postura de uma sacerdotisa, e retorna ao quadro ao longo da vida para examiná-lo e nele encontrar novos significados. Ele e ela acabam vivendo na mesma casa, reunidos por uma força amorosa

---

3 Patrick White, *The Vivisector*. Londres: Penguin, 1970.

que não se distingue da exasperação e do ódio, sofrendo ambos, como Rhoda reconhece, de algo incurável que vai além de sua deformidade ou da solidão de Duffield: uma visão peculiar das trevas no fim do túnel que os incapacita para a vida comum.

O grande desafio que White enfrenta em *The Vivisector* é fazer o leitor acreditar que os quadros de Duffield são realmente tão perturbadores e irresistíveis quanto ele, White, insiste em afirmar. Em certa medida, obtém esse efeito concentrando-se no impacto que as obras provocam nos outros, especialmente no mundo artístico de Sydney e entre os compradores de seus quadros, novos-ricos dados ao mecenato. Mas esse método é prejudicado pela ambivalência, pois são precisamente essas pessoas o alvo de sua sátira mais impiedosa. Se levam vidas inteiramente falsas, como podemos confiar em seu juízo estético? Finalmente, White se mostra à altura do desafio de conferir credibilidade ao gênio de Duffield concentrando seus consideráveis recursos de escritor numa descrição detalhada de seus quadros. O trabalho exaustivo de Duffield para converter sua visão em formas na tela é descrito numa prosa que exibe, ela também, as marcas de um esforço extraordinário para converter a tinta em texto.

Existe, claro, algo de absurdo em todo esse projeto de dar corpo a uma visão metafísica em quadros que só existem na forma de palavras. Se fosse a visão de um poeta, e não de um artista plástico, o problema não existiria. Para nos fazer acreditar em seu herói Yuri Jivago, bastou a Boris Pasternak escrever poemas genuínos e atribuí-los a Jivago. Por que White se impõe uma tarefa impossível?

A resposta deve ter alguma relação com o fato de White ver-se como um pintor frustrado, homem aquinhoado com uma visão pictórica do mundo, mas nenhum talento para a pintura. Num nível mais profundo, deve ter alguma relação com a peculiaridade da pintura, a necessidade de ir além do que as palavras podem traduzir. Se pudéssemos exprimir em palavras o que as tintas conseguem transmitir, não precisaríamos da pintura.

Como Alf Dubbo, o pintor aborígine em *Riders in the Chariot* [Passageiros da carroça], Duffield não é um homem de ideias. Quando tenta exprimir-se em palavras, elas soam inautênticas, como se um ventríloquo as emitisse por seu intermédio. No geral, os visionários de White pensam de maneira intuitiva, e não abstrata; se é possível dizer que seus pintores pensam, é com a tinta. No tipo de pintura praticado por Duffield, um expressionismo figurativo que tende mais e mais ao abstrato, os movimentos da mão *são* a maneira como o pintor pensa.

Numa carta escrita em 1968, quando ainda escrevia *The Vivisector*, White menciona, não totalmente a sério, seu medo de que o livro fosse recebido pelo público como "A vida sexual de um pintor famoso".[4] Hurtle Duffield não tem uma vida sexual variada – a atividade erótica que mais pratica é a masturbação –, mas ela é radical: a vida sexual de um homem que usa as mulheres como um estímulo para a epifania. As duas mulheres com quem tem relações prolongadas morrem e, quando um velho amigo lhe atribui a culpa pelas duas mortes, não é totalmente sem fundamento. Pode-se dizer que ele as leva à morte em seu esforço de converter em verdade artística os transportes de êxtase que compartilha com elas, transportes que, quando ele os rememora, parecem-lhe às vezes depravados.

A inesperada conversão ao lirismo que se verifica nos quadros da penúltima fase da carreira de Duffield – lirismo

---

4   Patrick White, *Letters*. Sydney: Random House, 1994.

que alguns dos intelectuais de Sydney acham edulcorado – é em grande parte um efeito indireto do caso amoroso que mantém com uma garota de 13 anos, Kathy Volkov, para cujos traços White busca inspiração – às vezes em excesso – na Lolita de Nabokov. Por uma estranha espécie de autogênese incestuosa, as relações entre eles não produzem uma gravidez, mas convertem a própria Kathy na filha que Duffield nunca teve, sua obra-prima e (na atividade musical da jovem) a herdeira de seu talento para as artes, em contraste com as duas mulheres mortas, seus fracassos como artista. E Kathy não deixa de lhe ser grata: "Foi você quem me ensinou a ver, a ser, a saber por instinto", escreverá ela mais tarde sobre a ligação entre os dois.

Quanto à última fase de Duffield, em que ele, semiparalisado por um derrame e incapacitado para o sexo, é alvo dos cuidados de um jovem devotado (ecos de *A morte de Ivan Ilitch*, de Tolstói), ela é dominada pelo quadro inacabado em que o pintor chega mais perto de dar forma à sua visão de Deus: um quadro simples em azul-índigo, a própria palavra *índigo* um anagrama prenhe de significados crípticos.[5]

The Vivisector tem muitos defeitos. Há trechos em que White escreve sem grande entusiasmo (e podemos mencionar aqui todo o episódio de Kathy Volkov). Os ataques reiterados à hipocrisia e à pretensão da alta sociedade de Sydney podem ser cansativos. Mas as fraquezas do livro mal se percebem ante os seus triunfos.

---

5 Entre outras possibilidades em inglês, *dingo*, a variedade selvagem de cão australiano; *iodin*, iodo; *dong*, um dos nomes vulgares do pênis; *God*, Deus; *dog*, cão; *dig*, escavar; *gin*, a bebida; e mais, com duas letras apenas, os verbos *go*, ir, e *do*, fazer, o substantivo *id* e as preposições *in* e *on*, além de inúmeras combinações dessas palavras: *go in* e *go on*, *dig in* e *dig on*, *in God*, *do dog*, *on gin* etc. [N. T.]

Em Hurtle Duffield, White encontra a maneira de dar corpo a certa concepção do artista – e portanto de si mesmo – como um megalomaníaco, mas também como herói assinalado por Lúcifer ou – para citar sua própria epígrafe de Rimbaud – "o grande Maldito", e isso com a dose exata de zombaria, a dose exata de revelação do caos em que o artista vive, tanto interna quanto externamente, para tornar o retrato irresistível.

Em seu estudo sobre Patrick White e seu lugar na cena artística australiana, Helen Verity Hewitt observa que, na mesma época em que White escrevia *The Vivisector*, o tipo de pintura praticada por Hurtle Duffield perdia seu encanto. O divisor de águas aconteceu em 1967, quando o trabalho da nova geração de artistas norte-americanos foi exibido em Sydney e Melbourne, numa exposição que atraiu muitíssimos visitantes. A revolução da sensibilidade representada por essas novas obras foi saudada com entusiasmo pelos jovens artistas australianos. "Os sentimentos humanos, o expressionismo e a busca espiritual eram vistos pelos novos 'internacionalistas' como embaraçosos e canhestros [...] A representação de áreas de cor de contornos rígidos, o minimalismo e a pintura abstrata de campos de cor única enfatizavam a autonomia do objeto artístico e seu divórcio de qualquer ideia de expressão pessoal."[6]

Foi também em 1967 que a Galeria de Arte de Nova Gales do Sul expôs uma grande retrospectiva da obra de Sidney Nolan. White ficou assombrado com o alcance da obra de Nolan mostrada na exposição, que lhe pareceu "o maior acontecimento – não só na pintura – ocorrido na Austrália em toda a minha vida". Foi nessa exposição

---

6 Helen Verity Hewitt, *Patrick White, Painter Manqué*. Melbourne: Miegunyah Press, 2002.

que se inspirou para a retrospectiva da obra de Duffield descrita perto do final de *The Vivisector*. E foi também a Nolan que enviou um original ainda provisório do romance, pedindo-lhe que comentasse com franqueza "o quanto consegui chegar perto do funcionamento da mente de um pintor".[7] Nolan, assim, tinha bases concretas para acreditar que servira de modelo para o personagem de Duffield.

À medida que se encerrava a década de 1960, não foi só na pintura que ocorreu uma troca de guarda. Assim como toda uma corte de artistas plásticos (Nolan, Albert Tucker, Arthur Boyd, John Perceval) – responsável pela importação do expressionismo alemão e francês para a arte australiana no imediato pós-guerra e, juntamente com William Dobell, mais velho que eles, convertida na face pública da pintura australiana – vinha sendo suplantada por uma geração inspirada pelos novos modelos da metrópole, White, igualmente devedor em tantos aspectos ao expressionismo europeu e, na mesma década de 1960, representante e colosso da literatura australiana, via-se na iminência de ser relegado a uma prateleira secundária pelo entusiasmo do público por novos escritores da América do Sul, da Índia e do Caribe. O livro que White vinha escrevendo em 1967, o romance que acabou por se transformar em *The Vivisector*, estava assim fadado a representar a despedida não só da escola artística representada por Duffield como da escola literária representada pelo próprio White.

---

7 Patrick White, *Letters*.

II

The Vivisector foi o oitavo dos doze grandes romances que White publicou entre 1939 e 1979. Nos anos que ainda viveria, até sua morte, em 1990, produziu contos, peças teatrais e memórias, mas nenhuma obra de ficção com a mesma ambição anterior. Sua saúde declinava; duvidava que lhe restasse a energia, ou a tenacidade, para produzir mais uma obra de substância.

Consultado pela Biblioteca Nacional da Austrália quanto a seus planos para o destino dos seus papéis, White respondeu: "Não posso lhes destinar meus papéis porque não guardo papel algum". Seus originais, disse ele, eram normalmente destruídos depois da impressão dos livros. "Qualquer coisa [ainda] inacabada quando eu morrer deve ser queimada", concluía ele.[8] E de fato, em seu testamento, instruía sua testamenteira literária, a agente Barbara Mobbs, a destruir quaisquer papéis que deixasse para trás.

Mobbs não obedeceu a essa instrução. Em 2006, entregou os documentos sobreviventes, uma quantidade surpreendente embalada em 32 caixas, para a biblioteca. Pesquisadores, entre eles David Marr, o biógrafo de White, vêm se ocupando desde então com essa sua *Nachlass* ("miscelânea"). Entre os frutos do trabalho de Marr encontra-se *The Hanging Garden* [O jardim suspenso], um fragmento de romance com 5 mil palavras que White começou no início de 1981, mas depois, ao cabo de algumas semanas de trabalho intenso e produtivo, acabou abandonando.

---

8 David Marr, "Patrick White: The Final Chapter", *The Monthly*, abril de 2008.

Marr teve excelente impressão desse fragmento ressurrecto: "Uma obra-prima em andamento", é como o define. E é possível constatar por quê. Embora não passe de um rascunho, a inteligência criativa por trás da prosa é tão intensa, e a caracterização, tão precisa quanto no resto da obra de White. Não há sinal algum de declínio dos seus poderes. O fragmento, que constitui o primeiro terço do romance que White planejava, é em boa medida autossuficiente. Tudo que lhe falta é saber para onde a ação conduziria, o que afinal era preparado por toda aquela preparação.

Depois de seu surto inicial de atividade, White jamais retornou a *The Hanging Garden*, que foi se juntar a outros dois romances abandonados no meio dos papéis cuja destruição o escritor recomendou a Mobb; não é inconcebível que também eles venham a ressurgir, levados a público em algum momento futuro.

O mundo ficou mais rico graças a *The Hanging Garden* de White. Por outro lado, não deveríamos levar em conta a vontade do próprio escritor, que deixara bem claro não querer revelar ao mundo os fragmentos de suas obras inacabadas? O que White diria de Mobbs, se pudesse falar do além-túmulo?

O caso talvez mais notório de testamenteiro que contraria as instruções do *de cujus* é o de Max Brod, incumbido por Franz Kafka, seu amigo íntimo, de cuidar do destino de sua produção literária. Kafka, ele próprio formado em Direito, não podia ter formulado instruções mais claras:

> Querido Max. Meu último desejo: tudo que deixo para trás […] em matéria de cadernos, manuscritos, cartas, tanto minhas como de outros, desenhos e assim por

diante, deve ser queimado sem leitura, da primeira à última página, assim como qualquer escrito meu ou anotações que possam ter ficado em seu poder ou de outros, a quem peço que transmita este pedido em meu nome. As cartas que não lhe forem entregues devem ser pelo menos ciosamente queimadas por quem as tiver recebido. Seu, Franz Kafka.[9]

Se Brod tivesse cumprido as determinações de Kafka, não teríamos nem *O processo* nem *O castelo*. Como consequência de sua deslealdade, o mundo não só ficou mais rico como se viu transfigurado, metamorfoseado. Assim, o exemplo de Brod e Kafka não deveria bastar como prova de que os testamenteiros literários — e talvez os testamenteiros em geral — devem dispor da liberdade de reinterpretar suas instruções à luz do bem de todos?

Existe um prolegômeno implícito ao bilhete de Kafka, como na maioria das instruções testamentais do mesmo tipo: "Quando eu estiver no meu leito de morte, obrigado a reconhecer que não terei mais forças para retornar aos fragmentos guardados nas minhas gavetas, não me restarão condições para destruí-los. Assim, o único recurso que me resta é pedir-lhe que aja em meu nome. Não tenho como forçá-lo, só posso confiar que honre o que lhe peço".

Na justificação de sua incapacidade de "cometer esse ato incendiário", Brod aponta dois motivos. O primeiro era que Kafka obedecia a critérios de exigência de rigor excepcional para admitir a publicação de seus manuscritos: "os mais altos padrões religiosos", foram as palavras de Brod. O segundo era mais trivial: embora Brod

---

9 Max Brod, Epílogo a *The Trial*, in: Franz Kafka, *Collected Novels*. Londres: Penguin, 1988.

deixe claro para Kafka que não iria cumprir suas instruções, Kafka não o destitui da condição de testamenteiro, e portanto (argumenta ele) Kafka no fundo devia saber que os manuscritos não seriam destruídos.

Aos olhos da lei, as palavras de um testamento devem ser entendidas como a expressão da intenção plena e final do signatário. Se o testamento for bem construído — isto é, empregar as palavras certas, de acordo com as fórmulas da tradição testamental —, basta a interpretação quase mecânica de suas intenções: um manual de fórmulas testamentais é suficiente para assegurar um acesso inequívoco à intenção do testador. No sistema jurídico anglo-americano, esse conjunto de fórmulas é conhecido como "regras de construção", e as tradições de interpretação baseada nessas regras constitui a "doutrina do senso comum".

No entanto, já faz algum tempo que essa doutrina vem sendo criticada. Quem formulou a essência dessas críticas, há mais de um século, foi o jurista John H. Wigmore:

> A falácia consiste em supor que exista, ou mesmo possa existir, uma intenção real ou absoluta. Na verdade, só pode existir a intenção individual de certa pessoa; e esta pessoa, cuja intenção a lei almeja entender, é o autor do documento.[10]

A dificuldade singular da leitura dos testamentos é que o autor do texto, a pessoa cuja intenção a lei procura entender, está necessariamente ausente e fora de seu alcance.

---

10 John H. Wigmore, *Evidence in Trials at Common Law*, § 2.462, art. 198, 1981.

A abordagem relativista, nos termos definidos por Wigmore, prevalece hoje em muitas jurisdições. Para ela, nossas energias devem dedicar-se, acima de tudo, a compreender as intenções originais do testador e só em segundo lugar a interpretar, à luz do precedente, a expressão escrita dessas intenções. Assim, não se pode mais supor que as "regras de construção" sejam a última palavra; uma atitude mais aberta acabou prevalecendo no fim das contas, admitindo indícios extrínsecos das intenções do testador. Em 1999, o Instituto Americano de Direito, em sua *Reformulação da propriedade, do testamento e de outras transferências donativas de propriedade*, chegou ao extremo de declarar que a linguagem de qualquer documento (como um testamento, por exemplo) é "tão influenciada pelas circunstâncias que cercam sua redação que [outros] elementos relacionados à intenção do doador são *sempre* [a ênfase é minha] relevantes".[11] Em relação a esse tema, o IAD altera a ênfase não só da lei norte-americana, mas de toda a tradição legal baseada na lei inglesa.

Se a linguagem do documento testamental é sempre condicionada, e sempre pode ser suplementada pelas circunstâncias que cercam sua formulação, que circunstâncias podemos imaginar, em torno das instruções de um escritor que pede a destruição de seus papéis, para justificar a desobediência a essas recomendações?

No caso de Brod e Kafka, além das circunstâncias expostas pelo próprio Brod (o testador exigia padrões irrealistas para publicar sua obra; o testador tinha plena consciência de que o testamenteiro não merecia confiança), existe uma terceira circunstância, ainda mais

---

11 Citado em: Richard F. Storrow, "Judicial Discretion and the disappearing Distinction between Will Interpretation and Construction", *Case Western Reserve Law Review*, vol. 56, 2005.

poderosa: o testador pode não estar em condições de compreender a importância mais ampla de sua obra.

A opinião pública apoia claramente, posso dizer, a atitude de testamenteiros como Brod e Mobbs, que se recusam a acatar as instruções testamentais com base em dois pontos: primeiro, que podem avaliar melhor que o *de cujus* a importância mais ampla de sua obra e, segundo, que levar em conta o bem público deve prevalecer sobre a obediência literal aos desejos do morto. Que recurso restaria, então, a um escritor que realmente deseje, definitiva e absolutamente, a destruição dos papéis que guarda? No clima jurídico reinante, tudo indica que a melhor resposta seja dar conta da tarefa em pessoa. Além disso, deve fazê-lo cedo, antes de se ver fisicamente incapacitado. Ao adiar a destruição além da hora, terá de recorrer a outra pessoa para fazê-lo em seu nome, e essa pessoa sempre poderá decidir que a intenção do autor não era realmente, definitiva e absolutamente, aquela que manifestou.

The Hanging Garden conta a história de duas crianças europeias evacuadas para a Austrália, por motivos de segurança, durante a Segunda Guerra Mundial. Gilbert é britânico, e sua família o manda para a Austrália a fim de pô-lo a salvo dos bombardeios de Londres. Eirene é filha de pai grego e mãe australiana. Durante a primeira noite que passam juntas, as crianças, cuja idade não é mencionada, mas devem ter por volta de 11 ou 12 anos, dormem na mesma cama. Em Eirene, começa a desenvolver-se uma obsessão por Gilbert em que impulsos sexuais incipientes se mesclam à obscura compreensão de que não são apenas dois estrangeiros numa terra desconhecida, mas pessoas igualmente singulares reunidas pelo destino. Dos sentimentos de Gilbert por Eirene sabemos menos, tendo em vista o desdém generalizado dos meninos pelas meninas e, por outro lado, porque (imaginamos) só mais tarde ele irá dar-se conta da importância de Eirene em sua vida, num momento posterior do livro que jamais chegou a ser escrito.

Depois de um ano ou dois num lar adotivo, os dois jovens são separados. Embora Eirene continue a remoer as memórias do tempo que passaram juntos, ela e Gilbert não têm mais contato. O fragmento termina em meados de 1945, com a vitória na Europa e a perspectiva do retorno dos dois jovens a seus países de origem.

A Grécia e a Austrália constituem os dois polos entre os quais Eirene se desloca. Tendo começado a formar uma ideia da política na Grécia e da posição de seus pais na sociedade grega, ela agora se vê submetida ao sistema australiano, muito diferente, no qual é encarada como uma "*reffo*" (refugiada) e estigmatizada, por sua pele mais escura, como "morena". Na escola, sua familiaridade precoce com Racine e Goethe irá depor contra ela: anti-igualitária, não australiana. Mas essa variedade australiana de perversidade espiritual, embora amplamente exposta, não é o verdadeiro foco das preocupações de White em *The Hanging Garden*.

Vários outros temas ressoam no fragmento, mas em seguida ficam pendentes, com pouca indicação de como seriam desenvolvidos. O mais intrigante desses motivos tem a ver com o *pneuma*, palavra que Eirene recorda da ilha das Cíclades onde passou um ano com a família do pai – uma família "antiga", antimonarquista. O *pneuma*, conta a Gilbert, não pode ser explicado em inglês, mas ela sente que, de alguma forma obscura, é uma força ou espírito que zela por eles dois.

De fato, o *pneuma* é uma das forças mais misteriosas da religião primitiva grega e, em seguida, da religião dos primeiros cristãos. Emanando das profundezas da terra, o *pneuma* é o que o oráculo de Delfos inala para adquirir o poder da profecia. No Novo Testamento, também é o sopro de Deus. "O vento [*pneuma*] sopra onde quer. Você o escuta, mas não pode dizer de onde vem nem para onde vai. Assim acontece com todos os nascidos do Espírito [*Pneuma*]."[12] De forma similar, Jesus sopra em seus discípulos e diz: "Recebam o Espírito Santo [*Pneuma*]".[13]

White tem a intenção clara de transformar o *pneuma* em mais que um simples indício da origem grega de Eirene. Podia ter a intenção de fazê-lo prefigurar o alento ou o espírito que se manifesta através do artista, apontando assim para o que o futuro podia reservar a seus dois personagens.

White tinha uma ligação profunda com a Grécia, especialmente por meio de Manoly Lascaris, que conheceu e por quem se apaixonou em Alexandria durante a guerra, e com quem compartilhou o resto da vida. Suas memórias de 1981, *Flaws in the Glass* [Imperfeições no espelho], trazem uma longa rememoração de suas viagens pela Grécia. Por algum tempo, escreve ele, esteve "sob o domínio de uma relação amorosa apaixonada, não tanto com a Grécia quanto com a ideia da Grécia". Ele e Lascaris chegaram a cogitar em comprar uma casa em Patmos. "A Grécia é uma longa fúria desesperada para quem a compreende, pior para Manoly porque a Grécia lhe pertence, assim como a Austrália é pior para mim porque sou responsável por ela." É possível que, com Gilbert (representando a si mesmo) e Eirene (representando Lascaris), White pretendesse explorar mais profundamente,

---

12 João 3:8. [Este trecho da Bíblia e o próximo seguem o texto em português da chamada Nova Versão Internacional, N. T.]
13 João 20:22.

em *The Hanging Garden*, os sentimentos de furioso desespero desencadeados quando se vê o país que se ama (de um lado a Austrália, de outro a Grécia) submetido ao controle de uma classe rude e mesquinha de novos-ricos.

A uma colega de escola, Eirene revela que seu maior interesse na vida é o amor; mais especificamente, porém, a "transcendência". À luz crua da Austrália, não há lugar para o transcendental ("Os australianos nascem só para viver"); mas na Grécia, ela intui,

> praticamente desde o berço, de tanto tropeçar em pedras gregas, de sentir no meu rosto o açoite dos ramos de cipreste, o cheiro de velas de cera secas em emboloradas capelas nas encostas [...] A neve das montanhas salpicada de sangue grego. E o *pneuma* pairando acima de tudo, como uma nuvem azul num céu azul.[14]

Trechos como esse, sugerindo que veio ao mundo para nos mostrar como transcendê-lo, assinalam Eirene como um dos personagens que representam os eleitos na obra de White, ao lado de Voss no livro do mesmo nome, dos quatro passageiros em *Riders in the Chariot*, de Arthur Brown em *The Solid Mandala* [A mandala sólida] e de Hurtle Duffield em *The Vivisector*: todos pessoas peculiares de quem a sociedade escarnece, mas que persistem em sua busca particular da transcendência ou, como White quase sempre prefere dizer, da verdade.

(2007/2013)

---

14 Patrick White, *The Hanging Garden*. Nova York: Picador, 2012.

Patrick White, *A mandala sólida*

O primeiro romance de Patrick White, *Happy Valley* [Vale feliz], foi publicado em Londres em 1939 e colheu elogios da crítica. Na Austrália, teve uma recepção mais fria: sua representação da vida rural na Austrália não era fiel, disseram os críticos, e seu estilo, desnecessariamente difícil. Seu segundo romance, *The Living and the Dead* [Os vivos e os mortos, 1941], foi lançado primeiro nos Estados Unidos, onde seu editor decidiu dar-lhe grande divulgação ao perceber em White, com uma intuição precisa, um herdeiro dos grandes modernistas de língua inglesa: Joyce, Lawrence, Faulkner. O livro foi ignorado na Austrália.

A indiferença com que seu terceiro romance, *The Aunt's Story* [A história da tia, 1948], foi recebido mergulhou White num período sombrio, em que desistiu de escrever por vários anos. Em seguida, depois do que parece ter sido uma revelação de ordem mística, começou a escrever *The Tree of Man* [A árvore do homem, 1955].

O encantamento com a paisagem australiana que White redescobre nas páginas desse livro não se estende à sociedade da Austrália. Seu sentimento geral era de desalento perante a pressão conformista, o recato que norteava um rígido sistema de censura e o policiamento geral dos costumes, a imersão obstinada da classe média na busca do dinheiro. *Riders in the Chariot* [Passageiros da carroça, 1961], em que uma pequena trupe de artistas e visionários se vê submetida à mesquinharia e à xenofobia malévola dos subúrbios australianos, constitui uma expressão extrema de sua aversão a esse mundo social.

A solidão e o sofrimento do artista, vilipendiado ou submetido ao ostracismo por enunciar verdades que a maioria não tolera, é um tema recorrente na obra de White. *Voss* (1957), seu romance mais conhecido, corporifica o mito romântico que imperava em sua vida e no qual buscava forças. Johann Ulrich Voss, explorador por vocação, decide enfrentar os riscos do interior do continente australiano; por meio dos contratempos que enfrenta antes de morrer nessas paragens, o protagonista adquire uma percepção visionária dos mistérios não só da terra como da existência e do coração humano.

Não era previsível que um artista que se julgava assinalado por um destino solitário e sublime decidisse transportar-se para o interior de uma Austrália orgulhosa de seu *ethos* igualitário. A obra de White não era reconhecida em seu país nem na Grã-Bretanha, onde a música complexa de sua prosa e a inclinação mística de seu pensamento eram estranhas ao modesto realismo doméstico da produção ficcional inglesa do pós-guerra. Nos Estados Unidos, porém, *The Tree of Man*, *Voss* e *Riders in the Chariot* garantiram a White a fama de William Faulkner dos Antípodas.

A frieza ostensiva com que a Austrália geralmente recebia a obra de White modificou-se um pouco na década de 1960, quando o país começou a desfazer-se de suas ideias de inferioridade cultural e, nas artes, a afirmar certo grau de independência em relação à Grã-Bretanha. *Riders in the Chariot* teve muitos leitores; a partir de então, White passou a ser aceito, com alguns resmungos, mas nunca chegaria a ser amado.

A essa altura de sua carreira, porém, começava a minguar o interesse dos críticos influentes por sua literatura, especialmente no mundo acadêmico. Para os marxistas, ele representava a arte elevada das elites; para os materialistas culturais, era idealista em excesso; as feministas o julgavam misógino; os críticos pós-coloniais o achavam comprometido demais com os cânones europeus e preocupado de menos com os progressos da minoria aborígine da Austrália. Ao final do século XX, dez anos depois da sua morte, White era pouco lido nas escolas e universidades; seu nome foi apagado da consciência nacional.

Ainda assim, de quase todos os pontos de vista, Patrick White continua a ser o maior escritor que a Austrália já produziu. Todos os seus romances, de *The Aunt's Story* em diante, são livros bem-acabados, sem pontos fracos visíveis. Ele próprio indicava como seus melhores livros *The Aunt's Story*, *The Solid Mandala* [A mandala sólida, 1966] e *The Twyborn Affair* [O caso Twyborn, 1979]. *Voss* não entrava nesse rol, talvez porque White estivesse cansado de ser definido como "Patrick White, o autor de *Voss*".

Difícil imaginar um personagem menos atraente do que Waldo Brown em *The Solid Mandala*. Waldo é invejoso, arrogante e ressentido. Convencido de que é um mestre da literatura, um gênio a quem só falta o reconhecimento, ainda assim é imobilizado por uma preguiça ou um medo que não lhe permitem escrever a obra-prima cujo embrião julga conter em seu espírito. Tudo que na vida é generoso ou compensador ele encara com desdém ou desconfiança. Preocupado em apresentar-se ao mundo como a retidão e a autoridade personificadas, não faz ideia de que é visto pelas pessoas como alvo de chacota. Embora a simples presença física das mulheres lhe cause repulsa, digna-se oferecer sua mão em casamento a uma jovem e fica atônito ao ser recusado. Nem por um minuto ele se pergunta se pode ser homossexual. Sua imaginação erótica obsessiva encontra a expressão mais natural na masturbação.

Waldo deve muito do que é aos pais, dando corpo às piores características dos dois: o esnobismo social da mãe e a relação estéril que o pai mantém com a literatura. Depois de ler *Os irmãos Karamázov*, de Dostoiévski, o pai queima o livro. Não explica por quê, mas inferimos que o romance ameaça minar a visão ajustada e racional do universo que adotou devido à formação britânica. Waldo aprova totalmente a atitude do pai.

Na infância, Waldo exibe uma inteligência convencional, enquanto seu irmão gêmeo, Arthur, se atrapalha nos estudos (com a exceção de seu inexplicável talento para a matemática), a ponto de precisar ser tirado da escola. Fica estabelecido na família Brown que Arthur não tem condições de lidar com a realidade, e precisa de proteção. Cabe a Waldo o dever de protegê-lo, tarefa que ele exerce com má vontade. Para Waldo, Arthur é uma espécie de aleijão que está fadado a carregar consigo. Na idade adulta, cultiva fantasias de assassinar o irmão: depois de se livrar desse gêmeo opressivo, pensa ele, poderá entregar-se a uma confortável vida de prazeres em que seus talentos superiores hão de encontrar o devido reconhecimento. Nesse meio-tempo, ele e o irmão continuam a dividir a mesma cama na casinha miserável que o pai construiu num subúrbio distante de Sydney.

O clímax de *The Solid Mandala* (a conclusão da Terceira Parte) chega quando os gêmeos já passaram dos 60 anos. Forçado a admitir que sempre viveu uma mentira, que não é um gênio e que se existe um gênio, ou pelo menos alguém criativo, na família, este é Arthur, Waldo se atira sobre o irmão. Entre os dois, ocorre o que pode ser um abraço ou um corpo a corpo, de que Arthur participa num espírito amoroso e Waldo, dominado pelo ódio. Enlaçado ao seu irmão gêmeo, Waldo morre.

Num primeiro nível, *The Solid Mandala* é um relato perfeitamente realista da vida íntima de dois irmãos de feição psicológica muito diversa, filhos de imigrantes britânicos que jamais conseguem integrar-se por completo à vida na Austrália. No livro, Patrick White critica, na verdade satiriza, vários aspectos da sociedade australiana, em especial a hostilidade com que ela encara a vida interior. Tinha um olhar atento aos detalhes significativos e ouvidos afiados para a linguagem oral; leu Charles Dickens e sabia como usar a técnica dickensiana de construir personagens cômicos a partir de pequenos maneirismos e cacoetes verbais. *The Solid Mandala* pode ser lido como uma descrição pormenorizada do destino de certo tipo de família de classe média no ambiente social da Austrália do século XX. O sr. Brown, pai de Waldo e Arthur, é um entusiasta de um dos truísmos fundamentais da mitologia nacional australiana: a Austrália é um país sem sombras. Boa parte da obra de Patrick White, inclusive *The Solid Mandala*, dedica-se a tornar visíveis as sombras que existem na Austrália e pairam sobre ela. Lido dessa maneira, como uma recriminação do infundado entusiasmo australiano, *The Solid Mandala* é na verdade um livro bastante sombrio, movido apenas, segundo as aparências, pela repulsa e pelo desespero.

Mas White tinha ambições maiores para o livro, como qualquer leitor atento pode logo perceber. Não é por acaso que os irmãos Brown são gêmeos. Ao racionalismo estéril de Waldo, contrapõe-se a desarticulada aspiração metafísica de Arthur. À atitude tensa e assustadiça de

Waldo diante do corpo e seus apetites, opõe-se a compulsão muitas vezes desajeitada que impele Arthur a tocar as pessoas. (Arthur permanece virgem até o fim do livro, mas ainda assim vive várias amizades próximas, e mesmo íntimas, com mulheres: no mundo de White, as mulheres tendem a demonstrar uma sintonia maior que a dos homens com os instintos e intuições.) À suposta arte verbal de Waldo (tão suposta que mal consegue movê-lo a encostar a caneta no papel), opõe-se o sensual e prazeroso trabalho manual de Arthur, às voltas com massas e cremes. Waldo se considera um intelectual, mas tem a mente fechada: é Arthur quem, impelido por um desejo de saber, percorre os grandes livros da humanidade. Longe de cópias um do outro, os gêmeos são tão diferentes quanto possível, mas se mantêm unidos pelo destino e por forças profundas no íntimo de cada um.

Há dois escritores que White leu atentamente enquanto escrevia *The Solid Mandala*. O primeiro foi o Dostoiévski de *Os irmãos Karamázov*. O outro foi Carl Jung.

Os irmãos Karamázov deslumbrou White, como deslumbra a maioria de seus leitores. Mas os temas que Dostoiévski aborda no livro, o principal dos quais é o impulso que leva o homem – impulso que pode ser obedecido ou negado – na direção de um Deus que pode responder-lhe ou não, existir ou não, são temas que White sentia-se igualmente compelido a abordar em livro atrás de livro, a tal ponto que se pode dizer, especialmente no caso de *The Solid Mandala*, que White escrevia dialogando com Dostoiévski.

A relação de White com Jung é muito diferente. Ele percorre os escritos de Jung – que são, entre outras coisas, um tesouro de conhecimentos enigmáticos – em busca de percepções que possa usar em sua história de Waldo e Arthur. De Jung tirou o trecho a seguir, que faz Arthur encontrar e desperta as reflexões do personagem numa de suas visitas à biblioteca municipal: "Tal como a sombra acompanha sempre o corpo de quem caminha ao sol, nosso Adão hermafrodita, embora nos apareça em forma de homem, carrega sempre consigo Eva, ou sua mulher, oculta em seu próprio corpo".[1]

Arthur se identifica imediatamente (no que tem razão) com o Adão hermafrodita, mas em seguida tenta identificar sua Eva oculta (no que não tem razão) com alguma das mulheres de quem é próximo. Não é do feitio de White usar símbolos com uma correspondência tão estrita e desprovida de ambiguidade, mas Arthur bem poderia ter a clareza de identificar a Eva oculta com seu irmão gêmeo. Pois em seu nível mais abstrato *The Solid Mandala* é um livro sobre a psique humana, e na psique humana, de acordo com a visão de White, os dois princípios opostos que para alguns são o consciente e o inconsciente, para outros o masculino e o feminino, e para outros ainda o úmido e o seco, são mutáveis, podendo assumir formas variadas.

Embora Waldo tenha sido instruído a proteger o irmão, Arthur vê a relação entre os dois de modo muito diferente. É ele, Arthur, quem precisa proteger Waldo: Waldo está perdido no mundo das suas leituras, falta-lhe a flexibilidade necessária para dar conta do real. À diferença de Waldo, é com amor que Arthur se desincumbe de seus deveres de protetor, do momento em que, ainda na escola, irrompe como um anjo flamejante para salvar Waldo dos meninos que o atormentam até o último dia de sua vida em comum, quando chega à terrível conclusão de que, a despeito de todos os seus esforços, não conseguiu salvar Waldo de si mesmo – de que Waldo se

---

[1] Patrick White, *The Solid Mandala*. Londres: Penguin, 1969.

transformou, sem possibilidade de redenção, numa alma perdida dostoievskiana.

Ao topar com a palavra *totalidade* ainda na adolescência, Arthur, inocentemente, pergunta ao pai o que significa. Aprisionado em seu racionalismo estreito, o sr. Brown é incapaz de responder. Ainda assim, sem perceber, Arthur traz a resposta no bolso. As mandalas (a palavra vem do sânscrito) são um antigo emblema do universo, da totalidade. Consistem num quadrado, inscrito num círculo, cujos quatro lados são equivalentes a quatro deuses ou forças universais. Entre as bolas de gude que Arthur possui, quatro são mandalas, esféricas e não circulares, e, portanto, sólidas. No cerne de cada uma delas há um desenho místico ou misterioso. Sua bola de gude favorita traz em seu núcleo um nó.

(*To lose one's marbles* – literalmente, "perder suas bolas de gude" – é uma expressão idiomática frequente que significa enlouquecer, perder a razão. Uma ironia central do livro é que Arthur, que aos olhos de todos teria "perdido suas bolas de gude", é quem está o tempo todo de posse delas.)

Parte da missão da vida de Arthur é identificar as quatro pessoas (os quatro avatares da divindade) às quais as quatro mandalas caberiam por direito. Waldo, no fim das contas, não é uma delas; mas a vizinha mais próxima da família Brown na Terminus Road, sim. A sra. Poulter encarna muito do materialismo místico de White: mulher comum da classe trabalhadora, nascida na Austrália, sem nenhuma pretensão ou nada de intelectual, vive próxima da terra; em suas mãos, as tarefas comezinhas de menor importância, como ir buscar água ou preparar uma refeição, transformam-se em sacramentos. Numa das grandes cenas do livro, Arthur dança a mandala dourada para a sra. Poulter (pois, como aprendeu em suas leituras, é mais fácil explorar os mistérios pelo meio físico, intuitivo e irracional da dança que empregando o meio racional da palavra).

A cena da dança, que nos revela o apogeu de White na arte da prosa, demonstra que é Arthur o verdadeiro herói espiritual do livro, mas expõe ao mesmo tempo um paradoxo trágico para o próprio White, a saber, que a arte que pratica não tem como conduzi-lo ao cerne do mistério da vida. Não é o escritor, mas o dançarino, o bufão sagrado cuja dança só se exprime em movimentos e só pode ser descrita de fora, quem nos conduz e nos mostra o caminho. Por mais odioso que Waldo nos pareça, é Waldo, e não Arthur, quem representa no livro o escritor, o próprio Patrick White. Não é por acidente que o livro seguinte de White, *The Vivisector* [O vivisseccionista], tenha como personagem central não um escritor, mas um pintor cujas obras se tornam cada vez mais tresloucadas e antissociais à medida que o artista envelhece, entregando-se a uma exploração cada vez mais radical das formas enigmáticas que brotam no fundo de sua psique.

Depois da descoberta do corpo fétido e mutilado de Waldo, e da derrocada da casa dos Brown, Arthur emite um último pedido de socorro, oferecendo-se para a sra. Poulter como o filho que ela nunca teve, embora na verdade seja mais velho do que ela. Num mundo ideal, a sra. Poulter aceitaria a oferta, pois faz parte dos eleitos, as poucas pessoas do livro cujas almas não repelem o divino. Entretanto, no mundo que temos, o mundo que ela conhece e Arthur também, essa conclusão não é possível, não é *realista*. Assim, o que nos resta é a esperança de que, no asilo de loucos em que será internado, Arthur venha a ser acolhido com o cuidado afetuoso que merece – como todas as criaturas de Deus. Mas essa esperança tampouco é realista.

(2015)

A poesia de Les Murray

I

Em 1960, uma volumosa antologia intitulada *The New American Poetry* foi publicada nos EUA com o selo da Grove Press. Continha amostras da obra de cerca de quarenta poetas, na maioria jovens, desconhecidos fora do mundo circunscrito das leituras de poesia e revistas de pequena circulação. Como guia da nova geração de poetas americanos, não era de confiança: entre as estrelas em ascensão que deixou de incluir estavam Galway Kinnell, W. S. Merwin, Sylvia Plath, Adrienne Rich e Richard Wilbur. Mas ser totalmente abrangente nunca foi a intenção do editor da antologia, Donald M. Allen. Sua pretensão era exibir amostras de uma irrupção de novos autores que não se interessavam pelo tipo de poesia – uma lírica compacta, trabalhada e pessoal – favorecida nas salas de aula dominadas pela Nova Crítica e que, pelo contrário, em poemas longos, preferiam denunciar o complexo industrial-militar, cantar o corpo elétrico ou transmitir visões de Buda no supermercado.

A Grove Press não tinha como imaginar o impacto do livro. *The New American Poetry* capturou e ajudou a dar forma ao espírito dos anos 1960. Nos primeiros dez anos, vendeu 100 mil exemplares; em 1999 – altura em que os jovens rebeldes que anunciara já estavam mortos – pôde ser republicada como um clássico.

Essa nova onda levou alguns anos para chegar aos Antípodas. Quando a antologia finalmente aportou em Sydney, chegou taxada pelo que se pode chamar de serviço aduaneiro a cargo da proteção da moral dos leitores especialmente decorosos (o *Ulysses* de Joyce só pôde ser vendido abertamente na Austrália a partir de 1953). Depois de lançada e absorvida, porém, seus efeitos foram extensos. O mundo dos poetas australianos dividiu-se ao meio, os entusiastas dos Novos Americanos agrupados sob o guarda-chuva da revista *New Poetry* enquanto os céticos migravam para a *Poetry Australia*, editada (a partir de 1973) por Les A. Murray, que àquela altura já havia publicado dois livros de poemas.

Embora não se mostrasse avesso aos exemplos americanos – seus primeiros poemas têm uma dívida clara para com Robert Frost –, Murray era hostil à maioria das manifestações do modernismo. A análise que fez dos poetas do livro de Allen foi das mais apressadas. Em Gary Snyder, por exemplo, disse ter detectado a "insensibilidade quase invariável do homem moderno sem raízes" – e leitura mais totalmente equivocada de Snyder talvez seja impossível.[1] Mas Murray usou os poetas da coletânea de Allen apenas como representantes de um alvo maior e mais vago: a sensibilidade modernista, a visão modernista do mundo. Os modernistas, segundo o diagnóstico que fundamentava sua rejeição, escreviam a partir de um "estado patológico de depressão".[2]

---

1 Les Murray, *The Paperback Tree: Selected Prose*. Manchester: Carcanet, 1992.
2 Citado em: Paul Kane, *Australian Poetry: Romanticism and Negativity*. Cambridge: Cambridge University Press, 1996.

"O modernismo não é moderno: seu verdadeiro nome é *desespero*."[3]

Como antídoto ao desespero modernista, Murray recomendava uma boa dose de poesia australiana da variedade popular no final do século XIX. Apoiando essa sua receita, produziu uma antologia própria, *The New Oxford Book of Australian Verse*, em que cantigas de prisioneiros, canções de bêbados e baladas anônimas eram fartamente representadas, além de cantos aborígines traduzidos para o inglês.

Pode parecer que a rejeição radical do modernismo defina Murray como um conservador provinciano isolado, nadando contra a maré do tempo. Mas sua reação tinha mais substância. Para um poeta, repudiar a novidade das modas estrangeiras e preferir alinhar-se a uma tradição doméstica que celebrava o colono a cavalo da fronteira ou seu primo fora da lei, o salteador das estradas, era, no contexto australiano, uma declaração de claro cunho político. Na defesa da união das seis colônias britânicas numa única federação australiana – ocorrida em 1901 –, o cavaleiro solitário das pradarias tinha sido usado como ícone da identidade nacional. "Os modos contidos do inglês/ Não são para gente como nós;/ Estão acostumados ao arnês/ De um conservadorismo atroz",[4] escreveu A. B. "Banjo" Peterson, poeta muito admirado dos rincões do interior australiano. "Devemos selar a montaria e

---

3 Citado em: Peter Alexander, *Les Murray: A Life in Progress*. Melbourne: Oxford University Press, 2000.
4 No original: "*The narrow ways of English folk/ Are not for such as we;/ They bear the long-accustomet yoke/ Of staid conservancy*". [N. T.]

cavalgar/ Rumo à cordilheira azul:/ Viajar depressa para longe/ Através desse ondulado labirinto."⁵

Na verdade, no tempo de Paterson os australianos indômitos da fronteira ainda eram vistos com boa dose de idealização: já em 1900, bem mais que a metade da população vivia nas cidades maiores e menores da Austrália (em contraste com 35% dos habitantes dos EUA). Ainda assim, ao opor a tradição das baladas aos modernistas, Murray conclamava a poesia australiana a seguir seu curso nativo e a cultivar valores próprios, entre eles uma expansividade otimista, indiferente tanto aos "modos contidos" da antiga metrópole como ao desespero encurralado dos modernistas, e um igualitarismo radical que encarava com suspeita qualquer tipo de pretensão, inclusive as intelectuais. (Das três palavras que compõem o lema das modernas revoluções democráticas, na Austrália *Égalité* sempre teve mais ressonância do que *Liberté*.)

Curiosamente, os cavaleiros solitários estão notavelmente ausentes da poesia do próprio Murray. Para ele, o animal totêmico era não o cavalo, mas o boi, que simbolizava mais a domesticidade que a solidão, mais a colonização que a exploração do território. Um de seus poemas mais ambiciosos, a sequência *Walking to the Cattle Place* [Caminhando para o lugar do gado], de 1972, traça uma linha de descendência da pecuária australiana desde sua origem no culto ao boi, tradicional na Índia antiga e na Beócia grega. A Beócia, menosprezada por Atenas, sua rival, como lugar rústico e desprovido de sofisticação

---

5 No original: "*We must saddle up and ride/ Towards the blue hill's breast:/ And we must travel far and fast/ Across their rugged maze*". [N. T.]

(habitada por "beócios"), é apontada por Murray como seu berço espiritual, exemplo luminoso de nação descentralizada e dedicada à criação de gado.

Na mesma medida em que a brava gente da Nova Gales do Sul (de onde Murray veio) são os beócios, e Murray é seu Hesíodo, quem representa os atenienses é a *intelligentsia* de Sydney. "A casta instruída", escreveu Murray, "conseguiu libertar-se da antiga elite [os proprietários de terras] para assumir em seu lugar uma primazia opressiva", travando uma guerra sem trégua contra a "Austrália castiça", que seria a

> República [...] inerente à nossa tradição castiça, ou seja, a Austrália do "folclore", tanto imaginário como histórico, matriz autêntica de toda a singularidade da nossa nação [...] a Austrália dos nossos valores comuns e da nossa identidade mais profunda.[6]

Uma das armas utilizadas pela *intelligentsia* contra os australianos brancos do interior, prossegue Murray, é estigmatizá-los como "gente preconceituosa, ignorante, predadora do meio ambiente, um grupo obsoleto e sem futuro". O termo com que define esse processo de desvalorização de uma classe menosprezada é "relegação" [*relegation*]. A guerra cultural movida pela *intelligentsia* contra os valores dos australianos brancos do interior é só uma das facetas de um processo mais amplo de relegação ou banimento praticado pelo Ocidente pós-iluminista contra as culturas mais antigas e sem instrução, entre elas a cultura aborígine australiana.

Assim, nessa escolha de uma posição contra ou a favor do modernismo, o que está em risco, para Murray, não é

---

6   Les Murray, *The Paperback Tree: Selected Prose*.

apenas a persistência dos valores simples, humanos, comunitários e antiquados do interior da Austrália, mas também, numa perspectiva mais ampla, a persistência desse modo de vida milenar no mundo inteiro. O conservadorismo de Murray é definido por sua defesa do modo de vida tradicional.

II

Murray gostava de apresentar-se como um autor não alinhado às redes urbanas do poder cultural. O que não é correto. Na verdade, Murray tem um peso intelectual importante e, até seu retorno na meia-idade à sua localidade natal de Bunyah, na Nova Gales do Sul, uma presença considerável na arena pública. Poliglota, formado em literatura alemã, trabalhou por muitos anos como tradutor para a Universidade Nacional Australiana, respondendo pela versão de todas as obras de línguas germânicas ou românicas. Em sua atividade de ensaísta e compilador de antologias, orientava-se por uma leitura vasta, embora idiossincrática, da tradição poética australiana desde os primórdios coloniais. Como editor da *Poetry Australia* e consultor de uma grande editora para a área da poesia, exerceu também, até certo ponto, uma orientação da poesia australiana pelos caminhos que para ela preferia.

Apesar de sua origem modesta, os talentos de Murray foram reconhecidos muito cedo: entre seus patronos, encontram-se importantes figuras literárias, como Kenneth Slessor e A. D. Hope. Convocado como conselheiro extraoficial por Gough Whitlam, primeiro-ministro da Austrália de 1972 a 1975, Murray ajudou a criar um sistema nacional de apoio financeiro às artes, sistema que bem pode ser qualificado de esclarecido e que teve o próprio Murray entre os beneficiários.

Embora tenha exercido funções intermitentes na universidade, Murray não tem muito de positivo a dizer da vida universitária, especialmente das aulas de literatura. Para ele, os críticos literários acadêmicos são herdeiros de um Iluminismo hostil ao espírito criativo. Por trás da máscara de uma procura desinteressada do conhecimento, ele vê o próprio Iluminismo como uma cabala de letrados agressivos e sem raízes que conspiram para chegar ao poder, geralmente através das modas que regem o que pode ou nao ser dito em público (o "politicamente correto"). O Iluminismo transformou as universidades em "moinhos de humilhação" que trituram gerações de estudantes levados a envergonhar-se de suas origens sociais e a alienar-se da cultura nativa, depois recrutados por uma nova classe metropolitana cuja expressão australiana Murray define como "a Ascendência", evocando os séculos de domínio dos protestantes minoritários, conhecido como "Protestant Ascendancy", sobre a vida política da Irlanda. Nas mãos de Murray, o termo pretendia captar a "opressão de fundo estrangeiro" exercida pela nova classe, mas também seu "matiz arrivista de primeira geração". A Ascendência é "a classe dominante natural numa ordem socialista do mundo"; a posse de um diploma universitário é o equivalente moderno da propriedade da terra.[7]

As universidades proporcionam oportunidades de progresso pessoal; na medida em que esse progresso implica a ascensão na escala social, as universidades podem

---

7   Citado em: Peter Pierce, "Les Murray's 'Narrowspeak'", in: Laurie Hergenhan e Bruce Clunies Ross, *The Poetry of Les Murray: Critical Essays*. Brisbane: University of Queensland Press, 2001.

ser acusadas de fomento à desigualdade. Progresso pessoal, sem dúvida, foi o que, ainda em 1957, a Universidade de Sydney proporcionou a Les Murray, filho de um meeiro sempre às voltas com dificuldades. O jovem teve uma reação confusa à oferta. Perdia aulas, era reprovado nos exames e num dado momento abandonou os estudos em troca de uma vida errante, mas acabou voltando para concluir seu curso. Segundo a avaliação desse período pelo próprio Murray, da universidade ele só aproveitou o que queria — os recursos da biblioteca —, ao mesmo tempo que resistia à sua proposta sociopolítica mais insidiosa. Mas a própria veemência de seus ataques à educação superior sugere uma leitura suplementar: que o jovem sentia tanto atração quanto repulsa pelas promessas de uma submissão aos rituais e mistérios da academia, que poderia libertá-lo de suas origens e fazê-lo renascer fora da sua classe.

III

O mito de autoria própria, relatando como o Murray das mil astúcias esquivou-se dos males do Iluminismo, além de resistir às tentações da Ascendência, de bater-se contra os modernistas, correr mundo, contemplar muitas paisagens e retornar finalmente à sua Ítaca pessoal, constitui a coluna dorsal de uma obra de volume considerável: as 500 páginas de *Collected Poems* (2002) e mais vários livros posteriores de poesia; dois romances em versos e um corpo de ensaios sobre questões literárias e políticas.

Certos temas desse mito ganham relevo pela importância que Murray lhes atribui ou — o que dá no mesmo — pelo papel que exercem na sua obra. O principal deles é

Bunyah como o Lugar Ideal.[8] Outro é o tema da infância envenenada: por força de humilhações e castigos sofridos na infância, Murray aprende a desprezar-se e punir-se, um ódio de si mesmo que atinge o ponto máximo no curso secundário, em que é alvo de zombaria por ser gordo e apelidado de *Bottom*[9]. Outro é a maldição inata (genética), que se manifesta no tratamento hostil e até cruel que dispensa a quem o cerca ("autismo") e também nos episódios em que deixa de ser quem é, perde o discernimento e cai nas garras da depressão, que chama de "cão negro". Um quarto tema é a vocação: depois de se casar com uma católica e converter-se, abandonando o rigor de seu presbiterianismo original, ele descobre um modo de servir a Deus como poeta-sacerdote. "A prosa é protestante e agnóstica", ele escreveu, "mas a poesia é católica:/ poesia é presença".[10]

Esses quatro temas apresentam-se interligados, além de associados às opiniões mais gerais de Murray sobre a sociedade e a política. Devido às ideias do que é mau, desagradável ou indesejável incutidas em Murray durante a infância, ao crescer ele se torna um homem dilacerado entre a vergonha (de si mesmo, de suas origens) e a raiva contra quem se atreve a zombar dele ou dos que chama de "minha gente". Essa raiva se revela com mais nitidez nos *Subhuman Redneck Poems* [Poemas de um caipira sub-humano], de 1996, cujo título já é desafiador. Eis o que Murray diz da alta cultura da Ascendência:

8 *The Great Good Place*, livro de 1989, em que o sociólogo norte-americano Ray Oldenburg descreve o que define como os requisitos de um lugar onde a vida apresentaria um equilíbrio ideal entre o lar, o lugar de trabalho e locais de socialização. [N. T.]
9 Aproximadamente, "bundão". [N. T.]
10 Les Murray, *Collected Poems*. Melbourne: Black Inc., 2006. Citado em: Peter Alexander, *Les Murray: A Life in Progress*.

Minha missão é irritar ao máximo os eloquentes que pretendem oprimir as pessoas como eu, um paradoxo que suas categorias não conseguem assimilar: o Caipira Sub-humano que escreve poemas.

E ainda:

A maior parte da Cultura é um saco plástico da
    Alemanha Oriental
envolvendo nossa cabeça, sufocante e úmido,
vemos um mundo deformado e quente
através de dobras crepitantes e tentamos não sufocar.[11]

IV

Ao longo dos anos, Murray escreveu inúmeros poemas que, de um modo ou de outro, têm uma inspiração aborígine. Alguns deles falam da história dos contatos entre colonos e aborígines; outros se baseiam nas formas dos cantos aborígines; outros lançam mão de personagens aborígines para manifestar a consciência que teriam. A mais ambiciosa dessas obras é *The Buladelah-Taree Holiday Song Cycle* [O ciclo de cantos de festas de Buladelah-Taree], uma série de treze poemas celebrando o período do Natal, em que os habitantes das cidades regressam ao interior para participar de reuniões de família e renovar os laços com a terra onde nasceram. Esse ciclo de cantos, composto em longos versos em cadência dactílica,

---

11 No original: "*Most Culture has been an East German plastic bag/ pulled over our heads, stifling and wet,/ we see a hotly distorted world/ through crackling folds and try not to gag*". [N. T.]

revela – de maneira triunfal, eu diria – como um poeta moderno usando um tom altamente criativo pode celebrar os valores da gente comum, permanecendo acessível aos leitores comuns.

Murray escreveu muito sobre a composição desse ciclo de cantos e sua dívida para com o povo Wonguri-Mandjikai da Terra de Arnhem, do norte da Austrália, cujo Ciclo de Cantos do Osso da Lua, diz ele, produziu-lhe uma imensa admiração quando o leu pela primeira vez. "Pode ser o maior poema da história da Austrália", elogia R. M. Berndt, seu tradutor, por ter encontrado uma linguagem sintonizada com

> a melhor fala vernacular australiana [...] A tragédia, o maior mal da poesia daqui [a Austrália] talvez seja dedicar-se tão pouco a capturar esse tom preciso, e que nossos leitores tenham sido habituados a não esperá-lo de nós.[12]

Reiterando suas críticas ao arrivismo da *intelligentsia* australiana desconectada do seu povo, mais adiante faz uma polêmica afirmação sociológica:

> [Em meados do século XX] os aborígines eram em parte um povo, em parte uma casta, em parte uma classe, embora este último termo seja impreciso: na verdade, integravam a classe mais numerosa dos pobres do campo, e muitas vezes ainda é mais produtivo encará-los dessa forma que nos termos hoje mais em voga de um racialismo radical. Nós, a minha família, pertencíamos também a essa mesma classe.

---

12 Esta e as próximas duas citações são de: Les Murray, *The Paperback Tree: Selected Prose*.

Sobre os Murray, ele observa:

> Acho que herdamos as culpas inconfessas da conquista branca da Austrália, embora não tivéssemos, que eu me lembre, nenhuma consciência delas. Nossa instrução pode ter sido pobre [...] Tudo isso pode não ser mais que uma ramificação do liberalismo ilustrado, ou um resíduo de medos infantis. Na verdade, não tenho nenhuma certeza quanto à culpa dos brancos pela conquista; pode ser apenas uma construção da Esquerda, essa grande inventora de categorias e sentimentos prescritivos.

A maneira como Murray assimila os brancos pobres do campo às mesmas pessoas cujas terras tomaram; sua relutância em "pedir perdão", nas palavras de hoje, pelos crimes históricos do colonialismo ("Você não pode pedir perdão por coisas que pessoalmente não fez", objetou numa entrevista de 2001); e, finalmente, seu uso ("apropriação") de formas culturais aborígines sem a permissão de seus guardiães ancestrais sempre despertaram polêmica.[13]

Em resposta a essas críticas, Murray se distanciou de um individualismo que menospreza as formas comunitárias e de um espírito cosmopolita que renega as relações locais. Defende, em lugar dos dois, um nacionalismo australiano que ignore as diferenças de cor e englobe uma fé romântica na cultura que brota espontaneamente do solo nativo:

> São muitas as razões da minha imensa gratidão aos produtores e intérpretes da poesia e dos cantos tradicionais aborígines, especialmente por me revelarem um mundo

---

13 Entrevista com John Kinsella, *Meanjin*, 2001/2002.

profundamente familiar em que a arte não é estranha à vida, mas uma fonte vital de saúde para todos os membros de uma comunidade [...] A arte aborígine me proporcionou reservas de referências e força nativa, uma base genuinamente australiana que pode me servir de apoio contra a importação constante da decadência, da idiotice e da consciência do Ocidente.[14]

V

Nos ensaios escritos na década de 1980, Murray desenvolve um notável relato fenomenológico da experiência da leitura de poesia. De maneira menos convincente, na sequência ele afirma que a leitura de poesia é importante para a nossa saúde psíquica. A experiência de ler um "verdadeiro" poema, diz Murray,

> é marcada pela estranha simultaneidade do silêncio e de uma aceleração dos sentidos. Nossa mente quer seguir logo adiante e apreender cada vez mais, mas ao mesmo tempo é refreada por uma sensação de assombro que a obriga a prolongar o momento e vivê-lo fora do tempo. Só tomamos consciência parcial de que nossa respiração ficou mais curta e alterada, obedecendo a um comando externo a nós [...] Podemos dizer que o poema nos faz dançar a seu ritmo, mesmo que aparentemente continuemos sentados e imóveis. Discretamente, ele se apodera do nosso corpo para manifestar-se.

---

14 Esta e as três próximas citações são de: Les Murray, *The Paperback Tree: Selected Prose*.

O poema em si é uma entidade paradoxal, tanto finita quanto inesgotável:

> Cada interpretação que atribuímos a um poema se desgasta com o tempo e acaba por parecer inadequada, mas a existência do poema permanece, desafiando nossas tentativas de contê-lo ou desarmá-lo.

Recorrendo à psicologia popular, Murray identifica o encéfalo frontal humano, o último a desenvolver-se, como a sede da consciência em vigília, enquanto a parte mais antiga do cérebro, o chamado cérebro réptil, seria o responsável pelos sonhos. Um poema "autêntico", tendo sido pensado e sonhado de verdade, representa uma "totalidade do pensamento e da vida". "Representa esta totalidade e nos captura para ela, de modo a promover e a renovar a nossa própria [totalidade]."

Essa defesa da poesia, embora ela própria relativamente comum, soa curiosa à luz do rigor com que Murray encarava o modernismo. Pois a concepção do poema como um objeto fora do tempo que incita mas exaure a interpretação lembra, antes de mais nada, a ideia do poema como ícone verbal (William K. Wimsatt) ou como uma urna bem torneada (Cleanth Brooks). Na verdade, a poética de Murray ajusta-se bem à mescla de empirismo psicológico inglês e estética idealista alemã que produziu a Nova Crítica americana; e muitos dos seus poemas também se beneficiam do tipo de leitura analítica atenta defendido nas salas de aula da Nova Crítica.

Notoriamente, a Nova Crítica contribuía pouco para a leitura de poemas "primitivos" como o Ciclo do Osso da Lua, ou da poesia na linha de Walt Whitman e Charles Olson – a linha privilegiada por Allen na *The New American Poetry*. A obra poética mais extensa de Murray merece aplausos por deixar para trás essa teorização. Um dos principais valores australianos que ele celebra é a extensão. A paisagem extensa está para Murray como a vida errante está para Whitman: sentir-se à vontade nesse mundo desnorteia a mente sistemática dos professores e dos planejadores urbanos. "Alvo de censura e menosprezo/ [a extensão] ouve tudo com um sorriso e uma das botas pisando o trilho/ da possibilidade."[15]

VI

Numa carta inédita citada por seu biógrafo Peter Alexander, Murray descreve a composição de poemas como um "trabalho quase sacerdotal" realizado à imitação de Cristo ("É a vida d'Ele a meu alcance através dos meus esforços").[16] Nesse aspecto, Murray recorre ao poeta-sacerdote Gerard Manley Hopkins, com quem tem uma dívida considerável.

Paul Kane, autor do melhor estudo conhecido da poesia australiana, vê a origem das ideias de Murray sobre poesia e religião na obra de Rudolf Otto (1869-1937), cujo livro *Das Heilige* (1917), traduzido para o inglês com o título de *The Idea of Holy* [em português, *O sagrado*], Murray leu nos tempos de estudante; e, antes ainda de Otto, o pós-kantiano Jakob Friedrich Fries (1773-1843), cuja obra postula a faculdade de *Ahndung* (imaginação, pressentimento) que permite aos humanos uma cognição direta do divino. É esse ramo heterodoxo da filosofia kantiana,

---

15 Les Murray, *Collected Poems*.
16 Peter Alexander, *Les Murray*.

sugere Kane, que explica melhor o pensamento de Murray sobre a vocação poética.[17]

Numa série de importantes poemas do início da década de 1980, Murray discute o estado mental (ou estado de espírito) em que o poeta entra em contato com o divino. Os termos-chave, aqui, são *graça* e *equanimidade*, abstrações a que seus poemas procuram dar corpo. O poema "Equanimidade" — que desde o tom adotado é um modelo de equidade espiritual — encerra-se com uma sugestão a nós, seus leitores, de que, se encararmos o estado espiritual de equanimidade tão difícil de captar com a razão quanto de atingir pela força de vontade, poderemos achar

> mais natural olhar para os pássaros da rua, sua vida
> tão faminta, condensada, destemida e previdente
> quanto a que encontramos em qualquer dessas milhas
> de moradas de tijolo entremeadas de árvores,
> acompanhar a graça incessante e intermitente
> que assinala quase todos os seus movimentos,
> a mesma graça imóvel das formas das árvores
> e complexa em nós e nos outros caminhantes como nós:
>   vemos que é indivisível
> e nada tem de voluntária. Que sua luz nos vem do
>   incomensurável
> que às vezes vislumbramos, do ponto em que estamos
>   cativos
> (as mentes tanto das aves quanto as nossas tão
>   marcadamente visuais):
> um campo todo em primeiro plano, e igualmente todo
>   ao fundo,

---

17 Paul Kane, *Australian Poetry*.

como uma figuração da igualdade. Uma extensão
infinitamente detalhada
como a atenção de Deus. Onde nada é diminuído pela
perspectiva.[18]

Não devemos desanimar, sugere Murray, ante o caráter efêmero, bruxuleante, esporádico do nosso contato com o divino e a transcendência. Em vez disso, deveríamos adquirir uma paciência inalterada — como poeta ou como pessoa dotada de fé — para esperar o próximo vislumbre da graça. Tanto a visão quanto a revelação poética são, por sua natureza, "intermitentes,/ como essas aves — pombo-de-crista, papagaio-rosela —/ que voam fechando as asas, que depois batem e fecham novamente".[19]

VII

A poesia de Murray deveria figurar em qualquer lista dos melhores poemas (os "clássicos") australianos; alguns foram tão lidos que já impregnam a consciência nacional. Entre eles se encontra a sequência ruminativa "Walking to the Cattle Place" (1972) e o celebratório "Buladelah-Taree Holiday Song Cycle" (1977); "Equanimity" e o par de poemas-ensaios filosóficos "On Interest" (os três de 1983); outras peças mais íntimas, como "Evening Alone at Bunyah" (1969) ou "The Tin Wash Dish" (1990-?); o virtuosístico "Translations from the Natural World", prova do talento incrível de Murray para penetrar na mente animal; e "Dog Fox Field" (1990), sobre o extermínio de deficientes mentais sob o nazismo.

18 Les Murray, *Collected Poems*.
19 Les Murray, *Collected Poems*.

O romance em verso *Fredy Neptune* (1998) representa um contraponto desconfortável na produção de Murray. Baseado no modelo do *Cândido* de Voltaire, conduz seu herói teuto-australiano Fredy Boettcher, um inocente com poderes físicos quase sobre-humanos, pelos acontecimentos da história mundial entre 1914 e 1945. Homem de origem rural, sempre estigmatizado por sua condição germânica, Fredy é um óbvio representante, se não do próprio Murray, da identidade estigmatizada em que Murray se julgava às vezes aprisionado.

A cadência de *Fredy Neptune* é sempre ágil, e os incidentes notáveis são muitos, mas os talentos de Murray como narrador são limitados e o que podia pretender soar picaresco logo degenera numa simples sequência de acontecimentos. O próprio Murray sugeriu que a melhor maneira de ler o romance seria em paralelo com os poemas de *Redneck*, ou seja, como parte do exercício catártico de espanar dos ombros o peso do ressentimento.

Nenhum dos poemas que apontei como os melhores de Murray é posterior a 1992. Desde essa data, ele publicou, além dos poemas reunidos de 2002, várias coletâneas de poemas — a meu ver — menores. Com o título de *Killing the Black Dog* [Matando o cão negro, 1997], publicou também memórias de sua longa luta com a depressão. Essas memórias vêm acompanhadas de um combativo posfácio, datado de 2009, em que relembra sua polêmica antiga, mas obviamente não superada, com a cultura australiana "oficial", condenada por orquestrar campanhas da imprensa contra ele e, de maneira mais geral, evitar o contato com o sentimento do público.

Pode ter chegado a hora de Les Murray abandonar antigas antipatias. Foram muitas as homenagens públicas que recebeu, e ele é amplamente reconhecido como o maior poeta australiano de sua geração. Seus poemas são "ensinados" nas escolas e universidades; estudiosos produziram trabalhos eruditos a seu respeito. Ele próprio se diz mais lido no exterior do que na Austrália. Pode ser ou pode não ser. Mesmo que seja verdade, porém, não seria ele o primeiro escritor a enfrentar esse destino. Que é um destino bem melhor que não ser lido por ninguém.

(2011)

Lendo Gerald Murnane

Entre 1840 e 1914, a Irlanda perdeu metade de sua população. Mais ou menos 1 milhão dos seus habitantes morreu de fome, mas a maioria deixou a terra natal na esperança de encontrar vida melhor noutras paragens. Embora a América do Norte fosse o destino preferido, mais de 300 mil deles foram buscar vida melhor na Austrália. Em 1914, a Austrália tinha uma presença étnica de irlandeses maior que a de qualquer outro país, com a exceção da própria Irlanda.[1]

A vida comunitária dos irlandeses australianos era centrada, como esperado, na Igreja Católica. Até meados do século XX, a Igreja da Austrália era uma extensão da Igreja irlandesa; foi só com a chegada de ondas de imigrantes de nações católicas do sul da Europa, depois da Segunda Guerra Mundial, trazendo consigo rituais e costumes próprios, que ela começou a perder seu caráter predominante irlandês.

Rigorosa na obediência à doutrina e em suas formas exteriores de observância, encarando com suspeita o mundo moderno e suas tentações, a Igreja da Austrália

---

1   Ver: R. F. Foster, *Modern Ireland 1600-1972*. Londres: Allen Lane, 1988. David Fitzpatrick, *Oceans of Consolation*. Melbourne: Melbourne University Press, 1995.

concentrou as energias em impedir a dispersão de seu rebanho, fazendo o possível para facultar uma formação católica a todo filho das famílias de seus fiéis. Gerald Murnane, nascido em 1939, foi um dos beneficiados por essa diretriz. A partir de *Tamarisk Row* [Linha Tamarisk, 1974], num sólido corpo de obras de ficção e não ficção, Murnane registra os efeitos de uma formação católica irlandesa-australiana num rapaz com um caráter e antecedentes familiares tão próximos dos seus que só um escrúpulo murnaniano impediu o autor de apontá-lo como ele próprio na juventude. Entre os resíduos dessa formação estão, por um lado, uma crença inabalável na existência de outro mundo além deste em que vivemos e, por outro, um sentimento permanente de viver em pecado.

A crença de Murnane num outro mundo precisa mais que tudo ser bem delimitada. Embora, depois do fim de seus estudos secundários, tenha dado os primeiros passos para ingressar no sacerdócio, logo desistiu da ideia e, além disso, abandonou de todo a observância religiosa. A crença que manteve tem, assim, uma natureza mais filosófica que religiosa, mas nem por isso perde a força. Quanto ao acesso a esse outro mundo – um mundo distinto do nosso, melhor que ele de muitas maneiras –, não é obtido por boas ações ou pela graça divina, mas pela entrega à criação literária.

Em matéria de pecado, o rapaz que encontramos nos livros de Murnane – que evitarei chamar de jovem Murnane – tem a curiosidade pelo sexo truncada, como se pode esperar de um rapaz criado numa comunidade em que todo gesto impuro é recriminado com veemência do alto do púlpito, mas condenado em termos tão vagos que as implicações dessa impureza se mantêm obscuras. Num episódio revelador narrado em *Barley Patch* [Pequena plantação de cevada, 2009], depois que a família adormece, o jovem se levanta da cama para explorar uma casa de bonecas pertencente às primas em que foi proibido de mexer, mas que associa em seu subconsciente (uso de maneira provisória o termo "subconsciente" – ver mais adiante a nomenclatura mais rigorosa preferida por Murnane) não só às partes íntimas das garotas como ao sacrário que abriga o aparato cerimonial da missa. À luz da lua ele olha para dentro pela pequena janela, desejando atravessá-la com um dedo e tocar os mistérios que se guardam em seu interior, mas com medo de deixar algum rastro de sua culpa.²

A maneira como o homem entra na mulher é apenas um dos muitos mistérios que essa criança precisa esclarecer. Em sua ingênua cosmologia, Deus Pai é uma presença no máximo remota. Quem preside seu destino é uma figura que chama de Padroeira, mescla da Virgem Maria com sua própria mãe na juventude. "A própria finalidade da existência dela", assinala o rapaz, "era guardar certa distância de mim e, dessa maneira, proporcionar-me um objetivo à altura para toda uma vida de esforço: o objetivo simples, mas sempre frustrado, de me aproximar de sua presença". A necessidade de consagrar ao princípio feminino algum gesto marcante de penitência transforma-se num dos temas mais profundos da literatura de Murnane, presente em especial no seu romance *Inland* [Interior, 1988].

Como escritor, Murnane está longe de ser um realista direto e irrefletido. Descrever a educação católica irlandesa na Austrália em torno de 1950 é apenas uma fração do que ambiciona. Como deixa mais do que claro, seu jovem herói, que ao mesmo tempo que venera a Padroeira

---

2 Gerald Murnane, *Barley Patch*. Champaign: Dalkey Archive Press, 2011.

tenta convencer suas primas a baixar as calcinhas para ele na oficina, tem uma existência dupla no mundo cotidiano que compartilha conosco, mas também em outra parte do nosso mundo difícil de explicar.

A esse respeito, Murnane gosta de citar uma observação sentenciosa atribuída a Paul Éluard: "Existe um outro mundo, mas está neste aqui".[3] Para o leitor da obra de Murnane, perceber de que maneira o outro mundo se relaciona com este que conhecemos é o principal obstáculo para entender aonde Murnane pretende chegar, ou acha que pretende.

Assim: o menino sobre o qual Murnane escreve deve ser entendido como um produto da sua imaginação? Existe algum lugar que podemos chamar sem rigor de mundo imaginário, em que existam todos os personagens dos romances de Murnane? E quando Murnane (ou a criatura fictícia "Murnane") fala da presença de um outro mundo neste em que vivemos, não estará falando simplesmente do mundo presente na imaginação de seu próprio eu autoral?

Sobre si mesmo, sobre sua mente e o poder que ela possui de evocar seres que não existem "na realidade", Murnane declara o seguinte:

> Ele jamais tinha acreditado na existência de uma psique inconsciente. Na própria noção de *psique inconsciente*, ele julgava perceber uma contradição em termos. Palavras como *imaginação*, *memória*, *pessoa*, *eu* e até *real* e *irreal*

---

3 "*Il y a un autre monde mais il est dans celui-ci.*" Não fui capaz de confirmar a atribuição da frase a Paul Éluard. Ver: Gerald Murnane, *Inland*. Champaign: Dalkey Archive Press, 2012. A mesma citação foi usada por Patrick White como epígrafe de *The Solid Mandala* (1974), seu romance sobre um visionário que vive nos subúrbios de Sydney.

ele achava enganosas e vagas, e a todas as teorias psicológicas que leu na juventude faltava a definição de *onde* fica a mente. Para ele, a primeira de todas as premissas era que sua mente era um dado lugar ou, melhor dizendo, um vasto arranjo de lugares.[4]

Murnane enuncia sua visão esquemática da mente – ou melhor, da própria mente, pois não se interessa por definições de ordem geral – nos seguintes termos:

> Depois que completou 50 anos, ele [...] passou a acreditar que era composto principalmente de imagens. Só percebia imagens e sentimentos. Os sentimentos o conectavam às imagens e conectavam as imagens umas às outras. As imagens conectadas formavam uma vasta rede. Jamais conseguiu imaginar quaisquer limites para esta rede. Era a ela que, por sua conveniência, dava o nome de mente.

Não existe, assim, um modo de distinguir a atividade da escrita da atividade de autoanálise. Ela consiste na contemplação do mar de imagens interiores, distinguindo as conexões entre elas e organizando essas conexões em frases gramaticais ("Não existe nada tão complexo no mundo que não possa traduzir-se em frases gramaticais", escreve Murnane ou "Murnane", cujas opiniões sobre a gramática são inabaláveis e até pedantes).[5] Se as conexões entre as imagens estão implícitas nas próprias imagens, ou são criadas por uma inteligência ativa que lhes dá forma; qual será a origem dessa energia (os "sentimentos") que

---

4 Esta e a próxima citação são de: Gerald Murnane, *Emerald Blue*. Melbourne: McPhee Gribble, 1995.
5 Gerald Murnane, *Invisible yet Enduring Lilacs*. Sydney: Giramondo, 2005.

percebe as conexões; e se ela é sempre fidedigna – são questões que não interessam ao autor ou pelo menos nunca são abordadas no corpo de uma obra escrita que raramente se mostra avessa a refletir sobre a criação.

Noutras palavras, embora esteja presente em Murnane toda uma topografia da psique, não existe uma teoria da mente digna de nota. Se há alguma força condutora e formativa por trás das ficções produzidas pela mente, ela não pode ser propriamente chamada de força: sua essência lembra mais uma atenção passiva.

Como escritor, Murnane é assim um idealista radical. Em sua ficção, os personagens ou "imagens de pessoas" (ele nunca usa a palavra "personagem") existem num mundo muito semelhante ao mundo do mito – mais puro, mais simples e mais real que o mundo em que nascem, vivem e morrem seus avatares terrenos.[6]

Para os leitores que, apesar dos esforços de Murnane, não consigam perceber a diferença entre imagens de pessoas e produtos da imaginação humana, pode ser melhor tratar toda a teorização de Murnane – presente na própria urdidura de sua produção ficcional – como nada além de um modo sofisticado de nos recomendar que não confundamos o *eu* do narrador com o homem Gerald Murnane, e portanto que não leiamos seus livros como um registro autobiográfico sujeitável aos mesmos critérios de realidade que a História. O *eu* que narra é uma figura em nada menos construída que os participantes da narrativa.

Junto com David Malouf (nascido em 1934) e Thomas Keneally (nascido em 1935), Gerald Murnane pertence à última geração de escritores que chegou à maturidade

---

6 Gerald Murnane, *A History of Books*. Sydney: Giramondo, 2012.

numa Austrália ainda colônia cultural da Inglaterra – reprimida, puritana e desconfiada dos estrangeiros. Dessa geração, Murnane foi o menos obediente às normas reinantes no realismo e o mais aberto à influência exterior, tanto das Américas como da Europa.

Entre 1974 e 1990, Murnane publicou seis livros. Entre eles, *The Plains* [As planícies, 1982] e *Inland* (1988) são geralmente lidos como romances, embora lhes faltem muitas das características que definem um romance: não têm uma trama digna do nome, só uma linha narrativa muito tênue; seus personagens sem nome têm pouquíssimas características distintivas. *Landscape with Landscape* [Paisagem com paisagem, 1985] e *Velvet Waters* [Águas de veludo, 1990] são, de maneira mais reconhecível, coletâneas de contos curtos, alguns trazendo a marca de Jorge Luis Borges. Murnane está conspicuamente ausente da lista de escritores australianos que atenderam à convocação para celebrar ou discutir a condição australiana: um dos textos de *Landscape with Landscape* é um comentário satírico, não de todo bem-sucedido, sobre esse chamado.

A partir de 1990, nas suas palavras, Murnane desiste de escrever ficção. Numa nota preliminar a *Invisible yet Enduring Lilacs* [Lilases invisíveis mas persistentes, 2005], ele declara: "Eu jamais deveria ter tentado escrever nem ficção nem não ficção, nem nada de intermediário. Devia ter deixado que os editores publicassem tudo que escrevi como ensaios". Tanto *Invisible yet Enduring Lilacs* como o livro que o sucedeu, *Barley Patch*, são, *grosso modo*, coletâneas de ensaios. *Barley Patch*, o mais substancial dos dois, reúne lembranças da família de Murnane, sua infância e juventude; reflexões sobre a carreira de escritor, inclusive sua decisão de desistir da literatura de ficção; análises de sua prática de escritor; um esboço de sua filosofia da ficção; e sinopses de projetos abandonados – sinopses tão detalhadas e bem desenvolvidas que quase chegam a converter-se em obras de ficção.

Quando criança, rememora Murnane, adorava ler porque a leitura lhe permitia vagar com liberdade em meio aos personagens e olhar abertamente para as mulheres (fictícias). Na vida real, olhar fixamente para alguém era proibido: o olhar de soslaio, sub-reptício, transformou-se em seu pecado secreto. Ele ansiava por conhecer uma garota que tivesse curiosidade suficiente para insistir em olhar para ele. A fim de espicaçar a curiosidade das garotas, fazia de conta que as ignorava e ocupava-se escrevendo. O tempo todo, desejava encontrar alguma "camada do mundo muito além da camada opaca que ocupo, [e onde] às vezes fosse possível obedecer a meus desejos sem incorrer em castigo".[7]

Já com mais de 20 anos (prossegue numa veia declaradamente autobiográfica), "continuava desaparelhado de qualquer dos talentos que permitiam à maioria dos jovens da minha idade conquistar namoradas firmes ou mesmo noivas e esposas". Nos fins de semana, reunia-se com outros jovens católicos solitários e famintos por sexo para tomar cerveja e falar de garotas. O resto do tempo passava enfurnado em seu quarto, escrevendo.

Sua decisão de dedicar-se à literatura em vez de continuar os estudos foi reprovada por sua família; depois de ter publicado seu primeiro livro, foi deserdado por um tio favorito. Para fortalecer sua decisão, recitava para si mesmo, como um mantra, o poema "The Scholar Gypsy" [O cigano erudito], de Matthew Arnold, que celebra uma vida solitária de trabalho intelectual. Para ganhar algum dinheiro, decidiu, recorreria às apostas nas corridas de cavalos.

---

[7] Esta e as cinco próximas citações são de: Gerald Murnane, *Barley Patch*.

Olhando em retrospecto, Murnane se pergunta como conseguiu desperdiçar três décadas de sua vida escrevendo textos de ficção. Examina várias hipóteses, nenhuma totalmente séria. Uma delas é que, com medo de viajar, precisava inventar um mundo para além do seu cantinho modesto no estado de Victoria.

Quando desistiu da literatura de ficção, informa-nos Murnane, abriu mão também de ler novos livros, preferindo permanecer fiel aos escritores de que mais gostava, especialmente Marcel Proust, Emily Brontë e Thomas Hardy. Durante os anos que lhe restavam, decidiu, iria dedicar-se às "entidades mentais" que o visitaram ao longo da vida; sua ideia era "contemplar essas imagens e dar vazão aos sentimentos [que incluem] a essência duradoura de todas as minhas leituras e obras escritas". Essas imagens serão incansavelmente rearranjadas e remapeadas, de maneira que suas obras de ficção possam ser vistas, no fim das contas, como um conjunto de variações, capítulos de uma única obra de toda a vida. O exemplo de Proust é claro.

O fascínio pelas imagens aglomeradas em sua mente leva Murnane a explorar o funcionamento da memória. Lê vários livros sobre mnemônica, entre eles *The Art of Memory* [A arte da memória], de Frances Yates; chega a inventar um sistema próprio, usando as corridas de cavalos e as cores usadas pelos jóqueis. O que mais desperta seu interesse é o que ele poderia chamar — se não detestasse a ideia de inconsciente — de associações inconscientes: a maneira como a palavra *hiato*, por exemplo, evoca para ele uma "ave cinza e preta forcejando contra o vento no alto do céu".

Imagens que persistem em sua memória perturbam suas horas de vigília, recusam-se a deixá-lo até que ele consiga encaixá-las numa rede de imagens. A qualidade dessas imagens — suas associações, seu colorido emocional — o faz procurar um sentido mais profundo que o conteúdo mais evidente. Suas obras ficcionais são, fundamentalmente, estudos das qualidades das imagens. Interessa-se pouco pelas circunstâncias de sua vida em que essas imagens lhe ocorreram, ou seja, não tem nenhuma vontade de subordiná-las ao que é aparentemente real.

As páginas mais difíceis de *Barley Patch* têm a ver com a situação do "outro" mundo onde vivem os seres fictícios. Embora esses seres possam depender de um ou outro autor para serem escritos e assim adquirir existência, acabam por exceder ao controle do autor ou escapar-lhe por completo. Suas vidas interiores lhes são próprias; em alguns casos, seu criador nem entende quem são na verdade.

Um ponto importante de toda uma vida dedicada à escrita é alcançado, continua Murnane, é a fase em que o eu que escreve consegue ultrapassar a mera observação e o simples relato das imagens internas para compartilhar, no outro mundo, uma vida imaginária com pessoas imaginárias. Os leitores com as características adequadas também podem ser trazidos ou arrebatados para um domínio onde eles, ou sua existência imaginária, também podem conviver de perto com criaturas da ficção.

Sumárias e excêntricas demais para constituírem uma acabada metafísica da ficção, essas páginas prestam-se melhor à leitura se entendidas como o credo poético de um autor que, a certa altura da vida, chegou ao extremo de postular que o mundo "real" (terreno) e o mundo real (ideal) mantêm-se numa tensão de reciprocidade erótica, cada um deles respondendo pela existência do outro:

> Sendo não mais que o autor conjectural desta obra de ficção, só posso passar a existir no momento em que certa

personagem feminina que leia estas páginas forme em sua mente a imagem do personagem masculino que escreve estas páginas pensando nela.

Haverá leitores que rejeitarão o sistema de dois mundos de Murnane, julgando sua teoria excêntrica fútil ou fantasiosa, e talvez ainda digam que seu autor é só intelecto, desprovido de sentimentos. A essa crítica, Murnane responde indiretamente quando, em *Barley Patch*, conta a história de sua última visita a um tio querido que morria de câncer – o mesmo tio que o deserdara depois do seu primeiro livro. Os dois passam as últimas horas juntos de um modo tipicamente masculino e australiano: evitando a manifestação de qualquer sentimento e conversando sobre corridas de cavalos. Depois disso, Murnane deixa o quarto de hospital e procura um lugar reservado para chorar.

Seu tio tinha razão, reflete Murnane em seguida: não precisava ter desperdiçado sua vida com a literatura. Por que, então, tinha sido essa a sua decisão? Eis a resposta: sem escrever, ele "jamais poderia indicar a outra pessoa seus verdadeiros sentimentos por ela". Ou seja, ele só é capaz de revelar seu amor narrando em tom elegíaco, para alguém que não tem mais como escutá-lo, a história de um homem que parece não ter sentimentos, mas se esconde para chorar.

A produção literária de Murnane a partir de *Inland* reflete continuamente sobre seu difícil destino pessoal. Por um lado, o exercício da literatura distanciou-o mais e mais da sociedade humana; por outro, só através da escrita pode ter a esperança de tornar-se humano. O tom elegíaco que marca suas últimas obras vem da compreensão de que ele é quem é, de que em sua vida nunca haverá uma segunda chance, de que só no "outro" mundo poderá encontrar compensação para o que perdeu.

Barley Patch se encerra com o sumário de um dos projetos de ficção que Murnane abandonou na década de 1970. Seu herói é um jovem que, desajeitado com as garotas, pensa em entrar para o sacerdócio e assim por diante – um jovem muito parecido com quem o autor foi na realidade. E então, abruptamente, ele abandona esse sumário, dando-se conta de que está retornando, ainda que em forma de resumo, ao trabalho que decidira abandonar.

Em *Inland*, que pode ser rotulado sem rigor de ficção, tanto quanto *Barley Patch* pode ser rotulado sem rigor de ensaio, vemo-nos de volta aos tempos de colégio do jovem Murnane (o *eu* jovem de Murnane). Aos 11 anos, entra para a sua turma uma garota que ele chama simplesmente de "a garota da Bendigo Street". Os dois se tornam companheiros próximos, até mesmo almas gêmeas, até que são separados pela mudança de uma das famílias e nunca mais voltam a se ver.

Nenhuma palavra de amor é pronunciada por ele ou ela. Entretanto, por meio de um intermediário, o menino pergunta se a garota gosta dele, e a resposta é que ela "gosta muito".

Esse amor não realizado de trinta anos antes é revisitado pelo Murnane mais velho (o *eu* mais velho de Murnane). *Inland* é uma carta para a garota da Bendigo Street: uma declaração de amor; a lamentação por uma oportunidade perdida; mas também – e aqui entramos em contato com uma força motivadora mais difícil de situar – um ato de contrição.

A suposta transgressão que *Inland* precisa expiar não é visível na história do jovem casal, mas parece uma contribuição do *eu* de Murnane que figura no livro como seu autor. *Inland* tenta materializar esse obscuro pecado original ao situá-lo numa obra de ficção explícita e assim – no sistema metafísico de Murnane – torná-lo real.

A ficção que Murnane cria é um produto complicado, tão complicado que seguir suas entradas e saídas pode revelar-se impossível para muitos leitores de primeira viagem. Um dos livros seminais lidos por Murnane foi *O povo de Puszta*, um romance sobre a vida do campo na Hungria publicado em 1936 por Gyula Illyés (1902-1983). Illyés registra um episódio de sua infância numa propriedade rural: a jovem filha de um vizinho, estuprada por um criado da casa, suicida-se por afogamento, e ele vê o corpo. A garota morta se transforma em sua constante inspiração, "um anjo de desafio e revolta" que conduz seus esforços posteriores para pôr fim aos maus-tratos de servos impotentes pela aristocracia rural.[8]

Essa história trágica, a que a obra de Murnane alude repetidas vezes, avulta em primeiro plano nas páginas de *Inland*, onde a responsabilidade pela morte da garota é assumida por um proprietário de terras cujo nome não se revela. É ele, um dos avatares do Murnane-escritor, quem narra os primeiros episódios do livro. Sua confissão, traduzida nos termos mais velados, assume a forma de um ensaio enviado para uma revista chamada *Mainland*, publicada pelo Institute of Prairie Studies em Ideal, Dakota do Sul, e editada por Anne Kristaly, por quem no passado o proprietário de terras vivera uma paixão. Anne Kristaly, húngara de nascimento, é agora casada com um escandinavo ciumento que faz o possível para bloquear a correspondência entre os dois.

---

8 Gyula Illyés, *Hungarian Review*, julho de 2011.

A história desse triângulo — o proprietário de terras, Anne Kristaly e o marido —, complicada por subenredos metaficcionais e paródias de autores húngaros como Sándor Márai (Murnane lê húngaro e tem familiaridade com a literatura da Hungria), ocupa as primeiras cinquenta páginas do livro e é sua parte mais mal-acabada. Ao cabo dessas cinquenta páginas, as planícies da Hungria e o Institute of Prairie Studies são abandonados. Murnane, por assim dizer, respira fundo e mergulha na longa construção contrapontística que constitui o resto do livro, o texto mais ambicioso e forte que já produziu e que sustenta até o final o seu tom elevado.

A narrativa subjacente fala do menino de 11 anos e da garota da Bendigo Street, da proximidade entre os dois, de sua separação e das tentativas posteriores que o homem, à semelhança de um Orfeu, faz para tornar a evocá-la — se não ela, pelo menos sua sombra, de volta do reino dos mortos e olvidados. Mesclados nessa trama, encontramos vários motivos cujo elemento comum é a ressurreição: a jovem serva violada que volta como um anjo rebelde; os amantes de *O morro dos ventos uivantes*, unidos para além da morte (*Inland* se encerra com o famoso último parágrafo do romance de Emily Brontë); a grande visão do passado que Proust recupera em *O tempo reencontrado*; e os versículos do Evangelho de São Mateus profetizando o segundo advento de Cristo.

Os horizontes do jovem de *Inland*, definidos como o estado de Victoria em que ele vive, podem ser estreitos, mas a inversão das estações entre os hemisférios Norte e Sul, consequência da inclinação do eixo do planeta, revela-se profundamente importante para ele. Na qualidade de Messias, Jesus profetiza que o mundo logo irá se acabar, mas depois consola seus seguidores dizendo-lhes que contemplem a figueira: quando seus galhos pardacentos começarem a ostentar rebentos verdes (ou seja, ao despontar da primavera), ele há de regressar. Obediente a Roma como sempre, o padre da paróquia do rapaz obedece ao calendário setentrional; assim, no momento em que prega o texto de São Mateus e exorta sua congregação a esperar os primeiros brotos da figueira, como se vivessem no auge do inverno, já vivem o calor intenso do verão.

A lição óbvia que se pode extrair é que a Igreja deveria adaptar seus ensinamentos à realidade australiana. A lição que o jovem Murnane extrai, porém, é que existem dois calendários simultâneos, dois tempos mundiais: a menos que encontre um modo de vida que concilie os dois, sobrepondo um ao outro, não terá como salvar-se.

Mais uma vez, vemos a realidade sendo deformada para se encaixar no sistema dos dois mundos. Só criamos empatia com os males do rapaz preso nessa armadilha de fabricação própria graças ao poder da escrita que nos narra a sua história. A convicção emocional por trás das partes finais de *Inland* é tão intensa, o lirismo sombrio tão comovente, a inteligência que rege as frases cinzeladas tão inegável que suprimimos o impulso de sorrir, perdoamos os pecados que o rapaz imagina e permitimos que a jovem camponesa húngara e a garota da Bendigo Street nos iluminem com seu brilho benigno, que emana de um mundo além do nosso alcance que, de algum modo, é também o mundo em que vivemos.

> Todo dia, enquanto escrevia estas páginas, eu pensava nas pessoas referidas ou mencionadas no livro que traz na capa a palavra que significa *campina* [isto é, *puszta*].
>
> No começo, enquanto escrevia, pensava nessas pessoas como se estivessem todas mortas enquanto eu estava vivo. Em algum momento da criação, porém, comecei a

suspeitar do que agora tenho certeza. Comecei a suspeitar que as pessoas referidas ou mencionadas nas páginas deste livro estão vivas, e todas as demais estão mortas.

Quando escrevi a carta que foi a primeira de todas as minhas páginas, tinha em mente uma jovem que, para mim, estava morta enquanto eu permanecia vivo. Pensei que ela estivesse morta enquanto eu permanecia vivo para poder continuar escrevendo o que ela daria algum jeito de ler.

Já hoje, enquanto escrevo esta última página, ainda penso na jovem. Entretanto, hoje tenho certeza de que ainda está viva. Tenho certeza de que a jovem ainda está viva enquanto eu é que estou morto. Hoje estou morto, mas ela se mantém viva a fim de continuar lendo o que jamais terei como escrever.[9]

(2012)

---

9   Gerald Murnane, *Inland*.

O diário de Hendrik Witbooi

Um dos temas predominantes na história moderna do sul da África é a difusão da ocupação europeia pelo interior do continente. A partir dos postos holandeses no Cabo da Boa Esperança, colonizadores avançaram para o norte e para o leste, num processo que se estendeu de meados do século XVII ao início do século XX e os levou muito além das fronteiras atuais da República da África do Sul.

A expansão para o leste acarretou o conflito entre os colonizadores e povos de língua banto; a expansão para o norte provocou o choque com os grupos Khoisan. Foi na fronteira norte que surgiu a dinastia Witbooi, cujo representante mais conhecido viria a ser Hendrik Witbooi (1830-1905).

À medida que agricultores de língua holandesa se deslocavam para o norte, na direção do rio Gariep (ou Orange), tomaram as pastagens e os bebedouros dos criadores do povo Khoi, reduzindo à servidão os que não bateram em retirada. Como as autoridades da região do Cabo tinham capacidade limitada para exercer seus poderes a distância, a fronteira norte transformou-se num polo de atração para escravos fugidos e outros indivíduos fora da lei, formando bandos armados que viviam da caça, da pilhagem e do roubo de gado. Com o tempo, a esses bandos se juntaram inúmeros membros do povo Khoi que fugiam à condição de servos. Logo começam a promover ataques regulares às terras do povo Nama ou Namaqua, do outro lado do rio Gariep. No começo do século XIX, meia dúzia desses bandos tinha se instalado ao norte do rio, na Grande Namaqualand, a Namaland da Namíbia de hoje, e avançava cada vez mais para o norte através da área do povo Herero.

Os fora da lei comportavam-se como conquistadores em relação aos povos nativos Nama e Herero, conduta muito semelhante à dos bôeres, de origem holandesa, em outras áreas de fronteira. Graças à sua superioridade em tecnologia militar (armas de fogo, cavalos) e organização (o chamado sistema de comandos), conseguiram derrotar as tribos donas da terra. Estabeleceram sua hegemonia, cobravam tributos e destruíram a cultura nativa, impondo novos códigos de linguagem, vestimenta e costumes aos povos locais.

Um fato crucial sobre esses colonizadores – conhecidos como Oorlam, para diferenciá-los dos holandeses, de um lado, e dos povos Khoi do outro (o termo *Oorlam* tem origem incerta) – é que, nos termos da ciência racial do século XIX, eles eram "mestiços". Sua cultura pouco se distinguia da dos bôeres "brancos" (falavam holandês e usavam roupas de estilo europeu); enquanto isso, os bôeres da fronteira tinham adotado tantos elementos da vida pastoril nômade dos nativos que seu modo de vida se tornara tão africano quanto europeu.

Na colonização pelos Oorlam das terras do povo Nama, a quantidade de pessoas envolvidas era muito reduzida, pelos padrões de hoje. Um típico bando Oorlam reuniria não mais que poucas centenas de pessoas, contando mulheres e crianças; enquanto toda a população nativa do povo Nama era da ordem de 10 mil almas. Entre os Oorlam e os Nama que sujeitaram, ocorriam concubinatos e casamentos; nas fotografias tiradas na década de 1880, é difícil detectar qualquer diferença física entre os dois povos, embora certos Oorlam, como o grupo que se estabeleceu em torno de Rehoboth, os chamados Basters (nome derivado de *bastaard*, "mestiço" ou "bastardo" em holandês), continuassem a reivindicar uma ascendência europeia.

A invasão dos Oorlam trouxe o mundo moderno para os povos do sul da Namíbia. No caso dos Nama, destruiu sua cultura tradicional, impondo uma nova ordem econômica que acabou por se revelar insustentável e acarretar o empobrecimento de toda a sua terra. No caso das terras do povo Herero, o domínio dos Oorlam era menos firme, e seu impacto nas instituições locais, consequentemente, foi menos profundo. Tanto os Nama como os Herero tinham desenvolvido, ao longo dos séculos, uma economia florescente e estável baseada na criação de gado, tendo como chave a farta provisão de pasto e água para seus animais. A economia dos Oorlam, filiada à economia mais geral da fronteira, importadora dos produtos manufaturados do Cabo, de artigos de luxo (açúcar, álcool, café) e – crucialmente – de armas e munição, baseava-se igualmente na pecuária. Entretanto, os Oorlam praticavam menos a formação de rebanhos próprios que o roubo de gado alheio ou – o que dava no mesmo – a cobrança de tributos pagáveis em reses. À medida que os homens do povo Nama eram recrutados para a vida mais movimentada das milícias Oorlam, relegavam-se a um segundo plano os talentos tradicionais dos Nama para a pecuária, e à medida que essas técnicas se perdiam os rebanhos no geral minguavam. Para compensar essa redução da renda, os Oorlam voltaram suas energias para a caça comercial, primeiro voltada para o comércio do marfim e mais tarde das plumas de avestruz; mas uma geração bastou para dar cabo desses recursos.

O fundador quase lendário da família Witbooi foi Kido (Cupido) Witbooi, que conduziu seu povo, através do rio Gariep, para o território da Namaland. A Kido sucedeu seu filho Moses. Moses foi assassinado em 1886, e seu posto de *kaptein* (chefe, líder militar) dos Witbooi foi usurpado. O usurpador foi desafiado e morto por Hendrik Witbooi, neto de Kido, que assim se tornou *kaptein*.

Nascido em 1830, Hendrik Witbooi (ou, para mencionar seu nome em língua nama, Khobesin) era, pelos padrões de seu tempo e de seu povo, um homem bastante instruído. Sabia ler e escrever holandês e tinha um conhecimento mais que passável de história, além de dominar ofícios manuais como a carpintaria; além disso, com o missionário Johannes Olpp, estudara a Bíblia. Enquanto para outros líderes nativos a filiação a uma igreja parecia quase sempre um simples meio para chegar a um fim (as missões representavam uma via de acesso à rede de comércio da colônia, e de maneira mais ampla ao sistema de conhecimento ocidental), Witbooi levava a Bíblia a sério e se via como um líder visionário do seu povo, à moda do Moisés bíblico. Seu estilo literário revela a influência de suas leituras da Bíblia.

O *Dagboek* (Diário) de Witbooi é um livro de anotações de formato grande, encadernado em couro, comprado numa papelaria da Cidade do Cabo. Cerca de 189 páginas se apresentam cobertas pela caligrafia do próprio Witbooi e de vários escribas e secretários. O texto, em sua maior parte cópias da correspondência ligada aos negócios dos Witbooi, está escrito em holandês do Cabo; a grafia das palavras é às vezes fonética. Claramente, Witbooi tinha a intenção de transformar o *Dagboek* nos anais do seu reinado. Esse documento único foi capturado como butim por uma expedição alemã de 1893 e encaminhado para os arquivos do Cabo. Uma transcrição foi publicada na Cidade do Cabo em 1929.[1] Não há indícios de que Witbooi tenha continuado a produzir um diário depois de 1893.

O *Dagboek* se inicia em 1884, durante a luta armada travada pelos Witbooi contra os Herero. Nas primeiras anotações, a satisfação de Hendrik Witbooi com sua vida de escaramuças e roubos de gado aparece com toda a clareza. De fato, não fosse a irrupção imprevisível da história, seria possível prever que se tornaria um típico *kaptein* dos Oorlam, competindo por riqueza e poder com outros bandos de Oorlam, além dos povos Herero e Nama nativos: um líder carismático no comando de um núcleo de homens munidos de armas e cavalos, além de um grupamento de famílias que protegia e lhe deviam lealdade.

Na verdade, porém, a sorte de Witbooi e de sua gente foi selada longe dali. A partir de 1870, as potências europeias começaram a bloquear a importação de produtos prussianos, e crescia na Prússia a urgência de encontrar mercados noutras paragens. Em 1882, o mercador alemão Adolf Lüderitz criou um posto de comércio onde fica hoje a cidade que tem seu nome – às margens da baía de Angra Pequena, na costa da Namíbia – e pediu o apoio oficial de Berlim. O chanceler Bismarck atendeu a seu apelo. Junto às demais potências europeias, reivindicou e obteve o controle, sob a forma de um protetorado (o "Sudoeste Africano Alemão"), da área interior próxima ao seu posto de comércio. Assim, a Alemanha adquiriu sua primeira colônia ultramarina, com a extensão de 835 quilômetros quadrados. Outras áreas foram reivindicadas em seguida para a colonização germânica: no Togo, em Camarões, em Tanganica e em Samoa.

1 *Die Dagboek van Hendrik Witbooi*. Introdução de Gustav Voigts. Cidade do Cabo: Van Riebeeck Society, 1929.

Bismarck não era pessoalmente favorável à plena ocupação do novo território, que acarretaria a formação de um governo local e, mais adiante, a montagem de uma dispendiosa infraestrutura para a colonização. Preferia conceder, nos moldes do que foi feito com Lüderitz, o direito de exploração do território a empreendedores particulares. Mas o colonialismo tem uma dinâmica própria. Sob o governo do mais ambicioso dos sucessores de Bismarck, forças expedicionárias chegaram acompanhando a bandeira alemã, arrastando atrás de si colonos alemães para ocupar a terra que as forças militares extorquiam dos nativos. A submissão da metade sul do Sudoeste Africano Alemão completou-se em vinte anos, num processo marcado por grande brutalidade e perda de muitas vidas. Terras e rebanhos foram tomados dos povos locais. No dia 29 de outubro de 1905, Hendrik Witbooi morreu de ferimentos sofridos em combate contra os alemães. Não se sabe o local exato de sua sepultura, em algum ponto próximo a Vaalgras. Um monumento à sua memória ergue-se em Gibeon, na principal área colonizada por sua família.

Depois da morte de Hendrik, os abatidos Witbooi assinaram um tratado de paz. No entanto, uma resistência esporádica aos alemães continuou até 1907, quando o último dos comandantes guerrilheiros da área, Jakob Morenga, foi morto pela polícia colonial britânica perto de Upington, na Colônia do Cabo.

Em retrospecto, fica claro que os povos do território, caso tivessem se unido desde cedo para resistir aos colonizadores, poderiam ter tornado todo o esforço oneroso demais para a insistência alemã. Afinal, todos tinham a experiência de combates em menor escala; contavam com armamento ocidental e tinham familiaridade com o terreno que os alemães desconheciam. Lamentavelmente, porém, as escaramuças locais entre os diversos grupos continuaram com a frequência de sempre, e os alemães aproveitaram-se delas para dividir os adversários. De fato, entre 1894 e 1904, os Witbooi chegaram a fornecer soldados para várias campanhas alemãs contra os Herero. O levante final de 1904, iniciado por Samuel Maherero e com a adesão tardia de um já idoso Hendrik Witbooi, embora amplamente apoiado pela população local, não teria como triunfar sobre as forças superiores reunidas pelos alemães àquela altura.

Um dos traços mais atraentes das cartas de Witbooi, dirigidas tanto a seus inimigos alemães quanto aos rivais locais como Samuel Maherero, é sua cortesia à moda antiga. Witbooi aderia a um código de honra que previa jamais praticar violência, contra mulheres e crianças, garantir um tratamento humanitário dos prisioneiros e um sepultamento decente aos inimigos mortos. Também jamais atacava sem ter sido antes atacado (embora às vezes formulasse sofismas tortuosos para não assumir a condição de agressor).

Como sua ideia de combate presumia oficiais inimigos regidos pelo mesmo código, Witbooi ficou atônito com o ataque de 1893 à sua base de Hoorktanz, em que forças militares alemãs dizimaram intencionalmente mulheres e crianças. Um desdém equivalente pelas vidas africanas, com o apoio de uma ciência racial pseudodarwinista que classificava de raças inferiores tanto os Khoisan como os Nama, manifestou-se na repressão ao levante de 1904. O general Lothar von Trotha, comandante das forças germânicas, chegou ao sudoeste da África precedido por uma justa reputação de crueldade, conquistada nas campanhas da China e de Tanganica. Não tinha vergonha alguma do barbarismo de suas práticas. "[Os africanos] só se rendem à força", escreveu. "Exercer esta força com um espírito claro de terrorismo

[*Terrorismus*], e mesmo de atrocidade [*Grausamkeit*], tem sido e sempre foi minha política [*Politik*]. Destruo tribos rebeldes à custa de rios de sangue e de dinheiro."[2]

A ilusão de Witbooi, de que os oficiais dos exércitos europeus também observassem um código de honra, tinha sido alimentada por seus contatos com o major Theodor Leutwein, o mais humanamente interessante dos oficiais superiores alemães que enfrentou nos campos de batalha. As cartas trocadas pelos dois trazem a marca de uma cortesia à moda antiga: "Meu caro Capitão", escreve Leutwein em 8 de julho de 1894, "não planejo abrir hostilidades antes da data que marcamos de comum acordo [1º de agosto]. [Até lá] a sua gente pode se deslocar por todo o território sem medo de ataques, inclusive visitar meus homens. [No entanto,] a partir de 1º de agosto estaremos em guerra [...] Mas lhe darei aviso do começo das hostilidades. Antes desse momento, não abrirei fogo".[3]

Depois que as hostilidades mencionadas tiveram início, e depois de ser forçado a recuar, Witbooi escreve a seguinte carta para Leutwein: "Meu caro Amigo, recebi enquanto fugia a sua carta [de 4 de setembro] e entendi que o senhor se dispõe a negociar. Concordo com um cessar-fogo [...] responderei sua carta quando chegar às margens da água. Tenha paciência. O melhor seria que o senhor aguardasse a minha resposta em Naukluft [...] Esperando o melhor e com os mais amigáveis cumprimentos, Seu Amigo Capitão Hendrik Witbooi".

---

2 Citado em: Horst Drechsler, *Südwestafrika unter deutscher Kolonialherrschaft*. Berlim: Akademie Verlag, 1966.
3 *The Hendrik Witbooi Papers*. Windhoek: National Archives, 1989. A edição traz uma tradução do *Dagboek* feita por Annemarie Heywood e Eben Maasdorp.

No entanto, essas relações cavalheirescas com Leutwein não devem levar-nos a imaginar que Witbooi tivesse uma visão ingênua da realidade da guerra. Pelo contrário, era um astuto operador político e um comandante guerrilheiro de talento, usando a mobilidade das suas forças e a boa pontaria dos seus homens para compensar a inferioridade numérica (suas forças nunca reuniram mais de seiscentos homens e quase sempre eram ainda menos numerosas). O amargo senso de humor de Witbooi parece não ter produzido o mesmo efeito no major Curt von François, antecessor de Leutwein e responsável pelas atrocidades de Hoornkranz: "Torno a lhe pedir, caro Amigo", escreve ele a Von François em 24 de julho de 1893, "que me mande duas caixas de cartuchos Martini Henry para que eu possa responder aos seus ataques [...] Dê-me armas, como é costumeiro entre as grandes nações civilizadas, para poder bater um inimigo armado: só assim sua grande nação poderá gabar-se de uma vitória honesta".

As cartas de Witbooi chegam à alta eloquência em sua denúncia do conceito de propriedade da terra que os novos colonizadores tentavam impor. "Esta parte da África é território dos chefes Vermelhos", escreve ele em 1892 para outro *kaptein*.[4]

> Temos a mesma cor e os mesmos costumes. Obedecemos às mesmas leis, leis que servem bem a nós e a nossa gente; pois não somos rigorosos uns com os outros, mas sempre chegamos a um acordo amigável e fraterno [...] Não criamos leis que tornem impossível a vida do outro, no que diz respeito à água, às pastagens ou às estradas;

---

4 Na tipologia racial de Witbooi, tanto os Oorlam quanto os Nama se incluíam entre os povos Vermelhos, distintos dos Negros (os Herero) e dos Brancos (bôeres, britânicos, alemães).

e nem cobramos pelo uso de nenhuma delas. Não, acreditamos que devem ser gratuitas para qualquer viajante que deseje atravessar as nossas terras, seja Vermelho, Branco ou Negro [...] Mas com os Brancos não é assim. As leis dos homens brancos são inaceitáveis e intoleráveis para nós, os Vermelhos; elas nos oprimem e tolhem a nossa liberdade de todas as maneiras e por todos os lados, são leis implacáveis que não têm apreço ou tolerância por homem nenhum, seja ele rico ou pobre.

Para Witbooi, a liberdade pela qual luta não é uma ideia abstrata, mas um sentimento profundo de liberdade para cavalgar e caçar onde quiser, conduzir seu rebanho de pastagem em pastagem segundo as estações e às vezes, talvez, praticar seus talentos de ladrão de gado. Noutras palavras, pretende preservar, pelo século XX adentro, um modo de vida atraente, seminômade, mas em última instância parasitário. "Para mim, não é pecado nem crime querer continuar chefe autônomo da minha terra e da minha gente", escreve ele em tom de desafio a Leutwein em 1894. "Se isso for motivo para o senhor me matar, mesmo eu não sendo culpado de nada, não precisa se preocupar, não haverá motivo de vergonha: morrerei honestamente pelo que é meu." Parte do *pathos* dessa sua posição é que o modo de vida pelo qual se dispunha a morrer já se havia tornado economicamente inviável: mesmo que a invasão alemã não tivesse ocorrido, estava fadado a desaparecer.

É uma bênção que Witbooi não tenha vivido para ver a sorte de seu povo Vermelho sob o tacão dos alemães. Como os Herero, suas armas de fogo, seus rebanhos e suas terras lhes foram tomados. Novas leis foram criadas vedando-lhes a "vagabundagem" (a vida errante do nomadismo) e prevendo sua transformação em meros provedores de força de trabalho para a nova classe colonial alemã — cujo número chegava, em 1913, a 15 mil pessoas. Dos sobreviventes do grande levante, alguns foram transferidos para colônias alemãs distantes; outros, confinados em campos de concentração. No mais notório desses campos, o da Shark Island, na baía de Angra Pequena, junto a Lüdewitz, 1.032 dos 1.795 prisioneiros morreram durante o primeiro ano, de frio e doença.

De todos os prisioneiros dos povos Herero e Nama, 45% morreram no cativeiro. Entre 1904 e 1911, a população dos Herero caiu de 80 mil para 15 mil pessoas, a dos Nama ("vermelhos"), de 20 mil para 10 mil. É difícil deixar de ver os campos de prisioneiros como parte de um programa cuja finalidade ficou aparente, pela primeira vez, depois da batalha de Waterberg, quando Trotha empurrou o resto das forças combatentes dos Herero, junto com as mulheres e crianças, para o deserto de Omaheke, onde morreram de sede. Mais tarde ficaria claro que derrotar os Herero no campo de batalha, e em seguida os Nama, era só uma etapa de um projeto mais vasto e mais sinistro: o genocídio.

Em 2004, numa cerimônia organizada para assinalar o centenário do levante de 1904, uma porta-voz do governo alemão fez, para o povo da Namíbia, um discurso de redação cuidadosa que dizia *"Bitte um Vergebung"* (esperamos que nos perdoem) pelos crimes alemães, mas evitava a palavra *"Entschuldigung"* (desculpas públicas). "As atrocidades cometidas naquela ocasião seriam hoje definidas como genocídio (*Völkermord*)", disse ela, "e nos dias de hoje um general Von Trotha seria julgado e condenado".

(2011)

Sobre os ensaios

O ensaio sobre Daniel Defoe foi publicado originalmente como introdução a *Roxana*. Tradução de Teresa Arijón. Madrid/Buenos Aires: El Hilo de Ariadna, 2014.

O ensaio sobre Nathaniel Hawthorne foi publicado originalmente em *La letra escarlata*. Tradução de José Donoso e Pilar Serrano. Madrid/Buenos Aires: El Hilo de Ariadna, 2013.

O ensaio sobre Ford Madox Ford foi publicado originalmente como introdução a *El buen soldado*. Tradução de Sergio Pitol. Madrid/Buenos Aires: El Hilo de Ariadna, 2015. Publicado em inglês em *The Best Australian Essays 2016*, Geordie Williamson (org.).

O ensaio sobre Philip Roth foi publicado originalmente como resenha de *Nemesis* na *New York Review of Books* 57/16 (28 de outubro de 2010).

O ensaio sobre Goethe foi publicado originalmente como resenha de *The Sufferings of Young Werther* (tradução de Stanley Corngold) na *New York Review of Books* 59/7 (26 de abril de 2012).

O ensaio sobre Hölderlin foi publicado originalmente como resenha de *Poems and Fragments* (tradução de Michael Hamburger) na *New York Review of Books* 53/16 (19 de outubro de 2006).

O ensaio sobre Heinrich von Kleist foi publicado originalmente como introdução a *La Marquesa de O. y Michael Kohlhaas*. Tradução de Ariel Magnus. Madrid/Buenos Aires: El Hilo de Ariadna, 2013.

O ensaio sobre Robert Walser foi publicado originalmente como introdução a *El ayudante*. Tradução de Juan José del Solar. Madrid/Buenos Aires: El Hilo de Ariadna, 2014.

O ensaio sobre Flaubert foi publicado originalmente como introdução a *Madame Bovary*. Tradução de Graciela Isnardi. Madrid/Buenos Aires: El Hilo de Ariadna, 2013.

O ensaio sobre Irène Némirovsky foi publicado originalmente como resenha de *Irène Némirovsky, Four Novels* na *New York Review of Books* 55/18 (20 de novembro de 2008).

O ensaio sobre Juan Ramón Jiménez foi publicado originalmente como introdução a *Platero y yo*. México: Lectorum, 2007.

O ensaio sobre Antonio Di Benedetto foi publicado originalmente como resenha de *Zama* (tradução de Esther Allen) na *New York Review of Books* 64/1 (19 de janeiro de 2017).

O ensaio sobre Tolstói foi publicado originalmente como introdução a *La muerte de Ivan Ilich*. Tradução de Alejandro Ariel González. Madrid/Buenos Aires: El Hilo de Ariadna, 2014.

O ensaio sobre Zbigniew Herbert foi publicado em uma versão anterior na *New Walk* (Leicester) #2 (primavera/verão, 2011).

Os ensaios sobre Beckett tiveram versões anteriores como: resenha de *Letters, 1929-1940* na *New York Review of Books* 56/7 (30 de abril de 2009); introdução a *Watt*. Tradução de Cristina Piña. Madrid/Buenos Aires: El Hilo de Ariadna, 2015; introdução a *Molloy*. Tradução de Roberto Bixio. Madrid/Buenos Aires: El Hilo de Ariadna, 2015; e em *Borderless Beckett/Beckett sans frontières*. Minako Okamuro et al. (orgs.). Amsterdã: Rodopi, 2008.

Os ensaios sobre Patrick White foram publicados originalmente como introdução a *The Vivisector*. Nova York: Penguin, 2008; resenha de *The Hanging Garden*, na *New York Review of Books* 60/17 (7 de novembro de 2013); introdução a *Las esferas del mandala*. Tradução de Elena Marengo. Madrid/Buenos Aires: El Hilo de Ariadna, 2015.

O ensaio sobre Les Murray foi publicado originalmente como resenha de *Taller when Prone* na *New York Review of Books* 58/14 (29 de setembro de 2011).

O ensaio sobre Gerald Murnane foi publicado originalmente como resenha de *Inland* e *Barley Patch* na *New York Review of Books* 59/20 (20 de dezembro de 2012).

O ensaio sobre Hendrik Witbooi foi publicado originalmente como introdução a *Votre paix sera la mort de ma nation: Lettres d'Hendrik Witbooi*. Saint-Gervais: Passager Clandestin, 2011.

Índice remissivo de autores e obras

[ANÔNIMOS]
  Beowulf 79
  Canção da campanha
    de Igor 79
  Canção de Rolando 79
  Canção dos
    Nibelungos 79

ARIOSTO, L. 218
ARISTÓTELES 25, 26, 100
ARNOLD, M. 322
  The Scholar Gypsy 322
AUSTEN, J. 218

BALZAC, H. 154, 218
  A prima Bette 218
  O pai Goriot 154
BAUDELAIRE, C. 140, 145
BECKETT, S. 66, 179, 211-228,
  231-256, 263-265
  Como é 66
  *Dream of Fair to
    Middling Women* 221
  Esperando Godot 239, 322
  Malone morre 247
  Mercier et Camier 246
  Molloy 239-246, 248
  More Pricks than Kicks 213,
    221, 237, 263
  Murphy 213, 218,
    221, 224-246
  O inominável 66, 244, 247
  Watt 231-237, 239,
    245, 246
BELLOW, S. 264
BION, W. 223-226, 244
  *Attention and
    Interpretation* 225, 226
BÖLL, H. 187
BORGES, J. L. 175-
  -177, 181, 187, 321
  Antologia da literatura
    fantástica 177
  *El escritor argentino y
    la tradición* 175
BOSWELL, J. 218
  Vida de Samuel Johnson 218
BROMFIELD, L. 160
BRONTË, E. 323, 328
  O morro dos ventos
    uivantes 328
BROOKS, C. 308
BUCK, P. 160

CAIN, J. S. 160
  Monsoon 160
CAMUS, A. 58, 59, 175
  A peste 58, 59
  O estrangeiro 175
CÉLINE, L.-F. 240
  Morte a crédito 240
  Viagem ao fim da noite 240
CERVANTES, M. 144
CONRAD, J. 45, 47, 158
  Sob os olhos do
    Ocidente 158

DANTE ALIGHIERI 79
DEFOE, D. 19-30, 58, 59
  A peste 57, 59
  *A Tour through the Whole
    Island of Great Britain* 23

Aventuras e desventuras da
  famosa Moll Flanders 25
Diário do ano da peste 58
Os segredos de lady
  Roxana 25
DESCARTES, R. 234, 235
  Discurso do método para
    bem conduzir a razão 234
DI BENEDETTO, A. 171, 173,
  175-177, 180, 181, 183-189
  Aballay 189
  Absurdos 188
  Cuentos de exilio 188
  El pentágono 176
  El silenciero 185
  Mundo animal 176
  Sombras, nada más... 189
  Zama 171-185, 189
DICKENS, C. 38, 289
DOSTOIÉVSKI, F. 69,
  168, 203, 288, 290
  Crime e castigo 168
  Os demônios 69
  Os irmãos
    Karamázov 288, 290
DUHAMEL, G. 159

ELIOT, T. S. 45, 217
ÉLUARD, P. 318

FAULKNER, W. 176,
  177, 285, 286
FENIMORE COOPER, J. 39
FICHTE, J. 91, 94
FIELDING, H. 218
FLAUBERT, G. 39, 45, 47,
  53, 137-141, 143-146, 157
  Bouvard e Pécuchet 146
  Dicionário das
    ideias feitas 146
  Madame Bovary 47, 53,
    137-141, 143, 145, 146

Salammbô 138
Um coração simples 157
FREUD, S. 176, 226
FRIES, J. F. 309
FROST, R. 296

GARCÍA MÁRQUEZ, G. 177
GEORGE, S. 97, 127
GEULINCX, A. 216, 221, 236
  Ética 221, 236
GOETHE, J. W. 73-79, 81-86,
  94, 104, 124, 125, 218, 282
  Elegias romanas 76
  Os sofrimentos do jovem
    Werther 73-75, 79, 84
  Torquato Tasso 218

HAMBURGER, M. 87,
  104, 106-113
  Collected Poems 87
HARDY, T. 45, 252, 323
HAWTHORNE, N. 31-41
  A casa das sete torres 33
  A letra escarlate 31-41
  O véu negro do pastor 39
  The Blithedale Romance 33
  Wakefield 39
HAZLITT, W. 79
HEGEL, G. F. W. 89, 91, 104
HEIDEGGER, M. 99, 100
HERBERT, Z. 199-208
  Estudo do objeto 203
  Relato de uma cidade
    sitiada 201, 203
  Senhor Cogito 203, 205
HERDER, J. 83
HÖLDERLIN, F. 81, 87-100,
  102-113, 218
  A morte de Empédocles 95
  Hyperion 92, 94
HOPE, A. D. 300
HOPKINS, G. M. 309

HUME, D. 119
HUYSMANS, J.-K. 252

ILLYÉS, G. 327
　O povo de Puszta 327
IONESCO, E. 177

JAMES, H. 35, 37-40, 45
JIMÉNEZ, J. R. 167-169
　Platero e eu 167, 168, 170
JOHNSON, S. 218, 219
JOYCE, J. 45, 176, 214,
　219, 220, 228,
　246, 285, 296
　Finnegans Wake 219, 220
　Ulysses 296
JUNG, C. 290

KAFKA, F. 127, 176, 181,
　245, 264, 265, 277-280
　Investigações de um cão 176
　O castelo 245, 278
　O processo 181, 245, 278
　Um relatório para uma
　　academia 176
KANT, I. 90, 91, 94,
　101, 119, 121, 214
KEMPIS, T. 221, 222
KENEALLY, T. 320
KENNER, H. 249
　O centauro cartesiano 249
KINNELL, G. 295
KLEIN, M. 224, 225
KLEIST, H. V. 115-125
　Amphitryon 123
　Die Hermannsschlacht 120
　Michael Kohlhaas 115,
　　117, 120
　Sobre a formulação gradual
　　dos pensamentos
　　enquanto falamos 118
KLOPSTOCK, F. G. 93

KNOWLSON, J. 216, 217, 223

LAWRENCE, D. H. 285
LEWIS, M. 36
　O monge 36
LÖNNROT, E.
　Kalevala 79

MACPHERSON, J. 78-81, 83
　Obras de Ossian 78-83
MADAME DE STAËL 79
MADOX FORD, F. 45-48,
　52, 53, 56
　O bom soldado 45-48,
　　50, 52, 53, 56
　Parade's End 45, 56
MALOUF, D. 320
MANDELSTAM, Ó. 199
MANN, T. 74, 77, 78, 117, 122
　Carlota em Weimar 77, 78
MÁRAI, S. 328
MARTIN DU GARD, R. 159
MATURIN, C. 36
　Melmoth the Wanderer 36
MAUPASSANT, G. 45
MCGREEVY, T. 212, 213, 215-
　-217, 220-223, 227, 228
MELVILLE, H. 39,
　40, 41, 253-255
　Hawthorne and his Mosses 41
　Moby Dick 39, 252, 253
MERWIN, W. S. 295
MIŁOSZ, C. 199
MONTAIGNE, M. 122
MURNANE, G. 315-330
　A History of Books 320
　Barley Patch 316, 317,
　　321, 322, 324-326
　Emerald Blue 319
　Inland 317, 318, 321, 325-330
　*Invisible yet Enduring
　　Lilacs* 319, 321

*Landscape with
  Landscape* 321
Tamarisk Row 316
The Plains 321
Velvet Waters 321
MURRAY, L. 295-312
  Collected Poems 302,
    303, 309, 311
  Fredy Neptune 312
  Killing the Black Dog 312
  *Subhuman Redneck
    Poems* 303

NABOKOV, V. 232, 273
  Lolita 232, 273
NÉMIROVSKY, I. 147-165
  David Golder 147, 154-156,
    162, 163
  L'Affaire Courilof 157, 158
  La Vie de Tchekhov 148
  Le Bal 156, 164
  Les Biens de ce monde 159, 161
  Les Chiens et les loups 161, 163
  Les Feux d'automne 157
  Les Mouches d'automne 157
  Le Vin de solitude 151, 164, 165
  Suíte francesa 147-149,
    160, 162
NIETZSCHE, F. 97, 101

OLSON, C. 308
OTTO, R. 309
  Das Heilige 309
PASTERNAK, B. 271
PERCY, T. 83
  Relíquias da antiga
    poesia inglesa 83
PETERSON, A. B. 297
PÍNDARO 95, 113
PIRANDELLO, L. 177
PLATÃO 100
PLATH, S. 295

POE, E. A. 38
POUND, E. 45, 107
PROUST, M. 212, 221,
  263, 323, 328
  O tempo reencontrado 328

RABELAIS, R. 235
RACINE, J. B. 212, 282
RICH, A. 295
RICHARDSON, S. 84
ROBBE-GRILLET, A. 185
ROTH, P. 57, 59, 60,
  62, 65, 66, 70-72
  A humilhação 62, 70
  Complô contra a América 70
  Homem comum 62,
    66, 70, 72
  Indignação 62, 66, 70
  Nêmesis 59-62, 64, 66, 69-71
  Operação Shylock 66
  Os fatos: a autobiografia
    de um romancista 66
  O teatro de Sabbath 71
  Pastoral americana 71
ROUSSEAU, J.-J. 84, 100, 121
  Júlia ou a nova Heloísa 84

SABATO, E. 187
SAINTE-BEUVE, C.-A. 137,
  138, 143, 218
SARRAUTE, N. 152
SCHELLING, F. 89, 91
SCHILLER, F. 81, 89-93,
  100, 101, 110, 124
  Cartas sobre a formação
    estética da humanidade 90
  Os deuses da Grécia 100
SCHOPENHAUER, A. 185, 221
SCOTT, W. 80
SHAKESPEARE, W. 79, 82
  Hamlet 82
SLESSOR, K. 300

SNYDER, G. 296
  *The New American
    Poetry* 295, 308
SÓFOCLES 62-64, 95
  Édipo rei 62, 63
STERNE, L. 84, 235
SWIFT, J. 235

TÁCITO 80
TCHEKHOV, L. 148, 157
TOLSTÓI, L. 141, 148,
  191-197, 273
  *A morte de Ivan
    Ilitch* 191-197
  Anna Kariênina 141,
    144, 192, 195
  Confissão 191, 192
  Guerra e paz 148, 149, 195
  O amo e o criado 193-197
TROYAT, H. 152, 195
TURGUÊNIEV, L. 39, 45

VOLTAIRE 312
  Cândido, ou o otimismo 312
VON ARNIM, A. 91

WALSER, R. 127-131, 135, 136
  Der Räuber 129
  O ajudante 127, 130, 131, 136
  Jakob von Gunten 127,
    130, 133
  Os irmãos Tanner 127
WHITE, P. 267-277, 282-287,
  289-293, 318
  Flaws in the Glass 268,
    269, 283
  Happy Valley 285
  Riders in the Chariot 272,
    284-286
  The Aunt's Story 285, 287
  *The Hanging
    Garden* 277, 284
  The Living and the Dead 285
  The Solid Mandala 284,
    287-291, 318
  The Tree of Man 285, 286
  The Vivisector 269-276,
    284, 293
  Voss 284, 286, 287
WHITMAN, W. 308, 309
WILBUR, R. 295
WIMSATT, W. K. 308
WINCKELMANN, J. 91,
  94, 95, 101
  *Pensamentos sobre a
    imitação de obras gregas na
    pintura e na escultura* 94
WITBOOI, H. 331, 334-340
  Dagboek 309

YATES, F. 323
  The Art of Memory 323
YEATS, W. B. 214, 216
YOUNG, E. 83
  *Conjecturas sobre a
    composição original* 82

ZOLA, É. 252

REVISÃO Ricardo Jensen de Oliveira e Tamara Sender
CAPA Estúdio Campo
PROJETO GRÁFICO DE MIOLO Bloco Gráfico

Editorial
DIRETOR EDITORIAL Fabiano Curi
EDITORA-CHEFE Graziella Beting
EDITORA Ana Lima Cecilio
ASSISTENTE EDITORIAL Kaio Cassio
ASSISTENTE DE COORDENAÇÃO EDITORIAL Karina Macedo
EDITORA DE ARTE Laura Lotufo
PRODUTORA GRÁFICA Lilia Góes

Comunicação e imprensa
Clara Dias

Administrativo
Lilian Périgo
Marcela Silveira

Expedição
Nelson Figueiredo

EDITORA CARAMBAIA
Av. São Luís, 86, cj. 182
01046-000 São Paulo SP
contato@carambaia.com.br
www.carambaia.com.br

copyright desta edição © Editora Carambaia, 2020
copyright © J. M. Coetzee, 2006, 2008, 2009, 2010, 2011, 2012, 2013, 2016, 2017
First published in Great Britain by Harvill Secker, an imprint of Penguin Random House UK.
By arrangement with Peter Lampack Agency, Inc.
350 Fifth Avenue, Suite 5300, New York, NY 10118 USA

Título original *Late Essays (2006-2017)* [Londres, 2017]

CIP-BRASIL. CATALOGAÇÃO NA PUBLICAÇÃO
SINDICATO NACIONAL DOS EDITORES DE LIVROS, RJ

C622e
Coetzee, J. M [1940]
Ensaios recentes: textos sobre literatura (2006-2017) /
J. M. Coetzee; tradução Sergio Flaksman;
[apresentação Márcio Ferrari].
1. ed., São Paulo: Carambaia, 2020.
352 p.; 21 cm

Tradução de: *Late essays: 2006-2017*
Inclui índice
ISBN 978-65-86398-13-7

1. Literatura – História e crítica. I. Flaksman, Sergio.
II. Ferrari, Márcio. III. Título.

20-66493   CDD: 809   CDU: 82-09
Camila Donis Hartmann – Bibliotecária CRB-7/6472

ilimitada

FONTE
Antwerp

PAPEL
Pólen Soft 80 g/m²

IMPRESSÃO
Ipsis